教育經營學：
六說、七略、八要

鄭崇趁　著

教育經營學

原理學說 （六說）	經營策略 （七略）	實踐要領 （八要）
價值說	願景領導策略	系統思考
能力說	組織學習策略	本位經營
理論說	計畫管理策略	賦權增能
實踐說	實踐篤行策略	知識管理
發展說	資源統整策略	優勢學習
品質說	創新經營策略	順性揚才
	價值行銷策略	績效責任
		圓融有度

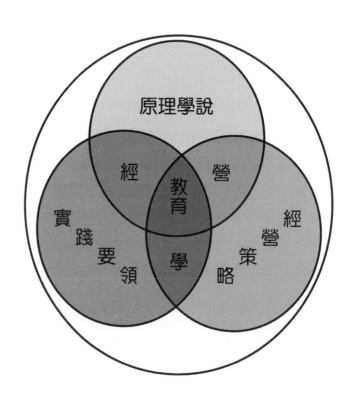

作者簡介

鄭崇趁　1953年生　臺灣省雲林縣人

- **學歷**

　　國立政治大學教育學博士（1999）

　　國立高雄師範大學教育學碩士（1989）

　　國立臺灣師範大學教育學學士（1986）

　　省立臺北師範專科學校畢業（1974）

- **經歷**

　　國民小學教師五年（1976～1981）

　　教育部行政職務十九年（1982～2000）

　　經任幹事、秘書、組主任、專門委員

　　國立臺北教育大學專任教師（2000～），經任主任秘書、教育政策與

　　管理研究所所長、教育經營與管理學系系主任、研發長

- **現職**

　　國立臺北教育大學教育經營與管理學系教授（2006～）

- **榮譽**

　　高等考試教育行政人員（1981）

　　教育部1991年及2000年優秀公務員

- **專長**

　　教育經營學、校長學、教師學、教育計畫、教育評鑑

- **著作**

　　教育經營學個論：創新、創客、創意（2016）

　　家長教育學：「順性揚才」一路發（2015）

　　教師學：鐸聲五曲（2014）

　　校長學：成人旺校九論（2013）

　　教育經營學：六說、七略、八要（2012）

　　教育經營學導論：理念、策略、實踐（2011）

教育的著力點（2006）

國民中小學校務評鑑指標及實施方式研究（2006）

教育計畫與評鑑（增訂本）（1998）

教育與輔導的軌跡（增訂本）（1998）

教育與輔導的發展取向（1991）

序

「經營教育」之學

本書探討「經營教育」之學，「學」字具有三個意涵：(1)覺察之意：覺察「教育是可以經營的」，只要教育從業人員講究經營教育的要領與方法，我們的教育就可以發展得比現在更好、更為精緻；(2)學習之意：學習如何經營教育，我們在大學裡設置教育經營與管理學系，設置教育政策與管理博士班、碩士班，設置中小學校長培育與專業發展中心，都是在學習如何經營教育；(3)學術之意：教育經營學是一門課堂上可以講授、討論、研究、論述的學術，它是一門「教育學」與「管理學」交織之後新興的學門。

「知識螺旋」（knowledge spiral）所產生的「知識基模系統重組」，是本書論述「六說」、「七略」、「八要」的主要來源與說明。研究者畢生的教育經歷、求學歷程、高考經驗、教育行政服務資歷、博碩士班授課、校長班授課等，都是在與「經營教育者」進行知識對話；長期的知識對話（包括：教、學、討論、分析、研究、論述、發表等）所產生的「內隱知識外部化」、「外顯知識內部化」及其間的交互作用，稱之為知識螺旋。知識螺旋之作用在促進參與者的「知識基模系統重組」，學習型組織理論名之為「改變心智模式」或是「提升知識基模」。本書的「六說」、「七略」、「八要」之內容，即是研究者長期與「經營教育者」互動對話，經由知識螺旋作用，所產生的「知識基模系統重組」之成果。

研究者期待本書之出版，能夠帶動「經營教育」的六大趨勢：(1)「教育學」與「管理學」交織，開拓「教育經營學」；(2)「經營」融合且活化「行政」與「管理」的操作內涵；(3)個人的「自我實現」及組織的「核心價值與願景目標」成為教育經營的新焦點；(4)教育人的「核心

能力」及教育組織（學校）的「核心技術」逐次研發定位；(5)「經營策略」與「實踐要領」成為教育領導人培育課程的主要內容；(6)「六說、七略、八要」帶動「校長學」及「教師學」知識基模的系統重組。

　　本書的完成要感謝很多與研究者有過「對話」關係的參與者，感謝四所師範（教育）大學的教授及同學，感謝教育部長官及同仁，感謝國立臺北教育大學個人教過及指導過的博碩士班學生、校長培育班的學員，更要感謝我的家人，由於大家長期的對話，才有本書的風貌。

　　「原理學說（六說）」～尋根探源，立知識之真；

　　「經營策略（七略）」～行動鋪軌，達育才之善；

　　「實踐要領（八要）」～著力焦點，臻教育之美。

　　敬邀大家共賞。

鄭崇趁　序於崇玉園

2012 年 11 月 10 日

目　次

原理學說篇

尋根探源，立知識之真

尋「價值」「理論」之根
探「能力」「品質」之源
論「發展」「實踐」之用
立「經營知識」之真

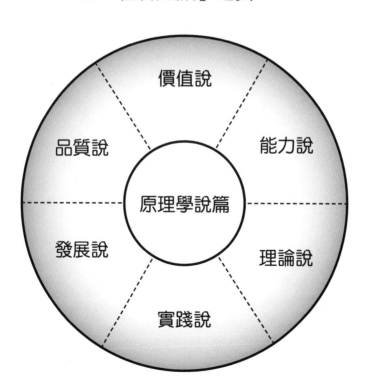

第一章　價值說

人類為什麼要辦教育？經營教育的主要目的是什麼？教育在教人之所以為人，那麼「人之所以為人」中的「人」，到底要包括哪些較具體的內涵？本章以「價值說」來回答這些問題，其基本的主張是：教育經營在創發每一個人自我實現的最大價值。

企業界主張一個有作為的企業體，要有 vision（願景）、mission（使命）、core value（核心價值）的建構，並以此三者的實務運作，來領導和帶動企業組織的積極發展，提高企業競爭力，確保組織體能夠永續經營。其中，將 core value（核心價值）與 vision（願景）的觀念運用在教育的組織（學校及教育行政機關）方面，其學理論述即為本原理學說的來源之一。

本章分為四節論述：第一節「價值說的教育意涵」，從教育的本質與功能，為價值說揭示明確的定義與論述範圍；第二節「人的組織與核心價值」，從不同階層的教育組織，探討組織核心價值的趨勢；第三節「教育的核心價值與政策經營」，以研究者主張的八大教育核心價值，探討教育政策與學校經營上的實踐作為；第四節「核心價值與自我實現」，以教育組織及其內部的主要人員——教育領導人、教師、學生，如何創發每一個人的自我實現最大價值。

第一節　價值說的教育意涵

一、價值說的定義

研究者綜合教育學、管理學、教育行政學、教育管理學的相關論述，

　　為「教育經營學」之原理學說尋根，探討「為什麼要辦教育」？「經營教育事業的本質與目的」是什麼？教育經營的主要對象是人、是學生，因此透過教育經營創發每一個生命的最大價值，就是教育事業經營的本質與目的。每一個人生命的價值與自我實現的程度有關，因此，研究者對價值說的定義如次：「教育組織及教育人員就其職責與角色功能之發揮，經由教育歷程，激發學生多元潛能，協助每一個人均能自我實現之最大價值。」

　　此一定義建立在下列四個要素之上：(1)賦予教育價值的啟動者，包括教育組織及教育人員；就組織而言，指國家層級的教育部、縣市層級的教育局（處）以及各級學校；就教育人員而言，包括教育行政領導人（即部長、次長、司長、局長、處長、科長、校長、主任）、教師以及基層學校行政人員；(2)創發教育價值的實質發生在教育歷程之上，此一歷程指教育政策、學校經營措施、教師的課程設計與教學、教師輔導與輔助學生所有活動；(3)教育價值的產出在於受教學生的潛能得到激發，每一位學生的多元智能都能夠得到適度的闡揚，尤其是每個階段的教育對於每一位學生的優勢智能，都有適度明朗化的價值作用；(4)教育的最大價值建立在施教者與受教者均能充分自我實現，教育領導人能做出合宜的教育政策與措施，帶動教育實際的發展與個人核心價值、生命願景一致，充分自我實現；每一位教師以自己的專業理念成就每一位學生，充分自我實現；每一位學生得到最適合他自己的教育，優勢智能明朗化，生涯願景與志業合一，也都能充分自我實現。

　　由定義上的四個元素分析，其共同的核心來自於人對人生價值的觀點與實踐，尤其是當前教育人員（特別是教育領導人）對於教育的價值論述與趨勢，將影響整個國家的教育發展；相同地，一般民眾對於教育的價值觀也會反映在教育的需求上，而影響教育的實際發展。如果兩者的價值觀有落差，則會產生教育政策與學校措施無法滿足國民需求的情境，抵銷或

減緩了教育的效能與效率，造成教育經營上的困難。

　　本書將「價值說」列為教育經營學原理學說中的第一說，期待由教育組織單位的核心價值及教育人員本身生命價值與願景的討論建構，進而釐清教育經營的本質與目的，縮短教育領導人與一般民眾之教育價值觀上的落差，適時頒行全國的教育共同願景，揭示當代教育的核心價值，提高教育經營的效能與效率，加速國家教育建設的實質進步與發展。

二、價值說的性質與範疇（操作型定義）

　　當代的社會發展，正處於「現代化」與「後現代」交織的時代，意識型態與價值觀多元化是時代的產物，也是探討組織發展及人的定位時，必須面臨的挑戰與衝擊。人或組織的核心價值建立在人的共同性以及組織任務的交織之上（鄭崇趁，2011a）。因此，探討教育人員的價值觀以及教育組織的核心價值，必須先行討論人所參與的組織系統、教育組織的職責，以及個人化的願景（vision）、使命（mission）、核心價值（core value）。

　　在教育人員參與的組織系統方面，包括學校、教育行政機關、社教文化機構；就人員的組成上，包括行政人員、學校行政人員、教授及教師，最廣義的說法還包括教育的對象——「學生」，及接受教育服務的一般民眾；就教育組織的職責而言，包括教育部及教育局（處）的法定職責，與國民對教育行政單位的角色期望（潛在職責）；就教育人員個人而言，包括官員、教授、教師、基層行政同仁個別的生命願景、教育志業、角色扮演以及核心價值的論述。

　　因此，教育價值說的操作型定義，可以圖 1-1 來表示其論述範圍。

三、核心價值檢核組織決策價值性

　　學習型組織理論強調「建立共同願景」，將 vision 列為組織成員的五

項修煉之一。當代的組織理論進一步強調 vision、mission、core value 三者並列，並調整「核心價值導向的願景」為「目標任務導向的願景」。核心價值如能脫離願景的主軸，將更能夠彰顯重要性與個殊性，且能從此釐清以往教育人員對願景與核心價值的混淆使用。

核心價值的揭示，可以用來檢核政策本身的價值性，例如：2010 年 8 月教育部召開「第八次全國教育會議」時，其會場布置，係以「新世界、新教育、新承諾」為共同願景，並揭示「公義、創新、精緻、永續」的四大核心價值，這四者導引與會代表發表的政策建言是否具有價值性的指標，其政策本身與核心價值符合度愈高者，則愈有價值；相同的，政策建言如與核心價值精神有落差時，即為不合時宜或不良的政策。

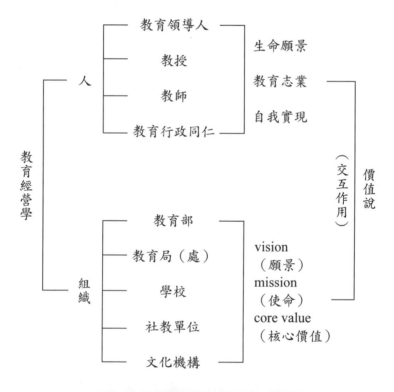

圖 1-1　教育價值說的操作型定義

❡ 四、自我實現彰顯個人生命價值性

組織運作尚可用 vision、mission 及 core value 來領導和帶動，對教育組織中的個人而言，也可運用生命願景的規劃、教育志業的追求以及自我實現的目標，來激發個人的生命價值，若每個人的生命願景目標與組織（學校）的願景目標一致性高，則教育人員生命價值的累積，即足以全面提升國家教育事業的品質與價值。

檢核教育人員的生命價值，得以教育人員本身「自我實現的程度」來觀察，施教者（教授、教師、校長、官員）與受教者（學生）均能充分自我實現，自覺自我實現的程度高，每個人的「理想」與自處的「現實」吻合，則個人的生命最有價值，「教育」也最具價值。

第二節　人的組織與核心價值

❡ 一、人的組織系統

核心價值提出的單位，均是由人組成的組織系統，每一個活著的人，都活在不同而相屬的組織系統之中。最大的組織系統是宇宙，我們人類是宇宙中的一份子；宇宙的次級系統是地球，人類也是地球的一份子；地球的次級系統是國家，臺灣人都是中華民國這個國家的一份子；國家的次級系統是省縣、省縣的次級系統是村里、村里的次級系統是社區、社區的次級系統是家，因此每個人都活在不同層級的相屬系統之中。

再以教育組織系統為例，國家層級的組織系統中有「教育部」，縣市層級的學校屬於其次級系統之一，國立臺北教育大學是國立學校，又是國立大學的次級系統之一，系所是學院的次級系統，班級又是系所的次級系統，教授、教師以及學生都生活在不同層級而彼此相屬的教育組織系統之

中，組織系統均有其更大的次級系統，至大無外；組織系統亦都有其更小的次級系統，至小無內。

二、教育組織的職責與核心價值

核心價值由人所參與的教育組織單位提出，但究竟是哪一個層級的教育組織單位應該適時的頒示教育核心價值，是一個值得深思後實踐篤行的議題。研究者認為，教育部、教育局（處）、學校、系所、班級以及社教文化機構，均需要仔細思考其組織單位職責與核心價值，適時運用 vision、mission 與 core value 的揭示與操作，凝聚組織內教育人員的士氣，帶動教育組織發展。

教育部是全國教育政策的總源頭，應依據《教育部組織法》的法定職責，衡酌國家社會的發展進程、經濟的水準，以及人民對於教育的需求與期望，適時揭示教育政策的核心價值，做為國家教育政策總體基石，也作為檢核各層面教育政策及中長程教育計畫妥適性的指標。教育局（處）乃縣市教育的規劃及執行單位，是地方教育成敗的樞紐，亦有必要以縣市本位為主軸，考量在地化發展需求，揭示縣市教育學校政策核心價值。學校是實踐國家及地方教育政策的場域，也是帶領教師經營教育品質的核心組織，更需要學校本位的「教育核心價值」，以核心價值做為規劃學校總體課程、校本課程、特色課程的基礎，以核心價值做為規劃學校中長程計畫、主題式教育計畫、年度重點教育活動的依據。學校的教育核心價值也可以用來檢核學校現有教育措施的妥適性，其與核心價值符合度低的方案或活動，應適時適度的調整改善。

大學中的學系與研究所、社會文化教育機構，只要是獨立的教育組織單位，均有必要參照學校方式經營，如考量組織單位規模太小、適用對象較為薄弱，至少應有「核心價值導向的願景」或「目標任務導向的願景」

設定，以做為個別系所或機構經營教育的指標。

❧ 三、核心價值的變遷與時代性

人類的核心價值並非不變或永恆的，核心價值建立在人的共同性與人的組織任務交織之上，並且會隨著社會變遷與組織階層之不同而有不同核心價值之強調，因此核心價值具有時代性與階層性。就社會變遷的時代性而言，以歐洲中古世紀為例，當時政教合一，教宗同時也是政治的領袖，當時人類的核心價值為「來生」與「苦修」，認為人活著的今世是沒有意義、沒有價值的，只有苦修今世，將來死後升天，才有價值。所有的人除了一般基本生活之外，均應禱告抄經，為來生做準備，此時期長達數百年，史稱「黑暗時期」。一直到文藝復興之後，人類的核心價值才轉變為重視「當下」、「現世」、「人文」。此時，「人之所以為人」的意涵即從「天上」掉到「人間」。

就組織階層的差異性而言，「人」有共同的核心價值，例如：活得有「意義」、有「尊嚴」、有「價值」。「國家」也有自己的核心價值，例如：美國、英國強調「民主」、「自由」、「法治」；社會主義國家強調「均富」、「博愛」。一個國家中的「部會」層級組織也有個殊性的核心價值，例如：國防部強調「安全」、「忠誠」；外交部強調「平等」、「互惠」；社會福利部強調「均等」、「公義」。不同的組織階層有其法定的職責功能，也有其參與的人之「意識型態」及「核心理念」，因此，會有個殊性而不一定有一致的核心價值。為自己參與主持的組織實體建構揭示「組織運作」的「核心價值」，是所有領導人的「神聖使命」，也是當下各階層組織領導人的時代任務。

四、核心價值與願景的定位

學習型組織理論將「建立共同願景」引進教育界，每一個學校的校務發展計畫，均要先確定整個學校的「願景」與「經營策略」。2000 年起，臺灣實施「國民中小學九年一貫課程綱要」，以課程統整的精神，要求國民中小學實施「學校本位課程」，推動學校本位課程方案時，也要先確立學校課程願景。學校願景也好，學校課程願景也好，大家幾乎都把「核心價值」與「願景」合起來用，例如：宜蘭縣復興國中的願景是「愛與希望」；國立臺北教育大學的學校課程願景是「博愛」、「關懷」、「專業」、「創新」、「實踐」。從表面的字義來看，既是「核心價值」，也是「共同願景」，代表著「核心價值導向的願景」時代，也是近二十年來臺灣教育發展的真實寫照。

管理學的發展愈來愈精細，最近已開始使用 vision（願景）、mission（使命）、core value（核心價值）並列方式來領導組織運作，較具體而成功的案例是臺北市立萬芳醫院，它是行政績效頗為卓越的公辦民營醫院，在醫院的大廳及病房的適當地方，都懸掛 vision、mission 與 core value 的展示牌：其願景為「達成最高品質之國際一流大學醫院」；使命（宗旨）有四：(1)醫療——以病人為中心的全人照顧；(2)教學——持續培育菁英的大學醫院；(3)研究——建立卓越創新的研究重鎮；(4)服務——成為國際水準的醫療團隊；其核心價值為：品質、卓越、創新、同理心、社會責任。

教育組織單位最近也逐漸學習企業界，將願景的設定逐漸脫離了「核心價值」，而朝向「目標任務導向的願景」，例如：國立臺灣大學八十週年時，其公告的學校願景是「臺大八十，世界百大」；2011 年國家教育研究院正式掛牌運作，吳清山院長首次運用 vision（願景）、mission（任務）及 core value（核心價值）的操作方式，揭示組織發展的方向與內涵，開啟

了教育組織單位有效經營的新典範。

　　核心價值建立在人的共同性與組織任務的交織之上，它本來就是該組織系統內所有人的共同願景之一，教育界（學校）訂定「核心價值導向的願景」有其時代意涵，並無所謂「對錯」。二十一世紀將進入「精緻教育」的新時代，綜合企業界的組織同步運作，將「共同願景」轉變為「目標任務導向的願景」，並配合組織任務（mission）的內涵，另予探討確立核心價值，讓 vision、mission、core value 三者並列，並各有其定位，也是教育經營學發展的重點之一。

第三節　教育的核心價值與政策經營

　　核心價值建立在人的共同性與組織任務的交織之上，前已述及，人在不同的教育組織時就會有不同的核心價值，那麼教育的核心價值到底如何定位？又應該是什麼？研究者以「教育經營學」的立場，以辦教育的主要單位〔教育部、教育局（處）、學校〕為思考主軸，參酌教育學對於教育本質、教育目的、教育功能、教育目標方面的論述，與哲學上的人的價值論「人之所以為人」的分析，以及管理學上組織行為層面的探討，認為「人」與「教育」交織的核心價值有八：人文、均等、適性、民主、創新、永續、精緻，以及卓越（鄭崇趁，2011a），並以人體圖像做隱喻，如圖 1-2 所示。

- ●「人文」為頭，居總指揮；「均等」、「適性」為雙腳，是政策規劃的主要方向；「民主」、「創新」、「永續」三者在身軀裡，是政策執行的重要原則；「精緻」、「卓越」為雙手，代表教育的成果指標，既要精緻，又要卓越表現。
- ●二十一世紀臺灣教育的核心價值為：「人文」為首，踏著「均等」與

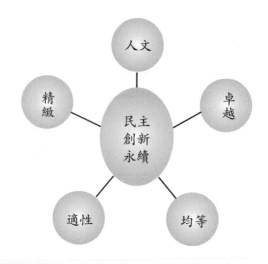

圖 1-2　二十一世紀臺灣教育的核心價值

資料來源：鄭崇趁（2011a：5）

「適性」的腳步前進，著重「民主」、「創新」、「永續」的歷程，邁向「精緻」且「卓越」的教育成果。

一、「人文」的教育經營

「人文」是中西文化共同的根，「人之所以為人」的教育是歷代教師與教育領導人共同認同與承諾力行的指標。在西洋教育史上，「人文主義教育」的主張，由1982年「派迪亞報告」（The Paideia Proposal）的發表，可見一斑；在中國，「文質彬彬，然後君子」的傳承，也是最佳註解。

「人文」核心價值導引之下的教育經營具有以下幾項特點：

- 教育目標為德、智、體、群、美五育均衡發展。
- 課程設計兼重現代科技與人文品格。
- 教學歷程順應個別差異，因材施教、有教無類。
- 學生主體順性揚才，促使優勢智能明朗化。

- 人的意義、尊嚴、價值高於一切。
- 每一個人均有能力接受十二年基本教育，（接受完整的）十二年基本教育已成為基本人權，政府有責任促成。

二、「均等」的教育經營

「教育機會均等」理念強調教育的三個均等：入學機會均等、受教過程均等、適性發展均等；John Rowls 的「正義論」也有三個重要主張：正義即公平、法律之前人人平等（均等原則）、最弱勢的人應得到最優先的照顧（差異原則——積極性的差別待遇）。這兩種理念的實踐與整合，促成了教育「均等」（公義）的核心價值。此一核心價值導引的教育經營具有下列幾項特點：

- 全民普及教育：全民入學，實施十二年國民基本教育。
- 標準精緻教育：基本教育階段，每一個學校均有符合標準的師資、課程、設備。
- 弱勢優先教育：弱勢族群學生獲致優先妥適的照顧，包括：生活支持、學習支持以及適應支持。
- 多元適性教育：提供個別化、多元化、民主化的教育歷程，進行適性課程與教學。
- 普遍卓越教育：每一位學生的優勢智能都能得到啟發，每一位學生均有相對的亮點與產能。

三、「適性」的教育經營

以學生為主體，考量學生本身可以接受的教育方式，以能夠對學生產生真實效果的「教」與「學」活動，稱為適性教育。何福田（2010）出版《三適連環教育》一書，主張「適性、適時、適量」，為適性教育的涵意

作了系統性的註解，頗受華人社會（尤其是中國大陸地區）的歡迎。「適性」核心價值導引下的教育經營具有下列幾項特點：

- 學生本位的教育：以學生本身的意願、基礎條件、學習性向做前提的課程設計。
- 編序發展的教育：重視學生循序漸進的學習，將教育活動或教材編序成為學生容易學習的方法。
- 興趣主動的教育：配合學生學習興趣，激發學生主動學習。
- 優勢學習的教育：從學生優勢智能著力，促使學生容易獲得學習成果，形優輔弱，實踐教育目標。
- 適時適量的教育：配合學生學習關鍵期，提供適量的學習教材，累增適性教育成效。

四、「民主」的教育經營

John Dewey 於 1916 年發表了「民主主義與教育」後，民主就成為現代教育的核心價值之一，民主讓教育的發展愈形豐富而多彩，教育也促成了人類民主生活的實踐。全民教育之後，人人有基本的知識素養，民主的生活機制也才可能建立。民主是一種主義、一種信念、一種素養，也是一種能力、一種態度。「民主」核心價值導引下的教育經營具有下列幾項特點：

- 多元參與的教育決定：人和教育活動設計與計畫方案的實施，均經過多數教師的共同決定歷程。
- 自由選擇的課程方案：學校對於教育目標的達成，提供多元管道與課程方案設計，由師生自由選擇。
- 尊重關懷的友善校園：民主化的教育也就是友善的校園，能夠尊重包容另類師生的存有。
- 個人自主的學習社團：除了正式課程之外，學校設計多元智能學習社

團，提供個人自主學習。

- 標準檢核的認證系統：學生成就的評量發展，成為具有一定標準的多元多階層認證系統。

五、「創新」的教育經營

學校教育本即知識探索的殿堂，學校是研發知識、創新知識的基本場域，人類知識的傳承主要靠教育。知識經濟的時代來臨之後，知識管理與知識創新成為二十一世紀人類生活的重要趨勢，「創新」也就成為教育的核心價值之一。學校教育經營的創新研究，多從「經營理念」、「行政管理」、「課程教學」、「學生輔導」、「環境設施」等方面的創新作為著力論述，成果頗豐。研究者以「人」為主體，歸納「創新」核心價值的教育經營特點具有下列幾項：

- 大學教授重視知識創新的研發（研究）。
- 中小學教師強化教學知識的重組（新課程教材研發）。
- 教育領導人能夠帶動組織創新與知識管理。
- 企業領導人願意挑戰創新產品研發。
- 一般國民願意參與多元學習社群，終身學習，過創新生活。

六、「永續」的教育經營

在經濟發展與環境保護成為教育的新議題之後，節能減碳愛地球、綠能教育、新能源開發、資源回收、資源再利用等成為環境建築的新法則，也成為能源教育的主要內涵，是以「永續」成為教育的新核心價值之一；部分國家均在教育部成立「永續教育推動委員會」（臺灣即為範例），規劃推動相關重點措施。「永續」核心價值導引的教育經營具有下列幾項特點：

- 教育資源之開發能夠永續經營者列為優先考量。
- 生態教育與資源整合成為教育經營的新重點。
- 永續經營、持續發展，成為學校辦學與教育人員策定生命願景的新指標。
- 學校校舍建築與環境規劃成為綠建築、新能源開發、資源再生、永續環境之典範。
- 「永續」成為現代人的信仰、態度與能力，更需要教育來傳承。

✿ 七、「精緻」的教育經營

　　教育是可以經營的，教育人員的持續投入、永續深耕，可以促使教育的優質化，教育的多數面向優質化就是「精緻教育」的實踐。臺灣的教育在「少子化」的衝擊、國民所得逐年提高，以及「優質」、「卓越」、「特色」學校政策的帶動，「教育與標竿學校認證」的結合，「精緻教育」的時代似乎已悄然到來。「精緻」核心價值導引的教育經營具有下列幾項特點：

- 優質條件的師資標準：教育人員的專門知能經過高標準檢核，碩士師資比例超過 50%，邁向全面化。
- 規劃完備的施教歷程：教育品質表現在 CIPP〔背景（context）、輸入（input）、過程（process）與結果（product）〕全面完整的歷程。
- 核心知識的多元模式：課程設計機制化，並且以核心知識建置多元模式，供學生自主選擇學習。
- 能力本位的績效品質：學生的學習成果以基本（核心）能力的達成做檢核，績效品質達成率 85%以上。
- 情境教育的永續校園：教育的整體環境是友善的、永續的，是具有教育人性化的情境園地。

八、「卓越」的教育經營

「全民學習，順性揚才，普遍卓越」是新世紀臺灣教育的經營願景，以學生為主體考量，學生在接受十二年的國民基本教育歷程後，興趣與性向逐漸穩定，優勢智能明朗化，繼續接受高等教育或就業服務社會，均有相對優勢專長，是有貢獻、有產能的國民。普遍卓越的教育之後，有普遍卓越的國民，普遍卓越的國民能帶來百業興隆的新人文社會生活。「卓越」核心價值導引的教育經營具有下列幾項特點：

- 實施一至十二年級學生基本能力檢定制度，所有學生的領域表現能力通過率均在85%以上。
- 基本教育階段「一校一特色、一生一專長、一個都不少」成為普遍卓越教育的註解。
- 高等教育階段「一系一特色、一師一卓越、一生一亮點」成為普遍卓越教育的註解。
- 整體社會的教育建設，提供處處可學習、時時可學習的情境，社區大學普及到鄉鎮。
- 成人進修教育結合職能證照，普遍提供國民專長學習與志業轉換的機會。

第四節　核心價值與自我實現

一、教育組織的自我實現

教育的核心價值在成就每一個人，每一個人的最大成就就是「自我實現」，自我實現的意涵就是「自我的理想」與「目前的實際」相吻合，用口語化的說法就是自己想要的理想人生，真的在當前發生了。自我實現的

人生是人類共同的願景，也是每一個階層的教育人員、每一個組織之所以投入教育志業，經營國家教育事業之主要目的與功能，也是教育最深層的「本質」。

本節以教育組織及人的自我實現來闡述教育核心價值的深層意涵，若各階層的教育組織（部、局、處、學校、系所、機構）以及各類教育人員（教授、教師、領導人、學校、行政人員）均能充分自我實現，將是人類活在最有意義、最有尊嚴，也是最有價值的嶄新世代。

教育組織的自我實現可從下列五個指標來衡量與檢核：(1)法定的單位組織任務能否轉化成具體的政策或措施，成為教育經營常態性的作為；(2)組織人員的運作能量能否有效地帶動，以達成核心工作目標；(3)教育組織揭示的階段性願景與核心價值，能否有效激勵組織成員，凝聚士氣，共同為教育組織發展盡力；(4)教育組織內的個人生涯目標是否與組織目標一致性高；(5)教育組織成員及其受教學生或服務對象的滿意度是否均高。

二、教育領導人的自我實現

研究者界定的教育領導人，包括教育行政單位科長級以上人員、學校校長及核心幹部。教育領導人是主導教育發展脈絡的關鍵人物，有人說：「有怎樣的校長，就有怎樣的學校」，我們也可以說：「有怎樣的領導人，就有怎樣的教育。」我們更可以從「教育領導人自我實現的程度」，來觀察教育發展與品質。通常大多數的教育領導人自我實現愈高，代表教育的發展大幅邁進，教育績效與品質也會維持在高度水準之上。

觀察教育領導人的自我實現程度，可從下列五個指標來檢核：(1)教育領導人能否將教育工作當作其畢生的志業；(2)教育領導人任職教育工作年資的長短，是否有二十年以上的資歷，才得以深耕教育，實踐其教育理想；(3)教育領導人能否產出其教育成果，如計畫方案、專書專論、成果報告、

主題教材；(4)教育領導人能否積極任事、勇於承擔，願意主動開展新事務，並承擔發展成敗責任；(5)教育領導人對於自己的工作品質、績效、成就是否滿意，是否也獲致其服務同仁滿意的回饋。

三、教師的自我實現

教育的主要型態在於「人」教「人」，教師是教育人員的核心族群，也是影響教育實質發展取向的關鍵人物，若全國的每一位教師均高度的自我實現，象徵著多數的教師以教育為終身志業，也代表著多數的教師對於自己的教育實踐是滿意的，更代表著國家的師資培育政策是成功的。更深層的意涵，研究者認為，象徵著國內教師們對於教育的主張與實踐具有共同的「核心價值」，教師們的自我實現，就是「核心價值」的體現。

觀察教師的自我實現程度，可從下列五個指標來檢核：(1)教師個人的生命願景與志業是否吻合，生命的最大價值是否在教育領域內實踐；(2)教師的理想職務是否得到適配發揮，人盡其才；(3)每位教師是否均有產出型的教育成果，例如：自編的主題教案、教材、教育專書論著、碩士博士論文、研究報告等，能產生教育價值、智慧傳承的資產；(4)每位教師是否均有「帶好每位學生」的認同，承諾並且實踐力行；(5)教師與教師之間是否和諧共榮、交互輝映，大家均以身為教師為榮，彼此激勵，共同奉獻教育事業。

四、學生的自我實現

「自我實現」是一連串的「目標設定」與「達成實現」的歷程，每一個人都有不同的生命職涯，就會有不同層次的「自我實現」。就學生而言，其學習生涯的各個階段如能充滿「自我實現」的感覺，其學習歷程必能滿意成功，達成階段學習目標，也必然能爭取到下一階段更符合自己理想的

受教機會。學生普遍有否「自我實現」的感覺,反應教育「核心價值」是否得致妥適彰顯,學生自我實現的感覺愈普遍濃烈,象徵教育愈成功,教育品質愈佳,教育核心價值也愈為精確。

　　觀察學生的自我實現程度,可從下列五個指標來檢核:(1)學生能否快樂健康地自主學習;(2)學生能否清楚了解學習目標,並能主動配合教學活動,適時達成學習目標;(3)學生能否每年通過基本能力檢定,學習成就符合該年級學生應有的程度;(4)學生個人的優勢智能是否能得到適度的激發,某一學能或才藝具有相對優秀展現,得到尊榮與價值感;(5)學生是否具有好習慣與服務心,做人有品德、做事(學習)有品質、生活有品味(有自己的學習風格)。

第二章　能力說

　　能力本位、基本能力、基本素養、核心能力等名詞，是教育界常用而不太容易釐清的名詞，有時候都以同義字（詞）來使用。師資培育體系上常用「能力本位」的師資培育制度；「國民中小學九年一貫課程綱要」的用語是，培養學生十大「基本能力」；大學校務評鑑上的規準指標用的是學校學生「基本素養」、系所學生「核心能力」。

　　企業界使用的「核心能力」，通常偏向企業組織產品的「核心技術」，而教育界使用的「核心能力」，通常指個人（領導人、教師、學生）內在的基本素養與外在的「核心能力」，教育的「能力說」係指教育的經營在開展人的核心能力，以「核心能力」來含稱基本素養、基本能力、與能力有關的行為描述。

　　本章分為四節論述：第一節「能力說的教育意涵」，為教育人員核心能力的成因尋根探源；第二節「教育領導人的核心能力」，分析教育領導人應有的行為表現；第三節「教師的核心能力」，探討帶好每位學生的教師能力訴求；第四節「學生（學習者）的核心能力」，以做為教育政策規劃與教師教學策略的參照。

第一節　能力說的教育意涵

一、核心能力的成因

　　核心能力的研究可歸納為「直接由個人展現」及「間接由組織展現」兩大類，個人的核心能力指個人在組織中的角色職責及職位上的核心能力，

而經由組織展現的核心能力即企業核心技術所生產產品的優勢能力（鄭崇趁，2011a：23）。教育及公務人員組織系統的研究，則比較關切「個人核心能力」的展現與培育，例如：黃一峰（2001）論述高級文官核心能力，是以能力金字塔（如圖 2-1 所示）來表達個人核心能力的來源基礎。

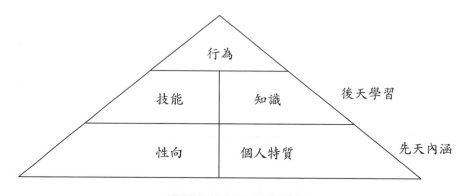

圖 2-1　能力金字塔

資料來源：黃一峰（2001：43）

鄭崇趁（2006a）曾以社會系統理論，論述當前中小學校長的核心能力來自下列五大因素：(1)角色任務與功能；(2)辦學理念與實踐；(3)教育革新與發展；(4)社會變遷與需求；(5)績效責任與品質。其中(2)、(3)屬個人及教育環境因素，而(1)、(4)、(5)則屬組織及社會文化因素；社會系統理論下的校長核心能力之成因，如圖 2-2 所示。

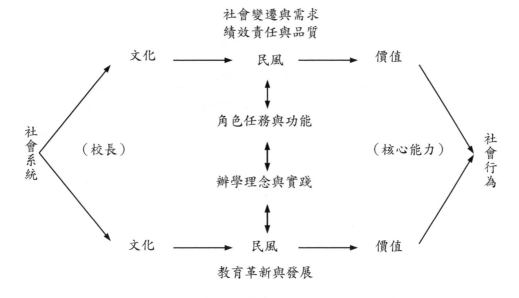

圖 2-2　校長核心能力的成因（社會系統理論觀）

資料來源：鄭崇趁（2006a：95）

　　用「能力金字塔」來解釋核心能力之來源：「核心能力」就是一個人的「行為表現」，而行為表現來自「個人特質」（性向），以及每個人學到的「知識」（技能）；個人特質多屬先天內涵，知識技能則以後天學習為主。因此，核心能力的成因需要有好的遺傳（優質內在特質），以及好的教育（提供知識技能的學習）。

　　用「社會系統理論」來探討教育人員核心能力之交互作用影響：每個人的核心能力來自個人的人格需求，這是每個人先天的遺傳性向特質；但這些性向特質能否順利開展，必須與其任職組織的任務目標要求攸關，愈為適配的職務，就愈能開展自己的性向特質；然而，這些核心能力的真實行為表現，會得到社會系統的「文化」、「民風」、「價值」的激勵或抑制。

二、核心能力的定義

從核心能力的成因與發展,研究者以教育人員（教育領導人、教授、教師、學生）為主要對象,界定核心能力的定義為:「教育人員為實現個人教育志業及達成國家教育目標所應具備的關鍵行為表現力。此種關鍵行為表現力來自個人性向特質、教育學習歷程、職務角色期望,以及社會文化價值所綜合交織的成果,又稱為核心能力。」

此一定義包含下列五大要素:(1)就對象而言,專指教育人員,廣義的教育人員包括教育領導人（行政機關科長級以上人員、學校校長及核心幹部）、教授、教師、基層行政人員及學生;(2)就目的而言,包括教育人員本身的自我實現能力及達成國家教育目標的能力,也就是教育人員的核心能力,要能夠勝任個人目標及組織目標的共同需求;(3)就結果而言,是一種實現目標的關鍵行為表現力,這種行為表現是觀察得到的,是可以具體描述的;(4)教育人員的關鍵行為表現力來自四個因素的交織:個人性向特質、教育表現歷程、職務角色期望,以及社會文化價值;(5)四個因素如何交互作用而產生教育人員的核心能力,因人而異,情況不一而足,然「教育學習歷程」的因素,其比重將愈來愈重,研究者認為,「核心能力」是可以經學習而強化的,教育培育的體制愈理想,教育人員才能具備足以勝任其志業、職務的工作。

三、核心能力的性質

企業界探討核心能力,多數採行 Prahaland 與 Hamel 的主張,將核心能力界定為:「組織成員個別技能與組織所使用技術的整合,可提供顧客特定的效用與價值,亦即指一組知識（knowledge）、技能（skill）與能力（ability）（簡稱 KSAs）的整合」,並認為此一定義的核心能力具有下列

六大特質：(1)核心能力是一種累積學習的結果，是組織由過去到現在累積的知識學習效果；(2)核心能力是一種整合的績效，是組織內多種技術的整合；(3)核心能力是一種關鍵技術，可協助組織降低成本或提升價值；(4)核心能力是一種競爭優勢，也是組織競爭優勢的來源；(5)核心能力與核心價值關係密切，且會隨著時代環境不同而改變；(6)核心能力需具備可應用性，其組織有多樣利基之產品（陳俐君，2008；鄭崇趁，2011a）。

　　教育界探討教育人員的核心能力，是以企業界原用的定義與性質為基礎，加上「教育學習歷程」的中介促進作用，將「核心能力」附加下列三個性質：(1)核心能力是可以經由教育來培育強化的；(2)教育人員的核心能力需要個殊化的「師資培育課程」來培養誘發；(3)核心能力的具體表現，其職前的「培育課程」與在職的「實習職能」同樣重要。因此，從教育人員的立場闡述其核心能力具有下列五大性質：(1)個人性（以個別的核心能力為主軸）；(2)教育性（核心能力透過教育來培育）；(3)實習性（要有教育領域現場經驗）；(4)統整性（教人的統整示範能力）；(5)目標性（要能符合眾人期望、實現教育目標為旨趣）。

四、核心能力的運用

　　核心能力的使用由企業界先行，再慢慢引進教育領域，企業界原先使用在「公司產品的核心技術」上，將「能力」與「技術」並稱；後來再擴展使用在「從業人員的核心能力」，也就是公司主要產品的核心技術，需要應徵哪些核心能力的人來做。接下來再運用在「公司如何培育組織成員具備主要產品的核心能力」，以及「公司核心技術的知識管理與傳承」。現代化的企業組織，通常會在公司之內設置「研究發展」部門及「在職進修」單位，研發執行這一系列核心能力的運用，如果公司規模太小，有的會與學術單位（以大學教授為主）合作，執行部分「核心能力」研發的運

用。

教育界對於「核心能力」的使用也是近期才明確化。以前的學校教育遵照各級學校法所定的「教育目標」辦學，課程教學設定「課程目標」來實施，教學結果在教案上、評量上使用「行為目標」來表示，沒有直接使用「核心能力」。2000 年公布的「國民中小學九年一貫課程綱要」才明示「七大學習領域」，培育「十大基本能力」；2010 年開始的大學校務評鑑，在評鑑指標上正式使用「學校學生基本素養」以及「系所學生核心能力」。因此，「能力說」獲得了時代環境的支持，「核心能力」變成教育人員必須直接了解與必備的「基本素養」。

研究者認為，教育領域「核心能力」的運用不只在「學生」本位上，更應該擴展到「教師」、「教授」、「教育領導人」為本位的核心能力之上。其範疇可運用在「核心能力的研究」、「培育核心能力的課程」、「培育核心能力的有效模式」、「核心能力的實踐」。是以本章第二節至第四節分別論述「教育領導人的核心能力」、「教師的核心能力」以及「學生的核心能力」。

第二節　教育領導人的核心能力

鄭崇趁（2006a，2010）曾多次探討中小學校長的核心能力，並以四大關鍵力及八大核心能力來表示，其結構如圖 2-3 所示；此一系統結構與內涵酌予修飾增補之後，得適用於教育領導人之核心能力。所謂教育領導人，包括：教育行政單位科長級（九職等）以上人員、學校校長及核心幹部。

教育領導人的核心能力以「專業力」為軸心，以「整合力」、「執行力」、「創發力」為支架；專業力包括教育專業的能力和關愛助人的能力，整合力包括統整判斷的能力和計畫管理的能力，執行力包括實踐篤行的能

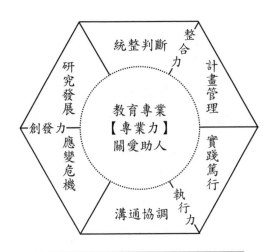

圖 2-3　教育領導人的核心能力

資料來源：修改自鄭崇趁（2011a：34）

力和溝通協調的能力，創發力包括應變危機的能力和研究發展的能力。

🌸 一、教育專業的能力

　　教育是人教人的專業行為，教育領導人要領導教師們實踐此專業行為，自己本身更需要具備教育的專業素養與核心能力。尤其當代社會又處於後現代與現代化交織的時期，多元價值、去中心化、人際關係充滿著不確定感，處處呈現「混沌現象」，唯有教育領導人展現真正的教育專業行為，才得以帶動優化組織氣氛，增進教育事業的效能與效率。教育領導人教育專業的核心能力，其主要內涵如次：

- 具有完整的教育哲學觀。
- 熟悉教育經營上的原理學說、經營策略及實踐要領。
- 能夠運用教育理念，實踐教育目標與組織願景。
- 擁有優質的教學經歷。

●具有表達教育理念的能力，能有效結合理論與實務。

二、關愛助人的能力

教育事業建立在「愛人、喜歡人、希望人類發展得更好」的基礎上，教育領導人更需要具備關愛助人的核心能力。關愛助人的能力也是一種專業行為，除了人類本然的天性強弱之外，仍然需要經由學習的教育歷程而獲得與強化。關愛助人的能力愈強的人愈能夠擔任教育人員，也愈能夠投入教育事業。教育領導人關愛助人的核心能力，其主要內涵如次：

●喜歡教育的對象（學生），並且能夠有教無類、因材施教。
●喜歡教育事業的實踐者（教師與行政幹部），並且能夠促成人盡其才，自我實現。
●熱愛教育事業的發展，自己的生命願景能在教育組織中實踐。
●具備服務助人的專業態度與能力，能夠直接協助受教者與施教者舒緩挫折與困難。
●能夠有效整合教育輔導資源，建立任職單位輔導網絡支持系統。

三、統整判斷的能力

教育事業的經營，無論是學校或是教育行政單位，均需要教育領導人適時地「做決定」，以合宜的做決定帶動校務發展，以合宜的做決定推出優質的教育政策，帶領整個國家的教育發展。因此，教育領導人能否適時做合理性的決定，是教育事業的發展命脈，而「做決定」合理性的基礎需要當事人「統整判斷的能力」。教育領導人統整判斷的核心能力，其主要內涵如次：

●具備有效主持會議的能力，能夠帶領同仁討論教育事務的核心事項，提高會議效率。

- 能夠針對問題，迅速折衝不同意見，形成共識。
- 對於教育事業的發展具有全面性、完整性與系統性的覺知。
- 針對教育組織的時代需求能夠回應合適的決定。
- 面對複雜的事物能夠迅速找到著力點，避免延宕誤事。

四、計畫管理能力

人類的工作均以週期來規劃與執行，政府機關以年為週期，採年度預算來編配執行量；學校組織也以年為週期，但採行上、下兩學期的方式編配課表；實際的教與學活動則以週為週期，每週授課兩小時或三小時，上足十八週以上。教育領導人必須配合組織週期，帶領同仁持續執行經常性重點事務，也要針對時代需求，設定組織發展事項，永續經營，此為計畫管理能力。教育領導人計畫管理的核心能力，其主要內涵如次：

- 能夠領導策訂任職單位之中長程發展計畫。
- 具備擬定主題式教育計畫的能力。
- 能夠督導同仁依計畫執行重點工作。
- 列管組織十大工作計畫，貫徹執行，達成目標。
- 能將行動研究成果，轉化為組織發展方案，並列為計畫管理項目。

五、實踐篤行的能力

「執行力」是企業發展的命脈，執行力強的公司才能在競爭激烈的環境中嶄露頭角。教育事業是一種人教人的高度個別化專業行為，「執行力」的觀察指標，無法單純地以「結果」來論定，教育的執行力必須兼重「教與學歷程」的品質觀察，是以領導人在教育事業的執行上，必須能夠示範帶動，與幹部及同仁一起完成工作任務，開創教育事業的新境界。教育領導人實踐篤行的核心能力，其主要內涵如次：

●示範擬定重要的教育計畫。

●領導學校本位課程設計與發展。

●示範優質教學演示。

●帶領支持弱勢組織與學生。

●領導幹部同仁如期完成重點工作目標。

六、溝通協調的能力

當前民主社會的最大特質在「共同決策」或「決策獲得大多數民意支持」，後現代時期又是多元價值觀時期，很多很好的政策或學校措施，有時難免會受到「不同觀點者」與「反對派」的挑戰與杯葛。教育領導人做重大決定前以及推動重點措施遇到不同意見時，亟需要溝通協調的能力，溝通協調能力強的領導人，容易取得共識，能夠及時決策，也能夠快速化解問題，不礙組織發展。教育領導人溝通協調的核心能力，其主要內涵如次：

●具有清楚表達意見、說明教育原理之能力。

●善解人意、能夠準確解讀不同意見與立場，善於為不同意見找到共同原則。

●能掌握關鍵時機與核心人物討論重點事務。

●重要決策時能促進多元參與，並尊重不同意見。

七、應變危機的能力

地球暖化、氣候異常，天災人禍的頻率高於往常，處於現代化與後現代交織的臺灣社會，青少年（學生）適應困難與偏差行為追隨著現代化的腳步前進，校園與教育領域潛藏著危機與特殊事件，教育領導人必須具備「見微知著」及「立即決策」的應變危機核心能力，領導組織同仁因應危

機事件的挑戰，將組織的人力與資源可能之傷害降至最低。教育領導人應變危機的核心能力，其主要內涵如次：

- 成立組織危機處理小組，定期演練。
- 重要事務工作均有配套備案，包含危機配置。
- 定期執行公共安全檢查，維護物理環境安全。
- 具備豐富應變危機之能量，迅速決定，領導組織單位在最短時間內恢復常態運作。
- 能夠有效處理申訴案件，保障同仁（師生）權益。

八、研究發展的能力

教育組織（尤其是學校）與民間的企業經營愈來愈接近，每一個企業體要保有長期的競爭力、永續經營，均需設置「研究發展」單位，以研發的成果，提升產品價值或調整經營型態，為企業創發更大利潤。教育單位最大的利潤與價值就是學生的品質，教育組織要研發學生最合適的學制課程、教學、教材、輔導，教育領導人更要示範實際的研發成果，才得以帶領組織成員持續進步，永續發展。教育領導人研究發展的核心能力，其主要內涵如次：

- 具有教育碩士、博士學位以上學歷。
- 每年至少發表一篇教育學術研討會論文。
- 每兩年至少完成主持一教育行動研究的案子。
- 能夠將重要研究成果轉化為教育行動方案（計畫）。
- 具有規劃任職單位「研究發展」計畫的能力。

第三節　教師的核心能力

鄭崇趁（2011b）發表〈從智慧資本理論看教師評鑑的內涵〉一文，主張教師評鑑應包括「核心能力」、「認同承諾程度」以及「績效行為表現」。其中，教師的核心能力如圖2-4所示，承續教育領導人核心能力之結構，包括四個關鍵力與八個核心能力。

教師是教育工作的主要經營者，其關鍵力與教育領導人名稱相同，均為專業力、整合力、執行力與創發力，但核心能力內涵有所不同：專業力包括教育專業及關愛助人兩種核心能力，整合力包括課程設計及班級經營兩種核心能力，執行力包括有效教學及輔導學生兩種核心能力，創發力包括應變危機與研究發展兩種核心能力。

一、教育專業的能力

教師直接教導學生學習，是教育第一現場的關鍵人物，教師對教育專

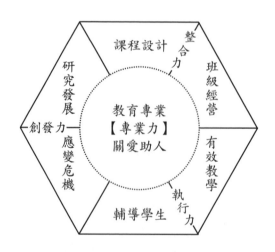

圖2-4　教師的核心能力

資料來源：鄭崇趁（2011b）

業的基本素養與觀念態度會直接影響其教育行為表現，更直接影響其受教學生的發展，教師本身扮演言教及身教的教育功能，是以教師與教育領導人一樣，必須具備紮實的教育專業核心能力，以專精而完整的教育素質及行為表現來帶領學生的教與學。教師教育專業的核心能力，其主要內涵如次：

- 對於人的教育有完整的哲學觀。
- 了解學生的生理與心智發展情形，能夠提供最適合學生的教育。
- 熟悉教育政策與學校措施，並能與個人的教育核心價值結合。
- 具有教育心理學、教育社會學、教學原理、輔導原理的基本素養與實踐能力。
- 具有論述教育活動與教學行為之價值或亮點能力。

二、關愛助人的能力

　　教育是人教人的專門行業，教師的一生都要與學生接觸、與人為伍，是以教師的性格興趣必須要喜歡人、關愛人，不但要喜歡人，對人的需求更要敏感，善於觀察學生的行為意涵，並樂於主動協助，提供積極而有助於學生的指導與活動，此之謂關愛助人的能力。教師關愛助人的核心能力是一種教育愛的傳承與實踐，也是教育人員最樂於傳誦的重要資產，其主要內涵如次：

- 喜歡自己的學生，能夠有教無類、因材施教。
- 喜歡一般的學生，能夠主動關懷、伴其成長。
- 願意參與認輔學生，提供個別關照，愛心陪伴。
- 教學中具有辨識學生行為問題的能力，能將輔導理念融入教學，幫助學生維持有效學習。
- 具備輔導原理及諮商技術的基本素養，在教與學歷程中，能夠有效協

助適應困難及偏差行為學生。

三、課程設計的能力

「課程統整」是二十一世紀教師的時代使命，在我國 2000 年頒行的「國民中小學九年一貫課程綱要」，以及 2014 年起計畫推動的「十二年國民基本教育」中，中小學教師扮演「課程統整」的角色任務愈為明顯，唯有每位教師有效「課程統整」，才得以帶好每位學生，而「課程統整」化為具體的行為能力表現就是「課程設計的能力」。教師課程設計的核心能力，其主要內涵如次：

- 具備發展學校本位課程的能力。
- 具備發展任教領域主題教學方案的能力。
- 能夠參與任教領域課程與教學行動研究。
- 逐年累增自編教材比例至 20～25%。
- 能夠依據課綱設計領域課程教學計畫。

四、班級經營的能力

教育的實施傳統以來，就以「設學校」、分「年級」與「班級」來實施，每一位教師均要「入班教學」，每一位級任教師或導師更需要直接「經營班級」，每年的班級學生背景、能力、資質性向與價值取向不一定相同，所有擔任班級教學的教師，均要有「班級經營」的核心能力，運用班級的團體動力，進行有效教學及輔導學生，導師更要經營班級團隊，凝聚班級向心力，形塑班級文化、樹立班風。教師班級經營的核心能力，其主要內涵如次：

- 了解班級學生主要背景與起點行為。
- 能夠參照班級學生的共同性與個殊性，擬定班級經營計畫。

- 教師的班級教學能夠融合校本課程發展，設計主題教學方案。
- 導師的班級經營計畫，能夠融合實踐政策的重要教育主題及學校特色。
- 班級經營計畫及班級教學實踐，能夠激勵鼓舞班級士氣，形塑積極、主動、熱誠的優質班風。

五、有效教學的能力

教師的本分職責，即在透過教學歷程教育學生，教學是教師的主要工作，教師要能夠有效教學，透過實際的教學活動，導引學生有效學習，完成每次教學的既定目標，累積而成整體教育的成果。教學是教師們神聖的天職，有效教學的核心能力，更是教師之所以成為教師之專業行為表現，就行業特質而言，非經專業培育，通過教師考試，不得聘用，具有難以替代的難度與性質。教師有效教學的核心能力，其主要內涵如次：

- 能夠善用教學八大原則及學習三律，實踐於教學課堂之上。
- 能夠善用資訊科技媒材輔助教學。
- 能夠確保學生習得單元教學之核心知識、技能與情意。
- 能夠適時進行形成性與總結性教學評量，並為學生負完整的學習成果責任。

六、輔導學生的能力

有效教學與輔導學生是教師的兩大天職，但部分教師忽略了「輔導學生」的重要，主張輔導學生是「專業輔導人員」的權責，兩者有所區隔，讓教育「人」的難度增加，是教育事業經營上的主要障礙。研究者在推動「建立學生輔導新體制——教學、訓導、輔導三合一整合實踐方案」時（鄭崇趁，1998），主張唯有全體教師參與輔導學生工作，善盡系統職責，闡

揚教師大愛，與訓導及輔導人員共建三級預防輔導機制，佈建輔導網絡支持系統，才能真正帶好每位學生。教師輔導學生的核心能力，其主要內涵如次：

- 能夠將輔導理念融入教學。
- 教學中具備辨識學生行為問題的能力。
- 能夠運用班級經營及團體動力活動，經營優質班風。
- 能夠參與認輔學生，實施個別關懷，愛心陪伴。
- 能夠了解學校輔導網絡系統及危機應變運作程序，並參與實踐輔導學生。

七、應變危機的能力

凡是人的組織，都存在著危機與風險，學校師生人數通常數百人、數千人，班級教學也通常是數十人的集合，特殊安全事件與因人的互動而產生的「非預期」行為現象，常出現在學校與班級教學之中，需要老師立即應變處理，是以教師與教育領導人一樣，需要具備應變危機的核心能力，只是適用對象的廣度與事件性質稍有區隔。教師應變危機的核心能力，其主要內涵如次：

- 定期參與學校防災安全事件演練，了解危機事件處理程序。
- 發現學生偏差行為及異常表現，能夠適時關切，妥適處理。
- 指導學生教學實踐歷程，能夠嚴守安全規則，並熟悉可能的危機事件之正確處理程序。
- 熟悉學校危機通報系統，適時爭取資源，共同處理危急事務。
- 具備輔導危機事件對象學生之基本關照能力。

八、研究發展的能力

教師的使命（mission）在「傳承知識」，教師的使命更在「教人」——教人之所以為人。教師面對的學生年年不同，如何在「不同」而「類似」的學生身上，有效地傳承知識，帶好每一位學生，讓每一位學生學習有效果、活得有價值與尊嚴，需要教師隨時研發妥適的課程設計，順應學生的教材與教法，以學生為主體，順性揚才，是以教師必須具備教育上的研究發展能力。教師研究發展的核心能力，其主要內涵如次：

- 具備碩士學位以上的基本學歷。
- 能夠參與主持教育行動研究，定期（至多五年）發表研究成果。
- 對於任教專長領域每年均有自編主題教學教案，五年內達成自編教材四分之一至五分之一。
- 能夠運用資訊科技建置教學檔案及專長領域教學資料庫，並逐年檢討改善。
- 能夠定期分享教學經驗，發表教學與輔導學生研發成果。

第四節　學生（學習者）的核心能力

在研究者發表「教育經營學——六說、七略、八要」綱要時（鄭崇趁，2010），特別為學生的核心能力歸納為四個關鍵力、八個核心能力及其間之結構，如圖 2-5 所示。四個關鍵力為「學習力」、「知識力」、「藝能力」以及「品格力」，形成學習力為基礎，知識力、藝能力、品格力圍繞逐步滋長的系統架構。

學生的核心能力內涵隨著教育階層會有不同，然其基礎關鍵力與發展趨勢頗為一致。學習力包括「閱讀寫作」以及「數學資訊」的核心能力，

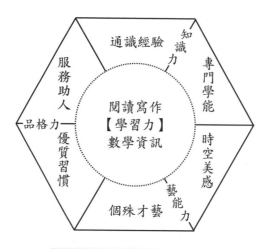

圖 2-5　學生的核心能力

資料來源：修改自鄭崇趁（2010：基隆市校長培育班講義）

亦即讀、寫、算及電腦運用能力，是所有學習發展的基石。知識力包括「通識經驗」與「專門學能」兩種核心能力，前者為「見聞」與「生活」交織而來，後者則透過專精學習而來。藝能力包括「時空美感」與「個殊才藝」兩種核心能力，前者是藝能的美感動能，後者則為個人藝能的展現傾向。「品格力」包括「優質習慣」與「服務助人」兩種核心能力，因為「好習慣」及「服務心」就是品格建構的理論基礎（鄭崇趁，2011a：191-204）。

一、閱讀寫作的能力

　　傳統的教育強調學生「讀、寫、算」的基本能力，並且將閱讀與寫作列為國語文教育的兩大重點；當代的教育推廣學生閱讀以及寫作的能力受到重視，將其列為學習力國際評比的主要項目。研究者認為，使用「閱讀寫作核心能力」較可以彰顯傳承與現代的交織，並且提高「寫作表達」的重要性，避免只談「閱讀」一詞的侷限性。學生（學習者）閱讀寫作的核

心能力，其主要內涵如次：

- 熟悉各階層教育（國小、國中、高中、大學）的基本識字量。
- 能夠順利閱讀各階層教育的教科書與參考書。
- 能夠通過一至十二各年級國語文基本能力檢測。
- 大學畢業生能夠取得本國語文及一種以上的外語能力證照。
- 寫作及口語表達能力符合各階層教育之教學目標。

二、數學資訊的能力

　　傳統教育的「讀、寫、算」傳承到二十一世紀，資訊科技的發展改變了人類實質的生活，目前的社會幾乎人人有電腦，並且隨身攜帶手機，電腦與手機的功能與日俱進，讓人類的食、衣、住、行、育、樂以及知識的學習與管理產生了革命性的改變。因此，學習者數「數」的學習要加上學會數學資訊軟體的操作，演算的歷程可交由電腦代勞，增加了學生數學學習的質與量。學生（學習者）數學資訊的核心能力，其主要內涵如次：

- 順利通過一至十二各年級數學及資訊基本能力檢測。
- 大學理工商學院學生能夠通過數學必修課程，如微積分與工程數學。
- 大學生均能操作基本統計軟體。
- 各階層的學習者均能善用其數學及資訊能力，增進其知識、技能、情意學習效能。
- 學生能運用相對之數學資訊能力，提升生活品質。

三、通識經驗的能力

　　「知識力」隨著學生的學習階層與時俱進。學生知識的累積係透過兩種學習管道而來：一種是生活經驗上的見聞，另一種就是學校教育的「核心知識教與學」。前者的個別差異頗大，也受到學習者本身的社會經濟基

礎影響，半上流社會子弟擁有的「社會支持力量」通常多於一般學生，相對較能提供「通識經驗核心能力」的發展機會，然亦有個殊性，有半下流社會人家子弟，就讀中小學教育階段，必須每天出入菜市場，協助家庭工作以為生計，卻擁有比班上同學厚實的通識經驗之能力。學生（學習者）通識經驗的核心能力，其主要內涵如次：

- 學習者本身見多識廣，容易從生活經驗中淬取知識及能力。
- 學習者能夠將課堂知識與生活經驗結合。
- 學習者對於「人」與「事物」之間的知識取向較不明顯，較能均衡關照。
- 學習者對於同儕事務的意見表達，具有較高的共識性，較能處理公眾事務。
- 學習者具有相對較佳的全人格（處理情緒→表達情緒→孕育情緒）之行為表現。

四、專門學能的能力

國民教育階段的教育，強調共同一致性的教育，統稱為基本教育。課程設計分領域實施，由國家頒布「課程標準」或「課程綱要」，不強調個別化的「專門學能」，專門學能是高中、職分類及大學分學院、系所以後才強調。然而，在 1983 年「多元智能理論」流行之後，基本教育的辦學方針具有革命性的改變，學校教育應該廣泛提供五育均衡發展的環境設施與教育機會，且要協助所有的學生促其個人的「優勢智能明朗化」，不一定要苛求每一位學生「五育均優」或「五育均衡發展」。學生（學習者）專門學能的核心能力，其主要內涵如次：

- 具有潛在傾向的優秀學能（知識）。
- 表現相對專長的學術能量（知識）。

- 中小學學生相對優勢的領域知識。
- 大專以上學生主修系所的專門知識能量。
- 社會青年再學習的潛在能量。

五、時空美感的能力

「藝能力」指偏向「才藝」的能量，有別於「知識力」，藝能力建立在「個殊才能技藝」與「時空美感」兩種核心能力之上，例如：繪畫才藝傾向的人，對於空間配備（書法）的美感格外濃烈；具有音樂才藝的人，對於「時間之美——旋律、節奏」的敏感度較佳；舞蹈家對於肢體展現之美感比一般人順暢通達。時空美感是各種才藝展現的個殊化基礎，每個人才藝不同，也需要不同的時空美感之能力。學生（學習者）時空美感的核心能力，其主要內涵如次：

- 是一種對美的感受力與敏銳度。
- 能夠對時間、空間展現美的表現能量。
- 能夠對人與物建構更唯美的和諧關係。
- 能夠在學習組織與環境中找到適合自己發展的才藝潛能。
- 時空美感的能力足以支持發展個殊才藝的表現程度。

六、個殊才藝的能力

臺北市自 2009 年起實施「教育 111」政策，希望學校推動「一校一特色」、「一生一專長」、「一個都不少」的三大重點措施，全面帶動教育的發展，尤其是「一生一專長」界定在「藝文」與「運動」方面的才藝表現，格外彰顯中小學學生「個殊才藝」核心能力的重要。Howard Gardner（1983）「多元智能理論」中的空間（繪畫）、肢體、音樂三種潛在智能，可以歸類為個殊才藝的核心能力，其主要內涵如次：

- 是一種藝能表現的潛在能量傾向。

- 是喜歡琴、棋、書、畫，並有相對優質表現；喜愛體能活動（球類、舞蹈、體操），並有相對傑出的表現。

- 喜愛藝文或運動類書籍，並將專長知能系統整理，常與同儕朋友分享。

- 對於個殊才藝具有相對廣博深入的研究，能以深層結構表達個殊藝能的本質意涵。

七、優質習慣的能力

「品格力」是品德與風格的統稱，先要有「品德」的培育，才能逐漸形成個人風格（習性格調）。鄭崇趁（2008）曾界定品德的意涵為「教如何做人、學人際關係、養品格情操、育優雅國民」，並以「好習慣」、「服務心」建構全人格教育的理論基礎。是以「品格力」建立在「優質習慣」與「服務助人」的兩種核心能力上，「優質習慣」從己身出發是「立己」功夫，「服務助人」在與他人互動時助人關係的品德表現，是「達人」之格，每一個人均應兼備，然深入與格局各有不同。學生（學習者）優質習慣的核心能力，其主要內涵如次：

- 好的習慣多於不好的習慣（係柯永河教授用語）。

- 能有生活好習慣，規律生活，勤奮好學，動靜分明，身心健康。

- 能有學習好習慣，計畫選課，專注學習，當下學會，作業即時完成。

- 能有處事好習慣，積極任事，勇於承擔，追求績效，盡情表現。

- 能有反省好習慣，勤記札記省思，用心生活與學習，且有質感與效率。

八、服務助人的能力

學生「品格力」的核心基礎在於「好習慣」與「服務心」，好習慣從己身出發，服務心則建立在與人相處的基本心態上，凡是「願意服務別人者」或「承諾為別人服務者」，就是健全的「情緒→情感→情操」全人格發展軌跡。因此，服務助人的能力，從小到大均有需要，它是一種優質習慣的內化，更是品格形成的關鍵觸媒，從小到大均行「服務別人」並且真有能力助人者，其品德風格自成一系，永遠受到人類的推崇與尊敬。學生（學習者）服務助人的核心能力，其主要內涵如次：

- 是一種我為人人、人人為我的和諧共榮生活態度。
- 關照自己身心健康，能夠順暢成長發展，避免成為他人包袱。
- 擁有協助同儕的意願與能力，能夠適時分享學習成果，幫助大家有效學習。
- 熱心參與各類型服務團隊，積極傳播人類的愛與希望。
- 實踐「人生以服務為目的」，積極儲備服務能量，篤行助人淑世的願景。

第三章　理論說

教育經營學就是教育理論在教育組織（以學校及教育行政單位為主）中的實踐，教育行政單位的教育政策以及學校經營措施，愈遵循理論辦學，就愈能夠彰顯教育的價值。教育理論是教育先賢留給我們的智慧資產，民主主義教育大師 John Dewey 曾提醒我們：沒有哲學的教育是盲的，沒有教育的哲學也是空的。我們也可以進一步說：沒有理論的教育是盲的，沒有獲得實踐的教育理論也是空的。

因此，教育經營學也就是教育理論的發現與驗證的歷程，教育理論是帶動經營實務的根本，了解主要的教育經營理論，才得以產出優質的教育政策與學校經營措施。促使理論在教育機構中實踐，是教育領導人及所有教師應盡的責任與使命。

本章分為四節論述：第一節「理論說的教育意涵」，探討理論學說的性質及其在教育上的界說，並列舉教育經營上的重要理論名稱；第二節「帶動教育經營的十大理論」，說明其核心內涵與教育實踐上的旨趣；第三節「帶動教育經營的次十大理論」；第四節「教育經營的新興理論」，將古代、現代與當代教育大師們的智慧資產，做一系統性之脈絡分析。

第一節　理論說的教育意涵

一、理論學說的性質

任何學門均有其理論、理念、原理、原則、學說與主義，這六種名詞個別的意涵不盡相同，共同之特質有四：(1)是學門有關知識的深層結構分

析或現象；(2)是知識本身的尋根探源；(3)代表一種知識基模，可以用具體的形式予以表達，例如：學習型組織理論、教學原理、八大教學原則、民主主義教育等不一而足；(4)此一知識基模的發展與論述，已獲致大多數此一學門領域研究者的認同與實踐，愈為認同者，實踐愈多，愈能夠流傳後代。

這六個名詞在教與學的歷程中，常被某一程度的交互使用，然就知識本身的性質而言，仍有發生先後及精確運用上的區隔。以教育人員為例，從其接受教育的歷程與職務上學到了教育有關的「知識」，這些知識具有明確系統基模者，稱為原理、原則；在各種教育原理、教學原理中，再逐漸被教育學家發展或驗證成有較固定疆界的知識基模者，稱為「理論」，教育人員個人特別強調的教育原理、原則或理論，即個人的教育理念或學說；組織共同重視或強調的主張，即為「主義」，例如：民國初年到《教育基本法》公布前，我國即為「三民主義教育」時期。

本書將「教育經營學」的「知識基模」分為「原理學說」、「經營策略」，以及「實踐要領」，以原理學說為教育經營學尋根探源，立知識之真；以經營策略經緯教育經營學之策略歷程，行動舖軌，達育才之善；以實踐要領連結經營教育的「人」與「組織」關係，著力焦點，成就共榮境界，臻教育之美。是以研究者採用「原理學說」來表達個人強調之「經營教育」的理念與理論，以及價值抉擇脈絡。

二、教育理論的界說

教育在教人之所以為人，「教人」有關的理論稱之為教育理論或教育學，教育理論中與「如何經營教育」攸關者，名之為教育經營理論。本書探討「教育經營學」其理論界說，與當代的「教育行政學」及「教育管理學」十分接近，是教育「人」與其「組織」之間「計畫」、「組織」、「領

導」、「溝通」、「評鑑」等五大核心歷程，其原理、原則、理念學說、理論、主義之探索與討論。

　　教育學原本即為人文及社會科學學門知識基模的綜合應用，部分學者將之歸併為應用科學，教育學門的知識理論來自哲學、心理學、社會學、生物學、行政學（管理學）、經濟學在教育領域上的運用。本書直接使用「教育經營學」為名，並不避諱是否被批判為「應用再應用」、「難以成學」之論述；研究者主張，任何「知識基模」本即存在各領域系統，經由人的研究探索，重組為具有實用價值的系統結構者，即有「學」的樣態與價值，本書之「教育經營學：六說、七略、八要」，以及後續準備撰述之「校長學：成人旺校九論」均屬此類。是以本章「理論說」概指「教育學」與「管理學」交織的理論基礎，以及「教育行政學」、「教育管理學」理論學說的系統再生。

　　茲以國民教育政策之發展趨勢為例，說明教育理論與政策經營之間的關係，如圖3-1所示。

　　圖3-1有三個層次，教育理論本身是第一個層次，是政策經營的主要核心源頭；行政經營的五大歷程是第二個層次，教育理論參據國家社會發展需要，經由「計畫」、「組織」、「領導」、「溝通」、「評鑑」的歷程，才能形成具體的教育政策；至於最外圍的政策主題是第三個層次，各級學校實質的教育政策反映在「目標」、「年限」、「學制」、「師資」、「設施」、「課程」、「教學」、「教材」、「文化」，以及「學生」之上。其間「法令」具有「藥引」的中介催化作用，是政策合法化、法制化的基礎。

　　鄭崇趁（2006a：31-54）曾以「教育理論」為核心，以「領導者理念」、「當前的計畫方案」為雙主軸，國家教育「法令」發展的進程，研究分析當前國民教育政策發展趨勢為：彰顯適性發展的目標、延長基本教

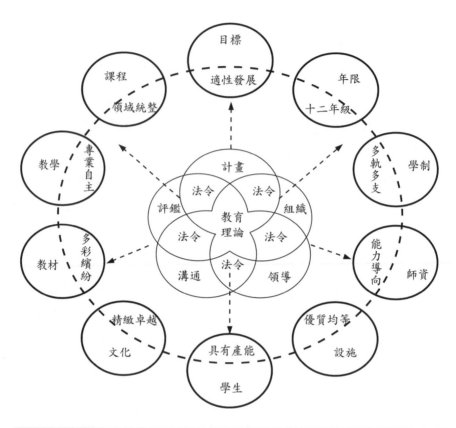

圖 3-1　教育理論與政策經營的關係——以國民教育政策發展趨勢為例

資料來源：修改自鄭崇趁（2006a：45）

育的年限、發展多軌多支的學制、規範能力本位的師資、建置優質均等的
設施、推動領域統整的課程、實施專業自主的教學、展現多彩繽紛的教材、
經營精緻卓越的文化，以培育具有產能的學生。似可為「教育理論」與「政
策經營」之間的關係，提供註解與範例。

三、教育經營的主流理論

　　教育是可以經營的，教育的經營必須從教育組織著力，教育的組織系統為「教育行政機構」及「各級學校」，是以如何經營「教育部」、「教育局（處）」、「學校」、「文教機構」是提升教育經營的核心主體，著力在這些「單位」的「組織運作」以及「成員素質」整合動能，才得以帶動教育積極而全面的發展。

　　經營教育是「教育行政」與「教育管理」觀念的躍升，以前的「行政」與「管理」強調行政五大核心歷程「計畫」、「組織」、「領導」、「溝通」、「評鑑」的全面品質管理，研究者使用「經營」替代「行政」與「管理」，目的在「成就目標、賦予價值」，活化行政核心歷程的品質管理，豐富教育組織成員的生命意涵，提升教育人的價值與尊嚴，期望能夠以更為積極的面向著力，提高實質的教育競爭力。

　　是以教育經營的主流理論來自行政五大核心歷程，以及品質管理理論間的重要原理、原則、概念、學說、主義、理論，尤其是經營學校或領導行政機構運作，應用得上的「經營理論」。研究者曾為宜蘭縣中小學之校務評鑑，建構「學校經營的理論」四十八則（鄭崇趁，2006b），2008年亦為臺北縣「卓越學校」撰述「卓越學校的理論基礎」六十六則，這些理論及理念的原理原則，即學校經營的主流理論，已在筆者《教育經營學導論》一書第三章詳予說明（鄭崇趁，2011a：59-113），為符合本書之「知識基模」系統結構重組旨趣，乃依據經營教育組織五大歷程，重新組織並酌予改寫如次。

　　「計畫」層面的主流理論包括：目標管理、本位管理、課程統整、資源統整、策略聯盟、校園規劃原則、永續校園、學習資源網絡、學校本位課程及特色課程、漸進決策模式、策略管理、資源個案管理、系統思考等。

　　「組織」層面的主流理論包括：學習型組織理論、教導型組織理論、多元智能理論、教育機會均等理念、激勵策略、團體動力學、專業學習社群、編序教學、協同教學與班群教學、課程設計模式、輔導機制、認輔制度、輔導網絡、創新經營、服務學習理論等。

　　「領導」層面的主流理論包括：願景領導、知識領導、參與式（扁平化）領導、權變領導、課程與教學領導、轉型領導、服務領導、會議領導、賦權增能、標準作業流程（Standard Operating Procedures，簡稱 S.O.P.）、分層負責與績效責任等。

　　「溝通」層面的主流理論包括：智慧資本理論、非正式組織、潛在課程、心理環境與文化環境、多元參與機制、走動式管理、民主牆、定期溝通策略、專業溝通與價值行銷、有效溝通宣稱、同理心、人文主義教育、民主主義教育、社會正義論等。

　　「評鑑」層面的主流理論包括：全面品質管理、知識管理、專業分工、績效責任、形成性評量與多元評量、教師評鑑、校長評鑑、校務評鑑、課程與教學評鑑、方案評鑑、目標模式、歷程模式、理論模式、決策模式、顧客模式、整合模式、評鑑倫理等。

❦ 四、教育經營的新興理論

　　組織理論及領導理論隨著「管理學」的發展，持續有新興的理論、概念、原理、原則、學說的發表，其被近代或當代學者所引用、強調或進行評論者，我們稱之為新興議題或新興理論，例如：在學習型組織理論發表後，企業界強調「共同願景」的型塑，教育組織也開始有所謂「學校願景」的設定，但多為「核心價值導向」的願景，近來企業組織已進一步使用vision（願景）、mission（使命）、core value（核心價值）來呈現經營方略。教育組織在導入使用時，勢需將「核心價值導向的願景」調整為「目標任

務導向的願景」，並另行思考「教育核心價值」，以及學校（組織）階段目標和國家教育目標（各級學校法中已明確標示）銜接上的區隔，其中，「階段任務的願景」以及「組織的核心價值」就是新興議題，促成其完成「產品」（學生成就）的原理、原則或理念、學說，就是新興理論。

教育經營的新興理論多數來自於管理學的發展成果，尤其是對「領導」、「組織」、「評鑑」觀念的演進，例如：混沌理論、垃圾桶決策模式、僕人領導（臺灣使用「服務領導」）理論、道德領導、空間領導、正向領導、向上領導、藍海策略、第五級領導、組織創新理論、績效責任、行銷策略、價值領導、賦權增能、SWOT 分析、形成性評鑑、自我評鑑、認可制評鑑、平衡計分卡、顧客回饋系統等。

第二節 帶動教育經營的十大理論

教育經營的組織主體在教育行政單位及各級學校，教育行政單位的組成要素為教育行政人員，服務對象為學校及其主要成員（教師）；學校單位的組成要素為校長、主任、組長、職工及所有教師，服務對象為學生，是以經營教育與一般企業體相同的是「人」與「組織」的經營，與一般企業體不同的是教育組織內的「人」包括「學生」，而學生是教育的主要產品，也是「活生生的人」，不是「物」，學生的受教品質要好、學習成果要有競爭力，才能代表教育事業經營成功。

本章理論說強調經營教育事業需要有理論支持，要尋根探源：為什麼我們要這樣辦教育？有哪些教育前輩為我們留下智慧資產——理論？持續帶動著我們當下的教育事業經營與發展。研究者就數十年來從事教育的研究與實踐經驗，歸納影響當代教育經營最深的十大理論，包括：學習型組織理論、多元智能理論、教育機會均等理念、人文主義教育、民主主義教

育、社會正義論、權變領導理論、知識管理與知識領導理論、漸進決策模式、全面品質管理理論。茲簡要介紹這些理論的核心論點及教育經營上的運用如次。

一、學習型組織理論

在 Peter Senge（1990）的學習型組織理論（五項修煉）發表後，帶動企業革命與組織再造的風潮，是二十世紀影響企業組織發展的最重要理論；由企業單位引進教育組織之後，也是學校及教育行政單位教育經營上的最經典理論。學習型組織理論強調的五項修煉，指的是「自我超越」、「改變心智模式」、「建立共同願景」、「團隊學習」，以及「系統思考」。前兩項修煉針對「個人」，第三項、第四項修煉針對「組織運作」，第五項修煉則為兩者的「系統整合」，是以「學習」為核心規劃的理論，要組織內的成員均進入學習狀態，以學習增進個人增能，以團隊學習促進組織增能，進而提升競爭力。

學習型組織理論在教育經營上的啟示，有七：(1)建立教育從業人員及師生均有學習成長、終生學習的觀念與態度；(2)獎勵教育人員持續進修，充實專門及專業學能；(3)要求教育行政機關及學校，逐年訂定同仁在職進修、同步學習的計畫；(4)結合大學高等教育機構，開設教育公務員及各級學校教師回流教育碩士班、博士班及多元進修學程，滿足教育人員「學習」、「進修」的雙重需求；(5)規劃中小學教師領域教學認證及教育人員分級學習認證，促使職務升遷與學習進修結合；(6)實施教師評鑑、校長評鑑、教育人員評鑑等，運用評鑑制度督促檢核教育人員的學習實務；(7)政府應規劃建置時時可學習、處處可學習的教育環境設施。

二、多元智能理論

Howard Gardner 於 1983 年提出多元智能理論（The theory of multiple intelligence），強調下列五個重點：(1)每位學生的潛在智能有七到八種（語文、數學、空間、音樂、肢體、人際、自省、自然觀察者），且每個人智能的強弱與結構均不一樣；(2)因為潛在智能因子強弱不一，相對較優的智能稱為優勢智能；(3)每一個人的優勢智能如能透過教育歷程得致激發，進而明朗化，稱為優勢智能明朗化；(4)每位學生的優勢智能明朗化最符合學生興趣和性向發展，學習容易成功、滿意度最高；(5)優勢智能明朗化的學習成長若能結合技藝與職業選擇，每個人的多元專長可以充分發揮，行行可以出狀元。

多元智能理論在教育經營上的啟示，有以下六點：(1)國民教育階段的學校應常態排課，提供所有學生潛在智能均有得到激發的機會；(2)實施多元評量，不再要求學生個人五育均優；(3)學校應廣設多元社團，讓學生的個殊才藝能夠在半正式課程及潛在課程中有機會發展；(4)高等教育階段應積極輔導學生依興趣性向選擇科系；(5)輔導學生依性向興趣選擇職業，過適配生涯；(6)開展學生優勢智能，建構生命願景與志業，追求自我實現。

三、教育機會均等理念

「教育機會均等」是一種經營教育的理念，長期以來，受到教育家及教育領導人的關注，尤其是開發中國家及已開發中國家最為重視，一個國家的教育如尚未符合「教育機會均等」的訴求，就難以說明國家進步的程度。教育機會均等具有下列三個明確的意涵：(1)入學機會均等：全體國民，不分種族、性別、貧富、社會階層背景的差異，均有同等的就學機會，直到國家規定的基本教育年限；(2)受教過程均等：在學校接受教育的學生，

能夠享有同一標準以上的師資、課程及環境設施；(3)適性發展均等：基本教育階段能夠提供學生多元學習及適性發展的機會。

「教育機會均等」的教育理念在二十世紀中葉以後受到世界各國重視，在進入二十一世紀以後，已成為文明國家教育政策的核心理論源頭，其共同的作法有六：(1)全民教育：提供七至十二年的基本教育，全民就學，一個都不少；(2)標準教育：對於各級學校的教師、課程、基本設施、規範日益嚴謹，頒布教育標準，確保學生受教過程之均等；(3)多元教育：教育內容、正式課程、潛在課程、活動設計，均採多元化，順應各種不同需求的學生，適性育才；(4)精緻教育：配合國民所得提高與社會經濟發展進程，各種教育機制與實質內涵日益精緻，以全面提升「教」與「學」的效能，確保教育品質；(5)卓越教育：由於「順性揚才」，每位學生潛在優勢智能得到發揮，專長展現亮點，又一個都不少，看到了「普遍卓越」教育的實踐；(6)終身教育：建置學習社會，營造時時可學習、處處可學習的學習環境，已成為二十一世紀文明國家的教育新趨勢，促使教育機會均等理念與終身教育密切結合。

四、人文主義教育

人文主義教育思想主張教育在「教人之所以為人」，從希臘、羅馬開端，中世紀長眠，文藝復興運動復活，以人為本的教育思想，主導了自然主義、唯實主義、科學教育、民主主義、實用教育的發展，可謂近代教育思想及教育主張之共同基礎，其認為教育乃人教人的事業，「以人為本」是所有教育活動中最重要的本質。楊亮功（1972）指出，它是一種文化，主張人的價值、尊嚴，與利益高於一切的文化，運用在教育上則是強調「以人為中心」的博雅教育。

人文主義教育的思潮長期帶動人類的教育發展，希臘、羅馬時代的七

藝（文法、修辭、邏輯、算數、幾何、天文、音樂），中國古代的六藝（禮、樂、射、御、書、數）似有異曲同工之妙。美國1982年「派迪亞報告」主張：「只要是人，均有接受十二年基本教育的能力」，「為國民規劃完善的十二年基本公立的學校教育是政府應有的責任，也是國民的基本人權」。在臺灣，「零體罰的教育」已在《教育基本法》中明確規範，積極推動「正向管教」及「友善校園總體營造計畫」，並自2014年起實施「十二年國民基本教育」，這些教育政策都是人文主義教育思想在教育實務上的具體實踐。

人文主義教育強調下列五個重點：(1)人本教育：以學生為主體的教育；(2)人性教育：教育是一種順性揚才的歷程；(3)人文教育：提供博雅教育，教育學生成為文質彬彬的君子；(4)人才教育：教育在啟發每個人的潛在能量（專才），充分開發成為有用之人；(5)人權教育：促進人類自我實現的最佳管道。

五、民主主義教育

民主是人類生活的一種方式，民主生活的選擇與實踐，是人類智慧的行為。1916年John Dewey出版了《民主主義與教育》（*Democracy and Education*）一書，民主主義的教育從此定調。

民主國家是「全民參與」的社會，需要「全民教育」的實施，才得以建置真正民主法治的國家，避免「暴民政治」的危險。Dewey 主張，民主的社會應該提供全民「均等的教育機會」（equal educational opportunity），不僅要給予所有兒童相同「數量」（quantity）的公立學校教育，還要保證絕無例外地提供所有兒童相同「素質」（quality）的教育。

鄭崇趁（1991）曾為文論述「民主」與「教育」的關係，主要有五：(1)經由教育的途徑建立民主社會；(2)運用教育的實施培育自由公民；(3)教

育的內容在充實學生的民主經驗;(4)教育的歷程在增進學生民主參與的意願與方法;(5)教育也擔負了民主思想的傳道責任。

民主主義教育的主張,反映在今日的教育經營上,有下列五個重點:(1)全民教育:以教育的歷程培育自由公民,維護建構民主社會;(2)選擇教育:尊重學生及其家長對教育的選擇權,不強迫一致性教育的實施;(3)參與教育:教育的課程與教材的選擇,受教者或其家長有參與討論的機會,有共同決定教育內容形式的權責;(4)順性教育:在民主社會中,學生的興趣性向得到優先的尊重,教育設施與方法必須符合適性育才的原則;(5)價值教育:教育的最大價值在促成每一個人在民主生活中自我實現。

六、社會正義論

John Rawls(1981)提出正義論(A theory of justice),主張「正義即公平」(Justice as fairness),認為正義包括形式上的正義以及實質上的正義。形式上的正義就是我們一般社會上所遵守的法律與社會制度,法律與制度的執行必須按照其所規定的原則和機制做出相對的回應,而不應該因人而異,代表的是「公正」(impartiality);而實質上的正義則要求合理、公正的分配社會利益及資源,尤其是社會群體中最不利的成員應獲得最大利益,代表的是「公平」(fairness)。因此,形式上的正義必須符合「機會均等原則」,而實質上的正義則需符合「差異原則」(弱勢優先)(鄭崇趁,2011a:120)。

社會正義論為「弱勢族群教育優先」找到了理論基礎,二十一世紀開發中國家的重要作為大致有五:(1)將「公義」列為教育施政的核心價值之一(如中華民國 2011 年的教育白皮書);(2)實施「沒有落後孩子法案」(No Child Left Behind)(美國,2001 年),或「一個都不少」政策(臺北市);(3)積極照顧弱勢的學生:增加弱勢族群學生的就學機會,免學費

及雜費，補助學校辦理課後照顧攜手計畫等措施；(4)學校建置完備的學生輔導及補救教學機制，有效協助相對弱勢學生的學習適應與情感人際適應；(5)推動近似「福利國民教育」體制，將教育資源優先分配給環境背景最不利，但最需要的學生。

🌸 七、權變領導理論

　　教育領導理論歷經三個時期的發展：在特質論研究時期（1930 年以前），認為成功的領導者其本身的特質最為重要；在行為論研究時期（1930～1960 年），多數研究者將領導行為分為「關懷行為」及「倡導行為」，且主張「高關懷高倡導」是領導行為的最高藝術；1960 年以後則為情境論研究時期，而 Fred E. Fiedler 提倡的權變領導理論即為情境論的經典代表。Fiedler 將領導行為分為「工作導向行為」及「關係導向行為」，並且主張高明的領導者，應視「組織情境」的不同而調整「工作導向」及「關係導向」的權重，例如：組織氣氛不佳的公司，工作成員大多士氣低落，缺乏凝聚力，領導者出任一至二年內，可用「工作導向」30%、「關係導向」70%；待組織氣氛優質化後，逐次調整為「工作導向」60%、「關係導向」40%，增加公司的產能與組織競爭力。

　　權變領導理論在教育經營上的啟示，有六：(1)沒有經營不好的學校（或行政組織），只要領導者充分了解組織情境，權變得宜，任何學校（單位）均可帶起來；(2)權變領導的核心在於組織情境（氣氛、文化）的了解與掌握，是以任一領導者接掌任一學校（組織）後，均應先行了解情境、掌握情境；(3)優質的領導者必須逐步發展組織情境，使組織情境有利於提升組織的產能；(4)組織情境建立在人與人的關係及人對組織的認同程度之上，是以領導者必須常與成員「價值論述與對話」，增進同仁對組織的認同與凝聚力量；(5)創發教育新情境是教育領導人對於其所服務組織單位的神聖

使命；(6)權變領導是教育領導者進行「順應情境→掌握情境→發展情境→創新情境」，不同階段應採取不一樣的有效領導行為。

八、知識管理與知識領導理論

二十世紀的末期，人類的社會發展正式進入了知識經濟時代，二十一世紀也就成了知識爭輝、創新才得以永續的時代，知識管理理論受到空前重視，各行各業均強調本業知識的擷取、儲存、分享、應用、擴散、創新。教育單位（學校）除了重視組織知識管理，以傳承優質的「核心教育知能」外，亦強調領導人、幹部、教師以及學生個人的知識管理，並在教與學的歷程中重視參與式分享的機制，以增進「知識螺旋」（knowledge spiral）效果，促使個人及團體增能，提升知識基模，實質提高組織競爭力。

知識領導係知識管理被重視之後所衍生的進階名詞，係指教育領導人善用「專業示範」之效果來領導組織同仁執行或完成重要事務。專業示範的範圍包括下列幾項：(1)運用教育專業知識闡述教育事務的理念與作為；(2)運用教育學與管理學融合的專業知識，揭示學校（組織）的發展願景與核心價值；(3)運用行政專業知能帶動組織運作；(4)運用課程與教學專業知能，領導學校課程發展及主題教學活動設計；(5)運用計畫及評鑑專業知能帶領同仁擬定重要計畫方案，並定期評鑑執行成果；(6)運用教育專業知能帶領同仁研究創發組織實用新知，提升組織競爭力。因此，鄭崇趁（2011a）認為，知識領導是一種「專業示範」→「激發潛能」→「專業績效」→「專業文化」的促動歷程，是領導人以專業知識創發組織價值的示範領導行為。

九、漸進決策模式

公共政策或行政學討論的政策決定歷程，通常介紹三種政策決定模式：

理性決策模式、滿意決策模式以及漸進決策模式。漸進決策模式（incremental）為 Lindblom（1980）所主張，具有下列兩大特點：(1)以互動協商取代理性分析：認為當此民主時代，民意與黨派運作是主流，任何政策決定不太可能純依理性分析而得，政策協商反而是政策決定最主要的方法策略；(2)小幅改善累積而至大幅進步：認為政策調整不宜使用革進式，民眾不易適應革進式，往往得付出更大的代價，漸進式改善、持續累積成果仍能有大幅進步，對於全民價值更大（鄭崇趁，2006a：142）。

漸進式決策模式在教育領域上的運用，已有諸多實例，例如：教學上的編序教學法，事實上即學習設計上的循序漸進策略，證之於多數學童，成果卓著；再如多數教育實施方案，亦是漸進決策模式的應用。又如政府延長十二年國民基本教育的政策決定，2011 年總統元旦文告中宣布自 2014 年起實施，以三年的充裕時間規劃全案的配套措施與執行步驟，並先辦理「免試登記入學」，再辦理「特色招生」甄選，並逐年調整特色招生名額，以順應現狀再逐步邁向定型的十二年基本教育型態，這應是二十一世紀以來漸進決策模式推動重大教育政策的經典範例。臺灣社會已成為道地的民主化國家，中小學階段的家長與教師也已全面參與教育政策，今後的臺灣教育，「漸進決策模式」的運用將更為廣泛，是經營教育的主要決策模式。

十、全面品質管理理論

全面品質管理（total quality management, TQM）的相關理論原先產生在企業界，尤其是用在企業產品的品質管理，不但在最後的成果要品質管控，對於整個產製歷程重要的「組裝點」及所有「零組件」，均要全面性的「標準程序檢核」，通過所有的檢核點才是優質的產品（零瑕疵）。教育的主要對象是學生，學生是人，不是企業的產品（物），教育組織能否引進「全面品質管理」理論，需要格外審慎，且經深層轉化。鄭崇趁

（2011a：66）曾給予較明確的定義：「全面品質管理是指動員全校（組織）服務系統成員（行政、教師、職工），針對顧客（學生、教師、家長）之最需要，提供教育過程中全面高品質的服務，每一環節均達既定品質標準以上之服務水準之謂。」全面是指人員、校務（組織任務）及過程的全面，每一環節均進行品質管制之檢核，稱為全面品質管理。

全面品質管理理論有六大特質：以客為尊、策略規劃、團隊合作、教育訓練、事前預防，以及持續改進。其在教育經營上也有下列六大啟示：(1)重視教學上的形成性評量，在學生學習歷程中確保學習品質，沒有落後學生；(2)定期召開行政會議，及時檢核重要校務服務品質，回饋學生、教師、家長的訴求；(3)發展重要行政事務的「標準作業流程」（S.O.P.），以標準流程服務師生；(4)依據處室之組別、課程設計中的領域小組、社團及主題活動，輪流而全面性辦理「教育成果展示」，關照全面教育品質之提升；(5)適時輪調主任、組長、職工或課程領域召集人，配合賦權增能運作，使校內（組織）沒有閒才或遺才，全面發揮高品質教育服務；(6)學校（組織）布建自我評鑑及持續改善品質保證機制。

第三節　帶動教育經營的次十大理論

2010 年，研究者初構「教育經營學——六說、七略、八要」，並在基隆市對現任中小學校長講授時，「理論說」僅講述前列十大理論，多位校長覺得「意有未達」，多建議應酌予增列，介紹給教育人員參採使用，是以研究者再將其理論影響較為深遠者，再列舉十大理論，包括：教導型組織理論、轉型領導理論、服務學習理論、藍海策略（附加價值理論）、有教無類、因材施教（適性教育理論）、創新經營理論、績效責任理念、資源統整理念、智慧資本理論、課程統整理念。以下簡要摘述其核心論點，

及其在教育經營上的運用如次。

一、教導型組織理論

　　教導型組織理論追隨著學習型組織理論的腳步進入教育領域，兩者同樣主張「組織成員」全面進入學習狀態，然兩者仍有區隔，教導型組織理論強調下列三個重點：(1)同時培養幹部，讓幹部在學習中更能擔當大任；(2)規劃任務型的學習，以完成任務，促成大幅提高組織能量；(3)重視專業示範，領導人協助幹部共同面對困難，並完成高難度的工作目標。

　　教導型組織理論建立在學習型組織基礎之上，對於教育經營的啟示，有四：(1)教導如何有效學習，包括設定任務目標與籌組學習社群等具體實踐策略；(2)教導專業化完成任務，用更核心的專業知能學習處理原本繁雜之瑣事，使之事半功倍，增進組織效率與效能；(3)教導如何領導部屬，在專業分工下賦權增能，使組織人盡其才、才盡其用；(4)教導如何擔任領導、培養幹部、承擔責任、擴能大用。

二、轉型領導理論

　　Burns將領導理論劃分為互易（交易）領導與轉型領導。交易領導是指領導行為要有效果，必須滿足員工的基本需求，例如：薪給條件及工作環境條件，而轉型領導則建立在交易領導的基礎之上，重視員工士氣的激勵與優質組織文化的型態。所謂「轉型」，即轉變組織文化（氣氛）之型態，使之有利於組織正面的轉變與產能的增加。

　　轉型領導繼權變領導理論之後，在二十世紀後十年及二十一世紀初研究論文最為頻繁，其對教育經營的啟示主要有六：(1)滿足員工基本需求，優先於績效倡導與文化形塑；(2)共同願景與明確工作目標是增進組織工作績效的基本前提；(3)激勵員工工作士氣而先讓員工了解工作價值，認同組

織，對於組織（學校）具有凝聚力；(4)信任組織（學校），相信學校會為員工帶來較高的生命價值，不但衣食無缺，養家活口沒問題，且可達到自我實現的理想；(5)學校（組織）成員的生命願景與組織共同願景一致時，最有利於新組織文化的形塑；(6)學校（組織）文化的形塑是一種教育核心價值的反應，領導者對於教育核心價值的敏覺度有利於轉型領導的運作。

三、服務學習理論

「服務學習」已列為當代大學生的必修課程之一，幾乎大多數的大學沒有修畢「服務學習」二學分或四學分，即無法畢業，取得「知識分子」行列之尊榮。服務學習理論強調下列四個特點：(1)以服務別人為學習的主要歷程，將助人與學習縝密連結；(2)重視實踐行為之養成，服務助人即利他行為的實踐；(3)運用服務力行，培養品格情操；(4)激勵實踐省思，為學習的本質賦予新的意涵。

「服務學習」理論會成為次十大教育經營理論之一，主要在於其影響層面愈來愈廣泛，而形成高等教育及中小學教育串連的主流，是二十一世紀教育經營必須運用的教育型態之一，其主要的啟示有五：(1)將「服務學習」列為品德教育的重要方法之一；(2)將「服務學習」當作正向管教及正向領導的策略；(3)將「服務學習」列為專業實習的基礎課程或融合課程；(4)將社團化與服務梯隊式的「服務學習」串連大學生與中小學學生的教育活動；(5)將跨國式的「服務學習」成為經營國際化教育活動之一。

四、藍海策略（附加價值理論）

由 W. Chan Kim 與 Renee Mauborgne（2005）合著的《藍海策略：開創無人競爭的全新市場》（*Blue Ocean Strategy: How to Create Uncontested Market Space and Make the Competition Irrelevant*）一書出版，在企業界掀起

了競爭市場的革命性觀點。該書主張同樣性質的企業公司，為了處理競爭性產品，不應使用「削價競爭」或「降低成本」、「影響品質」的「紅海策略」，應該使用「附加價值」的方式，設法讓顧客花同樣價格，買到比一般性產品更有「附加價值」感受的東西，此一附加價值可能是將「原來產品」增加一個小裝飾，也可能是將「原來產品」增加了一個新功能，也可能是原來的產品在某個地方的行動中或表現方式有一點點更新、更好的呈現，此之為「藍海策略」。「紅海策略」往往造成兩敗俱傷的局面，而「藍海策略」往往為同一性質的企業開拓更為實質的「藍海」，共享榮景。

　　藍海策略之附加價值理論特別適用於教育領域，教育經營的創新知識與經營品牌特色，最能呼應藍海策略的基本主張。研究者觀察藍海策略引進臺灣教育領域後，其較大的啟示有五：(1)教育的對象是學生，不是物，嚴格地說，沒有本質上的競爭對象，但不能放棄任何一位學生是理所當然的挑戰；(2)家長具有為孩子選擇學校的權力，緊鄰的學校有學區競爭的問題，能夠在正常教育品質的前提下，提供家長及學生附加價值的教育，擁有學區競爭力；(3)發展學校特色，讓學生及其家長感受到「附加價值」，或提高「認同程度」，則是經營的要領；(4)「附加價值」的教育經營是多元的，可從環境條件的改善、課程教學的創新、學生輔導機制的布建、大型或鄉土教育活動的辦理等多方著力；(5)「附加價值」也不能捨本逐末，活動花俏而學生學習不夠紮實、曇花一現的價值，不如永續發展的教育價值。

五、有教無類、因材施教（適性教育理論）

　　「有教無類、因材施教」出自《論語》，也是中國人尊稱至聖先師孔子之所以偉大的最經典詮釋，事實上其與近代教育所強調的「教育機會均等」、「適性教育」及「公平正義的教育」有部分的意涵是一致的。惟「有

教無類、因材施教」更強調教師(或教育人員)本身的觀念、態度與素養,且此一觀念、態度與素養的累增,方能孕育「適性教育」、「均等教育」、「公義教育」的產生與實踐作為。我們也可以自豪的論述「有教無類、因材施教」適性教育的主張,是中國珍貴的教育傳承,也是近代教育思潮共同的根。我國自2014年實施十二年國民基本教育後,仍依舊強調「有教無類、因材施教」。

「有教無類、因材施教」分開來看,「有教無類」的現代語言是「教育機會均等」的教育,本章第二節中已詳為論述;「因材施教」原本指的是「適性育才」,意即學校要規劃適合所有學生需要的教育環境與課程,老師更要以學生可接受的秉性選擇教材與教法,不勉強學生學習,此通稱為適性教育。然經由1982年人文主義大師Adler的「派迪亞報告」及1983年Howard Gardner的「多元智能理論」之激盪,有了更以學生為本位的註解,鄭崇趁(2011a)認為,「順性揚才」與「優勢學習」將是「因材施教」的發展趨勢,上述二者均將在本書第十八章及第十九章中詳予闡述。

六、創新經營理論

「創新經營」是一種理論,也是一種經營策略,理論的層面是指「創造力」的本質如何運用在教育領域;策略的層面是指教育組織(學校)如何實踐創新經營,為組織增添價值與競爭力(創新經營策略將在本書第十二章闡述)。創新是一種「賦予存在」(to being)的歷程,也就是「新的東西」本來就存在這宇宙之中,現在被我們「發現了」,所有「新的東西」本來就已經「存在」,不是「無中生有」。任何「新知識」的發現,或「新知識基模」的建構,它本來就存在,這在哲學上的討論就叫「知識先天論」,用知識先天論來闡述「創新經營理論」,具有積極激勵的意涵,只要組織成員對於核心事務運用新的觀點努力深耕,總有一天會有新的連結

或發現，因為它本來就存在，不是無中生有，因此「創新」是可欲的。

創新經營理論的第二個重點在論述「如何產生創新的歷程」。鄭崇趁（2011a：18-19）認為，創新的歷程是一種「實→用→巧→妙→化」的歷程：「實」是指本業核心知識之基礎素養，要在現實生活中充實；「用」是指執行業務時知識整合的程度，效果效率愈佳者愈有用；「巧」是指知識運用的靈活彈性，呈現了猶有餘裕的景象；「妙」是指核心知識的素養與駕馭已達適配通達的境界，處處有美妙新穎的感受；「化」是指知識系統整合，創新知識。創新是知識新的連結或新的發現，「實」與「用」是基礎，「巧」與「妙」是中介催化要素，「化」則是水到渠成的新成果。

七、績效責任理念

1964年，美國頒布「初等及中等教育法案」（Elementary and Secondary Education Act, ESEA），提供文化不利兒童的補償教育，在法案中明列「績效責任」（accountability）的評鑑條款。績效責任的理念近來開始行之於教育領域，雖然部分教育學者認為「教育是百年大業」、「學生的背景條件本即分歧而落差」，不適合以「績效」來評斷教育的直接成果，更不適合以績效成果要其教師或領導人承擔成敗責任。然績效責任的訴求卻在教育經營上有其崇高而不可或缺的地位，尤其在「提高教育競爭力」的實務，以及教育評鑑的實施上，均必須要求「績效責任」，來確保教育品質的持續改善機制。

績效責任理念在教育經營上的啟示，有四：(1)責任分工、設定績效目標，是處理教育組織事務有效的作法；(2)重點責任工作，要求制訂標準作業流程來服務師生及民眾，是提高教育服務品質的良策；(3)給予完成績效目標的師生適度獎勵，能夠激勵同仁進一步承擔更高標準的績效；(4)貫徹基本績效標準之達成（落後或有缺點的成果由當事人補救，務必完成），

可使組織沒有冗員，大家都有貢獻。績效責任的實踐要領，本書將於第二十章詳予論述。

八、資源統整理念

資源統整理念來自於管理學人力資源管理的學理，管理學的研究對於各種組織資源管理與運用日益精密，在引進教育領域之後，除了教育人力資源管理、教育個案管理最為常用外，「資源整合」或「資源統整」已列為學校（組織）經營不可或缺的要素。目前各縣市中小學校務評鑑均將「資源整合」列為評鑑的大項目之一，臺北市的「優質學校」認證，新北市的「卓越學校」認證，均將「資源統整」列為評選認證項目之一，可見其重要性與實際運用的影響力。

「資源統整」是一種理念，也是一種經營策略，本書第十一章將對「資源統整策略」再做深入的解析與詮釋。在理念層面，「資源統整」指的是學校教育的總體資源來自多元管道與脈絡，這些資源包括校內及校外的人力資源、物力資源、財力資源、自然資源、文史資源、科技資源，經營者必須有效引進校外資源，並進一步與校內資源有效統整、交互作用、整合發展，為學校創造最大教育價值之謂。其對教育經營的最大啟示是，辦理教育要跳脫純靠政府預算及既定教師編制員額辦學的年代。

九、智慧資本理論

「資料→知識→智慧」是人類運用知識的三大階層，也可以看出人本身的自主與躍進。當此知識經濟時代，「知識管理理論」理當被重視運用，緊跟隨而來的「智慧資本理論」也將大放異彩，影響今後企業及教育組織經營運作的基本型態。組織的智慧資本指的是「人力」、「關係」及「結構」三者之間對組織產生的知識價值。以學校為例，學校的智慧資本指的

是校長、幹部（主任、組長）以及所有教師，這些人力資源彼此之間的關係及結構運作效果就是智慧資本；是以部分的學者將組織的「核心能力」＋「認同程度」合併為智慧資本。就當前教育界而言，各級學校教師的核心能力均佳，但認同政策及教育志業的認同程度參差不齊，是以整體教育競爭力不如預期理想，我國的教育界是擁有深厚的靜態智慧資本，而非有效的智慧資本。

鄭崇趁（2009a）倡導有效智慧資本理論，在論述臺北市「教育111」政策時，認為唯有教師們認同「沒有不可教的孩子」，體認弱勢族群學生更需要關懷與照顧，教育資源與心力應該優先投入這些對象，承諾帶好每一位學生，也身體力行，才能實現「一個都不少」的政策目標。在論述教師評鑑與校長評鑑時，也主張將「智慧資本理論」做為評鑑指標之規劃依據，教育人員的評鑑要檢核「核心能力」、「認同程度」、「績效表現」等三方面，運用評鑑活化學校有效的智慧資本。

十、課程統整理念

「課程統整」是整個世界的潮流趨勢，我國的「國民中小學九年一貫課程綱要」自2000年起實施，其最大的特色也標榜「課程統整」。因此，「課程統整理念」主導了所有文明國家的各級學校課程設計與發展。課程統整的概念型定義是：「學生最需要學習領域核心知識的重組、設計與發展」，其具有下列五大特質：(1)學生本位的課程設計；(2)領域統整分科；(3)學校本位的資源運用；(4)教師自編主題教學方案；(5)教給學生帶得走的能力。

課程與教學是教育的核心技術，教育的品質提升與競爭力的強弱，端賴於核心技術（課程與教學）的實質進步，課程統整理念的實踐是教育經營核心技術持續改善的重要策略。是以我國自實施九年一貫課程之後，各

大學相繼成立課程與教學研究所，協助中小學實踐下列幾項課程統整事宜：(1)形塑學校課程願景；(2)發展學校本位課程及特色課程；(3)鼓勵教師自編任教領域主題教學方案；(4)舉辦教學卓越獎；(5)揭示十大基本能力課程目標（帶得走的能力，又稱核心能力）。

第四節　教育經營的新興理論

影響教育經營的新興理論多來自「領導」、「組織」與「評鑑」等三個主要層面，新興理論並非完全是「新興」的，在本書是指當代又受到關注的理論或理念。因此，在領導層面方面，介紹「正向領導」及「價值領導」；在組織層面方面，介紹「混沌理論」及「行銷理論」；在評鑑層面方面，介紹「平衡計分卡」及「認可制評鑑」，共六大新興理論，以下簡述其核心主張及其在教育經營上的啟示。

一、正向領導

正向領導理論來自於正向心理學的應用，在「現代」與「後現代」交織的臺灣社會，多元價值並存，沒有絕對是非對錯的行為現象普遍存在，人群組織中彼此的包容與尊重勢需相對增加，很難再有「和諧共榮」之群體或社會。正向心理學承續人本主義諮商理論，重視人性本善，正向積極的解讀人類行為，善用激勵、重視優質習慣的養成，跳脫迷失的概念與盲點。正向心理學在教育領域上已產生實際的影響作用，例如：零體罰、正向管教、友善校園、部分的人權法治教育，以及目前正在滋長的正向領導。

正向領導理論對於教育經營的啟示，有六：(1)領導人對於教育組織（學校）成員，以性善的觀點與態度對待；(2)教育事務與事件的發生，均以積極正面的角度解讀或分析，導引同仁正向心態；(3)提供專業示範，以最正

確、最佳、最有效率的方式處理教育事務；(4)激勵同仁提供創意點子，增進組織價值；(5)帶動組織同仁交互支援，凝聚能量，創造高峰；(6)適度運用核心價值或理論理念，闡述服務工作的價值性與員工生命願景的實現。

二、價值領導

價值領導是正向領導的進階，將是二十一世紀各種領導理論的整合趨勢，也是後現代社會多元價值情境中的必然產物。價值領導的概念型定義為：「領導者運用組織目標任務、核心價值與組織成員個人價值的連結和論述與相對措施，領導組織成長發展之謂。」目前企業組織操作 vision、mission、core value的作法已奠定基礎，再由領導人據以操作其與組織成員個人的生命願景與價值連結，就是價值領導。

價值領導在教育經營上的啟示，有六：(1)領導人本身要有崇高而強烈的教育核心價值，並希望透過服務組織自我實現；(2)領導人能夠充分掌握服務組織的目標任務與成員條件，帶動論述核心價值；(3)領導人能夠形塑組織願景並與成員個人願景一致；(4)領導人能夠導引同仁共同參與決策，並以組織價值最大化做決定；(5)領導人能夠帶動教育同仁，以學生之最大教育價值，發展學校本位課程及特色課程；(6)教育上的各種評鑑，能以檢核改善教育品質，增益學生與教師之價值為導向。

三、混沌理論

後現代社會的混沌現象引人關注，「驅散結構」、「奇特吸引子」、「蝴蝶效應」、「迴路遞移」、「隨機龐雜震撼」等，均可在教育組織運作歷程中產生一定的作用，教育領導者亦可從混沌現象中借力使力，彩繪學校經營的天空（陳木金，2003；鄭崇趁，2006a）。混沌理論對於教育組織的經營有下列三大啟示：(1)教育領導人要有見微知著的能力；(2)組織要

有危機處理的機制；(3)組織運作除了講究常態積極運作外，要有非常態（另類）的配套。

所謂「見微知著」的能力，是指教育領導人具備組織中動察的敏銳度，對於個殊單一事件能夠正確而客觀的覺察其重要性程度，給予必要的回應，有效導引而不致事態嚴重。「危機處理機制」是指，組織（學校）一有個殊傷害事件發生，即能迅速進入學校危機處理系統，運用最經濟的資源運作且將可能之傷害降至最低之機動回饋系統。「非常態」（另類）配套是指，中介教育方案或課程活動的規劃，提供中輟生復學或另類學生的中介銜接功能之教育措施。

四、行銷理論

進入二十一世紀以後，「市場化」競爭也讓教育組織（學校為主）受到挑戰與考驗，原本在企業界流行的「行銷理論」也逐漸地運用在教育組織經營之上，本書第十二章專論「價值行銷」即為明顯例證。學校行銷理論有四：(1)價格論：低廉的學雜費；(2)實用論：方便實用的課程；(3)品質論：學生的學習品質佳；(4)價值論：師生均能自我實現。

鄭崇趁（2011a）曾論述學校行銷的主要方法，可從下列四個面向著力：(1)教育品質法：從學生著手，讓學生每次到校均有滿意成功的學習；(2)媒體宣導法：從宣傳工具著手，適度地讓社區（社會）大眾知道，了解學校之存在；(3)家長互動法：從家長著手，由互動的服務熱誠與專業內涵，讓家長認同學校之經營；(4)教育活動法：從特色著手，定期辦理學校教育成果展示，以特色吸引學生就學。

五、平衡計分卡

平衡計分卡（Balanced Score Card）由 Kaplan 和 Norton 於 1992 年提出

後，風行於企業界，尤其是用在績效管理與經營策略調整方面，有了新的思維與作法。「平衡」（Balance）是整個理論與實務運作的焦點，平衡計分卡主張，組織願景與策略決定要尋求四個構面的平衡發展，才能為企業體帶來短、中、長期的價值，這四個構面是：(1)顧客；(2)財務；(3)內部流程；(4)學習與成長。並以下列公式說明平衡計分卡的管理意涵：

$$\{突破性的成果\} = \{把策略說清楚、講明白\} + \{有效的管理\}$$

其中，「把策略說清楚、講明白」以及「有效的管理」就是「平衡」的組織運作模式，唯有組織同仁充分了解平衡運作的價值與操作點，才能共同為組織生產「突破性的成果」。

最近教育組織及教育領域的學術研究愈來愈多平衡計分卡的運用，勢將實際地影響教育經營的策略選擇，其重要的啟示有五：(1)學校（組織）願景、目標的決定要考慮學生、教育投資、教育歷程規劃與教師職工的學習成長等四個構面；(2)前述四個構面的經營策略是要考量學校（組織）本身的平衡（價值最大化）發展；(3)要將在四個構面的經營調整策略，向幹部、教師職工說清楚、講明白為什麼這樣做、如何執行；(4)要表列策略、執行檢核表、定期有效評鑑執行成果；(5)要適時調整四個構面的經營策略與願景。

六、認可制評鑑

臺灣的教育一向領先華人地區，其中一個可觀察的指標就是教育領域「評鑑機制」的進步與活絡。就組織而言，現在已經有各級學校的校務評鑑、課程教學評鑑、各種主題式的方案評鑑；就人員而言，大學已經辦理教師評鑑、中小學校長辦學績效評鑑，中小學教師評鑑亦將入法，進而到達全面實施時代。評鑑結果的呈現最開始多以「量」的分數打成績，繼而

有純「質」的文字描述，後來有「質」、「量」併陳，最近則有「認可制」的趨勢，除了「優點特色」與「建議事項」的條列之外，明確呈現「通過」、「有條件通過」（或「待觀察」）、「未通過」等三個等級。

「認可制」的評鑑之所以被廣泛採行及接受，就學理來說有下列四個特質：(1)與既定標準化比較，而此一標準是訪評委員主觀的價值判斷，稍有彈性；(2)以質化的特色建議為基礎，符合提升教育品質與品質持續改善的訴求；(3)未給量化分數，避免相近的學校彼此評比競爭，違背評鑑本質功能；(4)對於「未通過」及「有條件通過」的受評對象仍要接受「追蹤評鑑」或「再評鑑」，具有督促積極謀求改善之意。

第四章　實踐說

從教與學的主要歷程來看教育，「實踐」是教育的本質之一；教育在教「人之所以為人」，教育也在實踐人之所以為人。因此，經營教育是教育領導人，帶動組織（學校）內的師生及教育人員實踐人類的共同理想及優質傳承，這些共同理想透過教育理論在教育組織（學校）中實踐，這些優質傳承則透過文化學習，在人類的世代傳承時空中實踐。使用「實踐」或「優質傳承」是以教育的觀點，賦予「部分文化複製」實質的積極說法，從人類發展的歷史來看，人類本身不斷地進行社會學所探討的「文化複製」，例如：階級、性別、霸權、宗教、信仰、生活型態等。但是透過教育，實踐教育的優質傳承，人類也才得以傳承創化新的文化與文明。當代文明取向是以人類教育實踐的具體成果，其實踐的程度，影響了人類文明的深度及廣度。

本章分為四節論述：第一節「實踐說的教育意涵」，說明實踐的本質功能及其在教育上的價值；第二節「組織向度的教育實踐」，敘述當前教育體制的優質傳承，簡要申論其在文明進程中的積極意涵；第三節「個人向度的教育實踐」，以人的發展為例，註解其與教育實踐的關係；第四節「教育經營的理論實踐」，歸納教育的理論與在組織單位實務經營上的融合實踐。

第一節　實踐說的教育意涵

一、文化、文明與實踐的關係

人類生活的總稱叫文化，文化的前瞻性發展稱為文明，所以人類的歷

史有五千年到一萬年之間的文化,但當此二十一世紀的今日,活在地球上具有共同文化的人類,文化本身的落差極大,有的擠身為文明國家,有的尚在蠻荒未開發的情境,此一落差與「實踐」的催化作用攸關,尤其是實踐本身的「制度化」與「教育化」影響最大。人類文化是一代傳一代的「實踐」,實踐的內涵形成了有效的運作機制,此稱為「制度化」,例如:食、衣、住、行、育、樂等六大生活基本需求的傳承,代與代之間的傳承實踐都很類似,都已經形成了可以觀察而描述的機制,我們且稱之為人類文化「制度化」的實踐。制度化的實踐約有百分之九十以上的複製,但只有不到百分之十的創新。

「教育化的實踐」是「制度化實踐」的進階,研究者認為,教育機制的形成以及今日的發展,本來就是人類文化「制度化實踐」的產物之一。然而教育化的實踐,可以透過「教育體制」本身「教」與「學」的強化,加速實踐的有效性、系統性與價值性,降低「完全複製」的比例,增加創新的比例;創新的比例增加之後,將累積為新文化,我們就稱之為「文明」,所以我們稱文化發展較快、較前瞻的國家為文明國家,而促成文明國家的因素之中,文化實踐的制度化與教育化是最重要的催化媒介。

因此,我們可以用圖 4-1 來呈現文化、文明與實踐的關係。人類社會已發展成種族與國家的型態,一代一代地繁衍下去,時代的巨輪帶著人類以「國家」為單位,實踐(大部分複製)原有的文化與文明,然而實踐歷程中「制度化」愈精緻,以及「教育化」愈深耕者,就愈能觸動新文明的發現,帶動形成人類的新文化。

二、實踐的定義與內涵

「實踐」含有「複製」的成分,但超越複製的狹隘觀點。從社會學的角度觀察,人類生活與文化發展無法跳脫「大部分複製」的命運,但經過

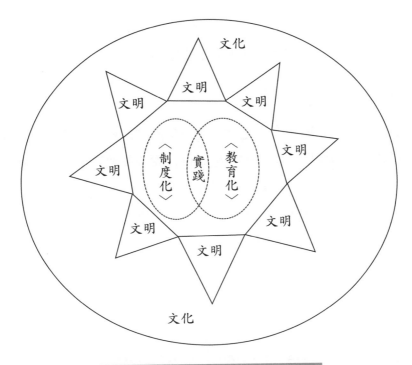

圖 4-1　文化、文明與實踐的關係

「實踐」制度化與教育化的帶動下，新的文明與新的文化是可以被看見的，是可以期待的；「實踐」要能夠反映「制度化」與「教育化」的本質，才具有對人的真實價值與意涵。因此，研究者對於實踐的定義是：「實踐是一種人類文化傳承創新的歷程，此一歷程是人類代與代之間，透過生活化傳承、制度化學習、教育化經營，帶動新文明的產生與人類生活實境精緻化與豐富化的發展。」

此一定義內涵，具有下列五大要點：(1)實踐是傳承創新發展；(2)實踐的歷程具有「生活化」、「制度化」以及「教育化」等三個不同層次的內涵，生活化多在傳承複製，制度化在精緻學習，教育化則期能經營創新；(3)實踐的功能在「傳承創新」，希望能夠延續優質文化，並能開展新局；(4)實

踐的目的在增益人類生活實境的精緻化與豐富化;(5)「制度化學習」與「教育化經營」是孕育新的文明與文化的重要觸媒。

三、教育實踐說的探討

生活化、制度化與教育化是實踐的主要形式,教育化愈深耕的實踐群體,其組織文化愈顯豐富與精緻,是以實踐說成為教育經營主要的原理學說之一。我們要經營教育,我們要辦好教育,主要在傳承優質文化、創新開展文明;我們的教育事業每天都在進行教與學的實踐,也就是進行教育活動與體制的實踐、培育全人格教育的實踐,以及教育理論學說在學校(組織)中的實踐。

教育實踐說在本書的研究範疇,界定在下列三個主要層面:組織向度的教育實踐、個人向度的教育實踐,以及教育經營的理論實踐。分析「組織」、「個人」及「理論」如何經由教育上的「實踐」帶動經營教育組織運作(政策與措施),豐富彩繪個人生命經驗,增進了「人之所以為人」的教育本質與價值。

四、實踐的教育價值

「國民中小學九年一貫課程綱要」的「綜合活動」領域,特別強調課程教學本身的「統整」、「實踐」、「省思」。「實踐」在教育領域的課程教學上具有更深層的意涵,概要有四:(1)實踐具有「執行」之意,亦即要求學生真正地去做;(2)實踐具有「融入」之意,亦即要求學生要融入學習的情境;(3)實踐具有「完成」之意,亦即要求學生要貫徹完成目標;(4)實踐具有「實現」之意,亦即要求學生完成學習,目標要符合教育的本質,或知識原先的旨趣,終極在促成人的自我實現。

人類文化的實踐形成了今日的教育體制,教育上的實踐賦予實踐本身

更為深層的意涵：「統整」、「實踐」、「省思」的循環，創新知識基模，增進知識產能，提升教育競爭力，進而帶動新文明的開展，累進產生新文化，這些都是實踐教育的最大價值。

第二節　組織向度的教育實踐

教育實踐説重視教育事業的執行力，強調教育的實質成果，教育培育國家的人才，能真正的促成百業興隆，創發國家在整個世界舞臺中的競爭力。當前的國家教育體制是教育實踐的基石，教育體制也是逐步演化發展而來，是以本節針對組織向度，分析教育實踐的具體內涵，包括：學制系統與發展趨勢、學校組織與教育機構、課程規範與師資素養，以及設備基準與教育資源。

一、學制系統與發展趨勢

我國當前學制如圖4-2所示，大致而言，稱為「6-3-3-4學制」，包含：國民小學六年、國民中學三年、高級中學三年、大學四年，以及大學之後的研究所碩士二至四年、博士二至六年。國民小學六年及國民中學三年共九年，稱為國民教育，含有義務教育的性質；國民教育之上分成三軌：普通教育、技職教育以及進修教育，三軌均可提供至高等教育階段及研究所教育，有三條教育國道之美稱。另特殊教育目前規劃至高級中學階段，社會教育亦十分普及，除國小至高中的補校及社教機構提供民眾社會文化教育之外，社區大學密集林立，已具有學習社會之雛形。

我國的學制系統具有下列幾項發展趨勢：(1)多軌多支學制：《教育基本法》擴大私人辦學範圍，國民教育階段亦已成為多軌型態；(2)延長基本教育年限：自2014年起正式延長國民基本教育為十二年，至高中職階段，

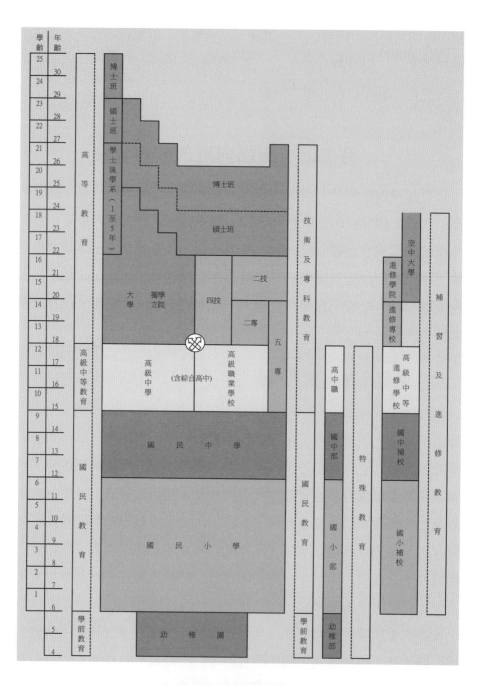

圖 4-2　我國當前學制

資料來源：教育部（2012）

且將國民教育名稱調整為國民基本教育，是免費、免試的基本教育，但不再強調強迫義務；(3)幼托整合：幼稚園改稱幼兒園，全面提高師資及設備基準，並實施五歲幼兒免學費之政策；(4)營造社會環境：提供終身學習機制及處處可學習的時空；(5)發展樂齡休閒教育：因應老人化社會的來臨。

二、學校組織與教育機構

教育系統的發展仍以「學校組織」為主流，社會文化教育機構為輔助。目前學校教育的組織實踐大要如次：(1)配合國家行政體制運作，國立學校（大學為主及部分高中職）由教育部主管，基本教育階段的學校由直轄市及縣市政府主管；(2)學校多以班級為單位，分領域或學科依週排課教學為主要教育型態；(3)學校分處室，處室分組別，多由教師兼任行政服務教學，並策訂學校及處室年度工作計畫，辦理全校性教育活動；(4)學校教室分一般教室及專科教室，一般教室分配給固定班級實施一般課程教學之用，專科教室提供專門學科教學、實驗操作學習之用；(5)整體學校、校園規劃及教學設施，隨著國家社會經濟之發展設定「設備基準」執行，日益精緻化；(6)學校教師編制，基本教育階段以班為單位，高等教育階段以系所及科別為單位，目前國民小學每班 1.5 名教師（近期將調整為 1.7 名），國民中學及高中職每班二名教師，大學的理想師生比為一比十；(7)班級學生數，國民小學在二十五至二十九人之間，國民中學三十五至三十九人之間，高中職以四十五人為基準，大學多以四十至五十人為一班做規劃，碩士班以十五至三十人一班為原則，博士班以八至十五人一班為原則；(8)「大學太小，小學太大」是當前臺灣教育奇特現象，是以政府積極推動「最適規模教育」政策，中小學進行適度的「小班小校」及「必要的整併」，大學則獎勵併校或成立系統大學。

除了學校教育之外，扮演教育實踐的單位還有社會文化教育機構，例

如：圖書館、社會教育館、科學館、博物館、美術館、音樂廳、戲劇院、文化中心、紀念館、海生館、兒童樂園、動物園、生態館、育樂中心、運動競技場館等，用實物展示、作品展示、表演活動、模擬實境、音樂歌劇、演說座談、益智遊戲、定期展演、固定檔期，依年度規劃，提供一般民眾文化社會教育設施，就近休閒及多元學習的機會，並結合鄰近學校，以策略聯盟方式，建置終身學習機制，形成學習社會，實踐教育的型態與實質，傳承創發精緻永續的新教育文化。

三、課程規範與師資素養

　　教育的內容稱為「課程」，在遠古時代，生活即教育，教育即生活，人類為了生存，父傳子謀生的技能就是教育內容，「課程」的觀念與具體的作法是慢慢形成的，尤其是學校教育制度化以後，各階段的學校，均由政府頒布「課程標準」來規範教育內容。我國中小學教育自 2000 年起實施「國民中小學九年一貫課程綱要」，正式以七大領域為核心，規範中小學基本教育內容，這七大領域是：語文、數學、自然、社會、人文藝術、健康與體育、生活及綜合活動，並以新興議題（資訊教育、環境教育、兩性教育、人權教育、生涯教育、家政教育、海洋教育）為配套，融入領域課程實施。至於課程設計與實踐上，推廣「課程統整」的觀念與作為，在「領域授課」的歷程中，發展「學校本位課程及特色課程」，鼓勵教師自編主題教學方案，希能教給學生「帶得走的十大基本能力」。

　　在高等教育階段，教育部除了頒布「必修科目表」，要求通識教育至少二十八學分，以及畢業總學分數至少一百二十八學分以外，課程由各大學自訂。大學系所的課程，通常分為兩部分：「通識課程」與「專門課程」，通識課程各大學一致，必選修合計共二十八學分，各學院及系所的「專門課程」又分為「專門必修課程」及「專門選修課程」，大部分的系

所必修與選修各半，近來有「擴大選修學分數」之趨勢，唯專門必修課程至少要四十學分以上，又稱為核心課程，也是「雙主修」的基本學分數。近來「學程學分制」也受到高等教育（含技職校院）的青睞，普遍開設「二十學分學程」，修畢學程者參加各類證照考試，取得技能類職業證照，兼顧升學與就業職涯規劃。大學亦分科授課，每一門課二至四學分之間，選修科目多為二學分，必修核心課程有三學分及四學分之設計。

在師資條件要求方面，中小學教師的基本條件有五：(1)大學畢業以上；(2)修畢教育專業學程（小學四十學分、中學二十六學分、特殊及幼教各四十學分）；(3)完成半年以上教育實習；(4)通過教師資格檢定考試，取得教師證書；(5)參加縣市或學校辦理之「教師甄選」獲得錄取，始能由縣市政府聘用為正式專任合格教師。中小學教師素養的發展有三大趨勢：(1)全面碩士化：以順應行動研究、自編教材及國際教育之趨勢；(2)領域教學認證化：配合專才授課，實現精緻教育；(3)教師評鑑與分級制度：定期檢核、績效責任，結合生涯進階發展。

大學教師的基本條件為「博士學位」，獲得博士學位，具有「研究」、「教學」潛能者，始會被聘為大學校院教師，研究能力的觀察重點為博士論文，以及研究計畫及發表論著；教學能力的觀察重點為個人教育經歷、「教育專業素養與著作」及教學類得獎事蹟。因此，國立大學一有教師出缺，學校徵才，通常國內外博士數十名至百名以上，會爭取一名專任教師教職的現象，難度頗高，且備受禮遇與尊榮。大學教師分四級：教授、副教授、助理教授、講師，博士教師從助理教授起聘三年以上可以申請升等副教授，取得副教授資格後再三年以上可以申請升等教授，取得教授資格後每七年得有一年帶薪休假進修。目前大學教師升等要求日益嚴謹，且搭配教師評鑑執行，參採學生意見與評分，挑戰亦高。目前大學經營有「教授治校」之美稱，且國家各部會政策的主要規劃人才及諮詢專才多來自大

學教授，大學教授是國家及學校最主要的智慧資本。

四、設備基準與教育資源

臺灣已經進入「民主法治」國家之林，學校及文化社教機構均須依法設置，其基本組織之員額編制與設備基準亦須由「法之施行細則」或「辦法」、「要點」規範。教育部已頒布各級學校「設備基準」，各級學校之校地面積、校舍樓地板面積、普通教室及各類（領域或分科）專門教室、運動遊戲設施、圖書館、健康中心、視聽教室、學系辦公室、實驗室及其配備、校園規劃原則等，均依學校規模而有基本規範。社教文化機構設施因個殊性較高，並無同類統一性的「設備基準」，然亦隨著法制化進程，逐漸在行政法令中予以明確化。目前教育組織單位「設備基準」之發展，有以「基本標準」取代「理想標準」之趨勢。

「設備基準」規範學校教育的靜態資源，「組織員額編制」則提供學校教育的動態人力資源。目前學校經營已超越（跳脫）了固定資源的態勢，教育（學校）經營強調領導人必須尋求爭取組織以外的多元教育資源進到學校來，一併整合為辦理學校的能量，這些多元資源包括：人力資源、物力資源、財力資源、自然資源、文史資源、科技資源等，不但要多也要有效統整，讓這些資源轉化成直接對學生及老師或學校產生實質的教育價值，提升學校的競爭力；是以一般學校的校務評鑑有「資源整合」專項的檢核，而臺北市的優質學校、新北市的卓越學校認證，均有「資源統整」專項。

第三節　個人向度的教育實踐

一、人與教育的關係

　　人與教育的關係可以用「計畫化」的歷程發展來解釋。在遠古時代，教育即生活，父傳子、部落族人的群居教育活動是一種求生存的生活傳承，是「沒有計畫」的教育實踐。發展到「私塾」的教育型態，師資尚無固定標準，課程由師爺自行設計，有地方上課就好，可以說是「半計畫」教育實踐的階段。今日的學校教育機制，師資、課程、設備、日課表、授課時間數等均有明確規範，是「完全計畫」的教育實踐階段。

　　人與教育的關係，也可以用「生涯化」的歷程來詮釋：愈為原始的國家，族人接受正規教育的時間十分有限；愈是文明開發的國家，人民接受正規教育的時間愈長。以臺灣為例，絕大部分的人民接受正規教育的年限至少十二年，也有一半以上的人接受了十六年以上的學校教育，隨著學習社會的營造與終身學習的普及，「生涯化」的教育實踐也愈來愈明顯。

　　人與教育的關係也可以用「志業化」的歷程發展來註解，教育在幫助每一個人習得「專門」及「專業」知能，建構生命願景，並在「職涯志業」中自我實現。志業化愈明確的人教育的實踐愈濃，運用「多元智能理論」的觀點，教育的內容與過程符合個人的性向興趣，愈能夠激發個人的「優勢智能明朗化」，選擇與自己優勢智能為基礎的生命志業。愈能夠得心應手，行行出狀元，不但個人自我實現，其服務單位的能量與競爭力也會最大。是以人民「志業化」的普遍性與深耕度，可以看出人與教育的關係是從寬鬆到縝密，到密不可分，愈是文明開放的國家、專業分工愈精緻的社會，人與教育的關係也愈密切而精緻。

二、個人教育實踐的主要歷程

人的一生與教育攸關，可以說每一個人都在一邊接受教育、一邊成長發展，開拓其豐富精采的人生。就個人教育實踐而言的歷程，其主要有五：(1)按齡入學：臺灣多數的人，六歲入小學，十二歲升國中，十五歲讀高級中學（高職），十八歲讀大學，二十二歲以後依自己的需要，彈性選擇是否續讀研究所；(2)勤奮好學：在正規教育學制中接受教育的每一個人，均應勤奮好學，每日依課表當下學會教師講授的教材，通過形成性評量與總結性評量，才能取得學科成績，依序升級；(3)攻讀學位：每個人在接受十二年國民基本教育之後，依據個人優勢智能明朗化程度及志業職涯選擇條件，決定是否攻讀大學及研究所，取得相對需要的學位及專業證照，作為爭取職涯志業的基石；(4)奉獻志業：教育實踐的縝密，造就每個人在投入自己工作職場上，有足夠的知識與能力，能夠完成組織交付的任務目標，也由於個人的努力奉獻，志業組織的發展能量具有更為渾厚的競爭力；(5)自我實現：教育實踐的最大價值，在促成每個人的自我實現，教育實踐的成果，培育了各行各業的人才，每個人經由奉獻志業完成自我實現的理想。

三、選課機制與社團活動

在教育實踐歷程中，能夠提供學習者自主選擇的部分有「選課機制」及「社團活動」。中小學的選課機制因屬基本教育較不明顯，高等教育階段則十分普遍，科系的總學分數中約有三分之二至四分之三課程均列為選修，研究所課程選修學分數均達五分之四。選修機制讓學生擴大選擇自己性向、興趣之學科機會，增加學生選擇授課教師之權益，讓核心知識基模以不同的方式呈現，促使老師及學生均有自主統整課程之機會。

社團活動從小學、國中、高中至大學均普遍設置，學校均鼓勵學生配

合性向和興趣（優勢智能）選擇參與各種類型社團，其主要原因有五：(1)實踐優勢智能明朗化的多元智能理論；(2)社團為半正式課程，可以彌補學生在正式課程中尚無法滿足的學習需求；(3)提供優勢學習與順性揚才的機會；(4)以社團活動強化學習需求，方便家長志工及其他教育資源的挹注；(5)彌補選錯科系的學生仍有造就其優勢專長的管道。

選課機制與社團活動更能夠符合R. S. Peters的教育三大規準（價值性、認知性、自願性）之實踐。自主選擇的課程與社團自願性程度最高，這些課程或社團較能夠滿足個人的程度與目標設定，認知性質最為穩定，相對之「學習成果」較為豐富。這些選擇性課程及社團活動也往往是優勢知識與智能明朗化的觸媒，三大規準符合程度愈高者，愈能夠永續經營。

四、生命風格與教育實踐

人與教育的關係，透過計畫化、生涯化與志業化成就了個人的生命風格。所謂生命風格是指一個人自己的生活品味與行事作風，生命風格是教育實踐的主要成果，生命風格來自「知識能量×價值取向×行為習慣」的綜合表現，對個人而言，就是生活品味與情感情操的象徵，對群體來說就是組織氣氛或組織文化的基石，教育實踐的主要歷程頗為一致，但每個人的生命風格卻有個殊性。造就生命風格的因素之一來自個人知識能量擴增，這是學習實踐的個別因緣，例如：學佛的人，或投入信仰（教會活動）的人，大都因為自己的機緣接觸了宗教人或宗教書籍，在這個領域的「知識管理」與「知識螺旋」較為具體與頻繁，提升了個殊性的知識基模與能量，也是一種個人化教育實踐的成果。

造就生命風格的因素之一之「價值取向」或「價值選擇」也是學習來的，價值決擇來自哲學素養（尤其是人生哲學部分）及優勢智能結構的發展有關，就個人向度的教育實踐歷程中，關鍵教師的價值智慧傳承與楷模

示範影響最大，其次是個人的學習歷程中，情有獨鍾的作品取向。以研究者本人為例，個人在小學三、四年級之間（十歲以前），因欣賞、崇拜、認同某位老師，就立志要當老師，此一價值取向（選擇）迄今從沒改變。就讀師專時期，附庸風雅，致力於國學上的唐詩、宋詞、老子、莊子、詩經的研讀，以致陶淵明的出世思想「田園將蕪，胡不歸」的品味，以及老子《道德經》中「上善若水」的「順性揚才」，就影響了研究者現在教育學生的風格。

造就生命風格的第三個因素「行為習慣」也大多是學習來的，個人的行為習慣經由觀摩學習、生活需求以及人際互動之目的綜合養成。觀摩學習能從別人身上傳承自己認同的行為習慣，生活需求（如食、衣、住、行、育、樂）雖有個殊化表現情形，但多為群體習慣的學習複製。人際互動之目的亦多為群體習慣的潛在基礎，然而代與代之間差別有限，傳承學習多、創新發展少。

第四節　教育經營的理論實踐

一、教育機制精緻化

教育史記錄了人類發展之教育形成、實踐與發展脈絡，從教育史料的觀察中得知，教育機制是逐步形成的，例如：當前的學制與學校組織都配合著人類文明與文化的進程，逐步發展成今日的樣態。以後的教育機制也將隨著國家社會經濟的發展，日益「精緻化」，國民所得愈高的國家，愈有能力投資教育，教育投資比例愈大的國家，其教育的機制愈精緻化。

教育制度精緻化彰顯在下列五大趨勢：(1)基本教育學制由單軌多支到多軌多支，並逐步延長其教育年限至十二年以上；(2)高等教育由菁英化到

兼重普及化的需求，質與量均衡提高；(3)教育組織（學校）自主管理，高等教育單位邁向法人化的自主經營管理，而基本教育階段學校由地方自治，並要求學校本位管理，擴大自主經營；(4)教育設施配合科技發展，日益提高設備基準，並滿足另類教育（中介教育）需求；(5)師生比日益合理化，多元標準並行，且以學生獲益價值為前提規劃。

二、課程內容統整化

知識經濟時代，新的知識就是價值的象徵，人類如何經由教育的實踐暨學得傳統的核心知識，又要結合時代脈動，隨時吸收新開發的知識，適度調整知識基模，確保專門專業職能，不為時代所淘汰，課程內容統整化是必然的趨勢。國家公布的各級學校課程綱要，均只規範學習領域及核心知能，引導學校及教師實施時，運用「課程統整」的理念，進行學校本位課程及特色課程的發展，教師自主的主題式教學及自編教材。

課程內容統整化呈現在下列五大趨勢之上：(1)核心能力導向的課程：每一教育階段（國小、國中、高中、大學、研究所）均發展設定學生學習之核心能力（或稱基本素養），並以核心能力為導向設計課程；(2)本位經營導向的課程：鼓勵學校發展學校本位課程，也鼓勵教師發展個人本位課程及班級教學本位課程；(3)創新特色導向課程：具有特色績效、成果與表現式的課程設計更為普及化；(4)主題方案導向的課程：為及時而有效的統整新開發的知識，主題式課程方案會大行其道，在基本教育的領域教學中，教師自編的主題式教案教材逐漸增加比例，大學中的系所，除了主題式的學分學程外，每一學科的課程內容也多充滿新的主題式課程；(5)全球融合導向的課程：全球在地化、在地全球化的需求日益明確，也將適度的反應在各級學校課程統整上。

🍀 三、教學歷程科技化

教育實踐的核心歷程，仍在教與學的活動設計上，知識經濟及資訊科技發展的成果，實質地改變了此一核心歷程的豐富性與精緻化。尤其是最近電腦軟體與手機革命的創新品牌競爭，為人類生活帶進了虛擬世界的情境，傳統的教與學活動更顯得侷限性，很難在方式上及內容呈現上滿足學生的時代需求，對教師與學生而言都是空前的挑戰。教師與學生均須學習採用科技化的方法，才能完備教與學的任務，實質提高教育品質。

教學歷程科技化彰顯在下列五大趨勢之上：(1)學校基本設施科技化：高科技專門教室，如未來教室、微型教學教室、電子白板、電腦講桌、動畫製作、影音系統設施、資訊圖書館等，均成為常態化基本配備；(2)教師使用電子白板及資訊媒體教學成為必備核心能力，資訊使用能力欠佳的教師將被迫早日退場；(3)學生配合其教育階段，適度強化其運用電腦資訊工具能力，此一核心能力愈強者，發展性愈大；(4)較高難度的研究方法之協助，增加了教育研究的可行性與普及化；(5)教學與學習成果數位化：教師教學檔案及學生學習檔案或學習作品均以數位化儲存，傳承與複製更新更為迅速。

🍀 四、教師素養認證化

「品質管理」原來只用在「物」產品的身上，慢慢地也用在「事」上，也就是處理事務的組織及歷程之上，現代的企業管理也逐漸地強調，直接用在「人」的身上。教育的實踐是一種「人」教「人」的歷程，受教的學生要評量其德、智、體、群、美的學習成果，要評鑑「學生的品質」，這是一種人的品質管理，教人的「教師」、「校長」及「教育行政人員」也要接受國家及人民的「品質管理」。人的品質管理大多採行「教育學習」→

「評量檢核」→「認可頒證」→「評鑑永續」的方式，證諸於各種專門職業，多採此一模式；教育人員的特質是「人」的老師，專業化與精緻化的要求與發展也要遠高於其他行業。

師資素養認證化的進程，彰顯在下列五大趨勢之上：(1)基本教育階段教師全面碩士化，高等教育階段師資全面博士化，碩士與博士是教師的最基本素養；(2)中小學教師需持有領域教學認證，大學教師要有授課學門的專門著作；(3)高等教育階段及基本教育階段皆實施教師分級制，教師分級也是中小學教師的職涯志業發展階梯；(4)實施教師評鑑與升級審核，來肯定教師的績效貢獻，並做為認可升遷的實質獎勵；(5)認可標準由專門專業團體與利害關係人共同訂頒，由國家頒行基本標準給地方政府及大學自主參照。

五、價值取向個殊化

教育在促進人類「自我實現」的最大價值，教育機制是人類諸多組織系統中的一種，在文化進程較緩慢的時代，教育實踐的價值取向以「組織取向」及「共同取向」為優先價值，是以教育政策的考量點偏向人類共同價值與組織目標價值。在「現代化」及「後現代」交織的時代中，「多元價值」與「去中心化」的思潮受到同等的重視，是以整個教育機制精緻化發展的同時，其價值取向個殊化的發展也併同受到關照。

價值取向個殊化的教育實踐彰顯在下列五大趨勢脈絡中：(1)基本教育開放多軌形態，提供學生（家長）多元選擇機會；(2)尊重家長自主教育權，准許申請「在家自行教育」，並核給教育券；(3)各級學校大幅縮減必修及共同課程，增加選修及主題式課程；(4)採行多元評量，同時肯定不同學習成果的教育價值；(5)高等教育不再強調「退學率」，讓專門專業學習較為緩慢的學生仍有更寬廣的機會及途徑，取得高級學位的價值認定。

第五章　發展說

發展是萬物生成變化與成長脈絡的共同現象之一，也是學術人員為了描述這一現象的共同性質所給予的具體名稱，在大家沿用傳承之後，已具有較多固定的意涵。發展在教育領域上的運用範圍，至少包括三個面向：人的發展、教育組織的發展，以及教育機制與內涵的發展。在人的發展上又包括學生的發展、教師的發展，以及教育領導人的發展；教育組織的發展至少應包括教育行政組織與學校的發展；教育機制與內涵的發展則可大可小，從學制、課程、行政管理、師資教學、學生輔導到資源整合等，均可列為發展的論述範圍。

本章分為四節論述：第一節「發展說的教育意涵」，說明人的發展與教育之間的密切關係；第二節「增益學習者的健康發展」，從成熟人、知識人、社會人、獨特人、價值人、永續人等六個方向，說明學生身心的發展歷程；第三節「豐富教育人員的志業發展」，用「生命願景」、「培育歷程」、「志業發展」，以及「價值實踐」來描繪教師、校長、教育領導人的生命故事與價值；第四節「教育組織的發展脈絡」，兼論行政組織、學校、文教機構及公益團體的發展脈絡。

第一節　發展說的教育意涵

一、人的發展與教育

人的一生是一種發展的歷程：就身體而言，從出生→幼兒→兒童→少年→青少年→壯年→老年→到往生，是一種發展的歷程；就人的智能而言，

從幼稚無律→感覺動作→行為他律→到自主自律，也是一種發展的歷程；就人的情意而言，從情緒的處理→情感的表達→到情操的展現，也是一種發展的歷程。我們可以這麼說：人的發展就是他的一生，就是他身心靈成長的歷史，也就是他一生志業事功的表現；人的發展也可以代表一個人一生的價值實踐紀錄。

　　人的發展與教育的關係密切，從功能層面看教育對人的影響，教育具有「成熟化」、「知識化」、「社會化」、「獨特化」、「價值化」及「永續化」等六大功能，這六大功能促進了個人的成長發展與人類文化文明的傳承創新、永續發展。「成熟化」係指生理與心智的成熟程度，當前的學校教育機制長達十六年以上，是每個人從幼稚到身心心智成熟的主要時期，教育則是促進成熟的主要媒介。「知識化」係指教育是帶給每一個人知識基模建構、重組與提升的主要途徑，受教育愈深的人，其知識化程度愈深。「社會化」係指教育在協助每個人由「個人」到「社會人」的發展歷程，人與社會能否完全結合，人盡其才、才盡其用，需要教育的主導與調節，方能促成。「獨特化」係指教育在激勵每一個人社會化同時，形塑自主的價值選擇與行為表現風格，會自主發展成「獨特人」。「價值化」係指教育在教「人之所以為人」，教育的歷程就是在促成每個人生命願景的自我實現，自我實現的人生最有價值。「永續化」係指教育扮演了繁衍後代、傳承文化、創新文明，帶著人類永續發展的角色功能。這六大功能說明了教育促進人的發展，使人成為「成熟人」、「知識人」、「社會人」、「獨特人」、「價值人」與「永續人」，其關係結構概如圖5-1所示。

　　教育在教「人之所以為人」，以「人」的圖像作隱喻，原生的人隨著時空成長發展，期間與教育交織融合進行成熟化、知識化、社會化、獨特化、價值化與永續化歷程，促成大家理想的人；大家理想中的人，也就是成熟人、知識人、社會人、獨特人、價值人，並且是永續人。「成熟人」

圖5-1 人與教育發展的六大功能關係結構圖

與「知識人」靠近雙腳部位，是教育發展的基礎；「社會人」與「獨特人」靠近雙肩的部位，是教育發展的主要成果；「價值人」靠近頭部，是教育發展歷程中，發動「自主抉擇」作用的樞紐，增益「社會人」的同時，不失「獨特人」的均衡；「永續人」靠近生殖部位，象徵「繁衍後代」與「傳承創新」的永續脈絡。

🍀 二、組織的發展與教育

組織的發展與教育的關係，可以從三個面向分析：「學校的發展」、「教育行政組織的發展」與「一般公司行號組織的發展」。

「學校的發展」是一種「計畫化」、「制度化」的歷程。概括而言，在遠古時代，教育即生活、生活即教育，教育是求生存的必然作為，談不上「計畫」或「制度」。教育組織的發展到了「私塾」時代，已呈現「半計畫」的型態，教師是師爺，由教師決定課程、教學方式與作息時間，沒有像今日學校制度的嚴謹，但已有部分規律可尋。迄今的學校教育是一種「完全計畫」（體制完備）的教育型態，從學制、課程、設施、教師素質要求、學期日課表等，均可觀察到「完全計畫」的教育發展現況。

教育行政組織的發展受到國家政治組織的影響，「中央集權制」與「地方分權制」交互為用。就我國的發展情形而言，清朝以前為「帝國專制時期」，素來為中央集權制的教育組織，民國初年，孫中山先生標榜「均權制」的教育組織，而今臺灣時期的教育行政組織，係配合民主憲政體制的實施，《教育基本法》的頒布與規範，趨向「地方分權制」發展，國民基本教育階段十二年由地方主管，高等教育以上由中央（國立）主管，中央「教育部」與縣市「教育局（處）」之關係由其首長節制，非「一條鞭」之密切關係。教育行政組織彰顯地方自治精神。

一般公司行號的教育組織發展因受學習型組織理論的影響，幾乎在上百位以上員工的公司行號，均會設置「文化教育部門」，規劃安排員工的在職進修，帶動員工進入學習狀態，促進個別員工增能及組織增能，進而提升公司行號產業的競爭力。近來，有更多具一定規模的公司設有「知識長」，由知識長帶領公司的「知識研發與管理」，充分反映「知識經濟時代」與「組織學習」的結合。

三、教育發展説的探究

「人」及「組織」的發展與教育關係密切，在教育領域上，探討「發展」的意涵更具個殊性。教育發展説的概念型定義是：「係指教育的實施，促進人的發展、組織發展，教育是『人』與『組織』發展的關鍵因素，教育經營得好，人的發展才能『自我實現』，組織的發展也才能夠達成『營運目標』。」至於教育發展説的操作型定義，本書主張教育在促進「學生核心能力的發展」，教育在促進「教育人員職涯志業的發展」，也在促進「教育組織的發展」。

從教育研究的學門觀察，教育與發展有關的學門，包括：「兒童發展與輔導」、「青少年心理學」、「成人教育」、「特殊兒童診斷與治療」、「發展生理學」、「發展心理學」、「組織行為」、「團體動力學」、「組織變革與發展」、「學習心理學」、「教學原理」、「學習型組織理論」等，本書所採用的操作型定義，即這些與發展有關之研究學門「知識基模」的系統重組。

四、教育發展説的運用

教育發展説的運用較為顯著者，有五：(1)掌握學習關鍵期：配合學生發展階段，提供最合適的學習素材，避免時過然後學、勤苦而難成；(2)順性揚才，日有所進：學生的智能結構與強弱均不相同，教與學的歷程在順應學生的性向和興趣，促進優勢智能明朗化；(3)提供符合學生認知發展的教材內容與教學方法，避免揠苗助長；(4)教師與學生的發展同樣重要：教育人員的生命願景與教育志業，充分自我實現，才得以提供永續性的高品質教育；(5)學校組織的優質發展進一步帶動教師及學生的優質發展；教育機制精緻化之後，教師及學生的發展均得以邁向優質卓越。

第二節　增益學習者的健康發展

就個人而言，如果沒有「教育」的輔助，自然發展結果有可能是「健康的」，也有可能是「不健康的」。在現代文明國家，基本教育不斷地延長年限，高等教育日益普及化，社會教育與終身學習結合，其目的均在藉由教育的輔助，增益學習者的健康發展，避免個人的發展陷入僵化或遲滯與偏差。教育機制伴隨著人的一生，調節個人的身心靈均衡與社會的關係，發展生命願景，促進自我實現，維護健康與精彩的人生。

一、教育與成熟人的發展

成熟人的要件有三：「生理發展度」、「心智發展度」與「體適能適配度」，均應在常人平均值的正負一個標準差範圍之內。生理發展度最明顯的特徵即人的身高與體重，心智發展度可參照 Piaget 認知發展論及 Erikson 發展任務論的主張，體適能適配度已有標準的模式（BMI 值與心耐力＋肌耐力＋爆發力＋柔軟力）可資測量演算、參照比對。三者均在「常態」範圍之內，才是真正的成熟人，或者符合該階段學習者的成熟度。研究者嘗試以國人的平均身高、體重為基礎，將學制中的主要年段做為界線，表5-1呈現一個標準差之內的「合理成熟度」參照表。

二、教育與知識人的發展

「資料→資訊→知識→智慧」是教育對人產生實際影響功能的實體，人的一輩子都在接受教育、都在學習，但在面對全球化浩瀚無涯的「資料」與「資訊」時，如何轉化成自己擁有的「知識」與「智慧」，才是教育的「本質」與「價值」。幾乎所有的「教」與「學」，都在協助學習者進行「知識基模」的「系統重組」，知識基模系統重組的結果，在達到每一發

表 5-1　學習者成熟度參照表

	平均值		成熟區間		心智任務
	身高	體重	身高	體重	
幼兒期（5 歲）					●感覺動作期 ●主動＆退縮 ●無律＋他律
兒童期（11 歲）					●具體運思期 ●勤奮＆自卑 ●他律＋自律
青少年期（15 歲）					●形式運思期 ●統整＆混淆 ●他律＋自律
青年前期（20 歲）			〈±1 個標準差〉		●形式運思期 ●統整＆混淆 ●自律為主
青年期（30 歲）					●形式運思期 ●親密＆疏離 ●自律為主
青年後期（40 歲）					●親密＆疏離 ●自律為主
壯年期（55 歲）					●充沛＆頹廢 ●自律＋他律
老年期（70 歲）					●無憾＆絕望 ●自律＋他律

註：體適能（適配度）＝ $\dfrac{\text{心耐力}（800M）＋\text{肌耐力}（仰臥起坐）＋\text{爆發力}（立定跳遠）＋\text{柔軟力}（前彎）}{\text{BMI 值}＝\text{體重（公斤）}÷\text{身高（公尺）}÷\text{身高（公尺）}≥30 (18.5)}$

展階段知識能量的要求標準。基本教育階段，我們稱為「追求知識的人」，在大學畢業以後，我們就稱之為「知識分子」。

知識人的發展指標，在國民基本教育階段，要以「課程綱要」所揭示的「十大基本能力」的知識表現水準來參照衡量，在高等教育階段，則可依「學士」、「碩士」及「博士」的知識探索層次來區隔衡量。鄭崇趁（2006a）認為，大學生的知識追求在「建構知識」，碩士生的知識追求在「活用知識」，博士生的知識追求在「創新知識」。建構知識是指，大學生經過專門系所的教育之後，其專門專業知識是有系統結構的，也就是有「一套」的；有一套專門知識的人，我們就稱之為知識分子。

活用知識指碩士生的學習與論文撰寫在尋求「理論」與「實務」的密切結合，結合情況愈佳者，愈能彰顯知識分子活用知識的價值。創新知識是指博士生的教育成果與發表，在重新註解，再補充現有的知識系統，甚至開展新穎的知識基模，讓人類知識的傳承具有時代性，帶動社會文化的永續發展。

因此，知識人是教育的目的之一，「知識化」是教育對人產生的主要功能之一，在基本教育階段，國小、國中、高中注重人受教育之後「知識化」的達成程度，在高等教育階段，則隨著學士、碩士、博士之高階知識性質的區隔，關注「知識人」角色扮演的職能。

❀ 三、教育與社會人的發展

「社會化」也是教育的主要功能之一，教育在協助每個人能夠與社會融合，而逐漸成為一個「社會人」。社會人也是發展而來的，必須符合下列四個要件：(1)溝通無礙：尤其是語言能力，必須達成個人與其所處的社會其他人之間溝通無礙；(2)知識交流：社會是不同人的組織系統所建構，不同系統的人要有共同的知識交流，才能形成真正的生活系統；(3)職能互

補：社會文化的發展建立在「百業分工」的基礎之上，每一個人受教育的成果展現在其志業職能之上，職能互補能促成百業興隆，而產生新的社會文明與文化；(4)自我實現：「人之所以為人」的最大價值在自我實現，人的自我實現要社會認同才有價值，因此社會人的最崇高意涵，是指社會中的每個人都是能夠自我實現的人。

教育的「教」與「學」活動，本身就是一種社會化的歷程，隨著時代脈絡與社會變遷不斷調整其型態與內涵，讓多元社會系統的人與人之間能「溝通無礙」、「知識交流」、「職能互補」、「自我實現」，形成真實的「個人」（自我），同時也是具有社會價值的「社會人」。

四、教育與獨特人的發展

教育除了在幫助人的「社會化」之外，也同時在成就人的「獨特化」，所謂獨特化就是每一個人都有「獨自特有的自我」，自己雖然是社會人，必須過著與大多數人同樣的生活形式，但自己仍然有著自己與眾不同的社會面向與實質內涵，獨特人指的就是人類群居生活中的個別化與個殊化。

獨特人的個殊化程度差異性頗大，有的深：「特立獨行」，有的淺：「盲從附和」，有的時深時淺：「平常隨波逐流，關鍵時刻走自己的路」，獨特的深化程度及普遍性與教育內涵關係最大，教師的身教示範及課程教材價值取向，是導引獨特人的人格形成與表現的潛藏因子。我們通常會從下列四個面向觀察人的個殊化程度：(1)性向興趣：對某一部分知識與藝能的喜好程度；(2)生活態度：有的積極入世，有的遠離塵囂，自得其樂；(3)知識能量：有人僅能自食其力，有人能為百十人服務，有人能為千萬人服務，能量水準有別；(4)品味風格：在獨處與群居生活動態中，展現出個人特有的行為表現型態，稱之為品味風格；品味風格來自知識分子社會化歷程中，價值抉擇的成果。

🍀 五、教育與價值人的發展

教育也在教人的「價值選擇」以及「價值形成」，R. S. Peters 的教育三大規準：「認知性」、「自願性」以及「價值性」，其中「價值性」強調，教育的內容必須要對人產生直接或間接的價值，教育學與哲學及物理學的區別在於，物理學及哲學僅介紹客觀的知識，是一種「價值中立」的學門，然而教育學是一種具有「價值取向」的學門，它的方向就是開展人的更大價值。

價值人的觀察具有相對性，同樣的知識和同樣的事務，在不同人的身上就不一定有相同的價值，有時在同一個人身上，只因時空有別，價值性也會產生落差。當此後現代社會，多元價值併存，教育對人所產生的「價值化」功能更是多元而繽紛，處處是亮點，也到處是弔詭。

約略而言，教育對人「價值化」的功能，可以從下列五個指標觀察：(1)意義度：教育活動本身或習得之知識對當事人具有意義的程度，也就是有正向助益的價值；(2)尊嚴度：人類的尊嚴價值高於一切，教育在提升個人活在群體社會中的尊嚴度；(3)實現度：自我實現是人的最大價值，教育在幫助每個人的自我實現，個人的實現度反映教育的價值化程度；(4)貢獻度：人的價值也可以從其對社會人群的貢獻度觀察；(5)影響度：造福社會，並帶給人群高品質的生活，稱為貢獻度，創發理論軌跡，帶動人類的生活脈絡，叫做影響度，影響度也是人類最崇高的價值。「價值人」是指活得有意義、有尊嚴的人，「價值人」是指一個充分自我實現的人，「價值人」更是一位具有貢獻、有影響力的人，這些都是教育帶給人「價值化」的成果。

🍀 六、教育與永續人的發展

繁衍後代、永續經營，是人的神聖使命之一，身為人，就要傳承文化、

創新文明，並且繁衍後代，永續內涵的豐富度與精緻度。教育帶動科技文明，讓人的生活一代比一代豐富多彩，教育也能有效知識傳承，讓人的智慧一代勝一代，彰顯精緻品味。

　　永續人與教育的關係可從下列四個指標觀察：(1)生育率：人要有後代，才得以傳承創化知識文化；(2)知識量：個人的知識量與族群組織的知識能量是永續傳承的基礎；(3)教育度：尤其是基本教育年限及高等教育普遍化程度，則是永續人的重要參照指標；(4)回流化：在職進修機制愈是受到人們的歡迎，多數的人會選擇回流教育來強化自己永續發展的能量。

第三節　豐富教育人員的志業發展

一、生命願景

　　教育人員的對象，概指教師、校長及教育行政人員。教育人員會立志從事教育服務工作，多數是因在本身接受教育的歷程中得到感動或重要的啟發：有的因受到老師身教的影響，立志要像師尊一般，一輩子春風化雨；有的感念教師對自己的拉拔與扶助，下定決心學習老師，長期奉獻教育的助人服務工作；有的人因為體認教育的重要性與價值性，就一輩子投入，從教育層面耕耘，追求自我實現，擴展自己對國家社會的貢獻與價值。

　　教育人員的生命願景概可分為下列三類：教育大師、學校經營領航人，以及教育政策規劃家。教育大師是一般學校教師及研究者的共同願景，大家都期待自己就是一位名副其實的教育家，被推崇為教育大師。能夠被尊稱為教育家的大師，通常要有兩大條件：一者其教學工作表現卓越，能帶給學生知識的傳承與啟發，貢獻卓著；或者有教育經典名著傳世，將教育核心知識，以個殊化系統重組，帶給師生探索知識的議題與方向。

學校經營領航人係指學校教師中兼任校長及主任或行政幹部人員，這些教師出身而兼任行政工作的教育人員，其生命願景往往設定在「經營優質學校，領航教育發展」，期扮演有效執行政策、領航教育的角色。領航人的角色內涵除了本身是優質教師出身外，亦需具備兩大要件：一者能夠有效融合教育學與管理學的專業知能，具備統整判斷、計畫管理、溝通協調、實踐篤行等核心能力；再者能夠樹立領導服務的觀念與作為，以提供專業服務的行動來領導原本鬆散結構的教師組織，實踐經營目標。

教育政策規劃家係指教育行政單位之行政人員，教育行政人員是在從事政策規劃與執行的工作。行政人員的生命願景顯現在兩大層面上：(1)自己的教育理想及理念，透過政策規劃與執行，普遍實施，以充分自我實現；(2)國家的核心價值，經由中長期教育計畫的策訂與實施，促成實踐。因此，教育行政人員必須經過國家高考的淬鍊選拔，以確保其教育專業素養，也應常與學校教授、教師交流互動，增進教育政策，符合學校需求。

🎗 二、培育歷程

我國的教師培育制度素來嚴謹，目前的基本教育階段師資條件要求，有五：(1)大學畢業（學士學位）以上；(2)修畢教育專業學程（小學四十學分、中學二十六學分、特殊及幼教各四十學分）；(3)完成半年以上的教育實習；(4)通過教師資格檢定考試，取得教師證書；(5)通過學校教師遴選，始得獲聘為正式專任教師。近年來，教師資格檢定報考人數每年約近一萬人，通過率在 55～60%之間，目前約有五萬名儲備待聘教師（已取得教師證書，尚未獲聘為正式教師），就臺灣有限的市場規模與儲備教師數量比對觀察，獲聘為正式教師著實不易，因此教師素質頗高。

高等教育的師資培育以研究為導向，「博士學位」已為爭取獲聘大學專任師資的基本條件，目前國立大學系所專任師資一出缺，動輒三十位以

上國內外博士申請應聘，多數學校均籌組三級教評會（系所→學院→校級），經過三階段遴選審議，才得以獲聘，多數能夠獲聘為大學專任教師者，除了博士學位外，仍要有下列三個輔助要素：(1)專長與系所需求符合；(2)研究成果與發展著作表現卓越；(3)學術專長與教學成果已累積渾厚資望。

　　我國教育人員的培育歷程具有下列幾項發展趨勢：(1)國民基本教育階段：①將檢定考試調整為國家高考，考用合一；②先考取再實習，實習內容碩士化與領域化；③公費實習制（一年），並以領域認證分發；④領域認證與碩士化結合，十年內全面提升中小學師資碩士化比例達80%以上；⑤實施教師評鑑與逐步推動教師分級制；(2)高等教育階段：①大學教務處設「教學發展中心」，協助專任教師提升教學品質；②落實教師評鑑，督促教師兼重研究、教學、服務目標任務之達成；③推動教學卓越計畫與教師彈性薪資制度，激勵專任教師在教學與研究上的傑出表現；④鼓勵推動國際教育，促成全球在地化、在地全球化教育的實踐。

三、志業發展

　　教育人員的志業發展有以下四條軌跡可循：(1)教師→主任→校長；(2)講師→助理教授→副教授→教授；(3)委任→薦任→簡任；(4)菊級教師→竹級教師→蘭級教師→梅級教師。就第一軌而言，這是一般中小學教育人員最常用的生涯發展脈絡，中小學教師任教五年以上、有組長經歷者，即可參加主任甄試，通常在擔任教職十年左右，能夠晉階擔任主任，再十年左右，能夠晉階擔任校長，這是頗為理想的志業發展。

　　就第二軌而言，係指當前高等教育教師的進級機制，大學的專任教師分四級：講師、助理教授、副教授、教授。有碩士學位之專任教師從講師起聘，有博士學位之專任教師由助理教授起聘，凡專任教師同一位階滿三年者，得以教學及研究著作申請升等，目前各大學均要求教師升等與教師

評鑑結合辦理，專任教師同一位階每四年或五年必須接受教師評鑑乙次，凡是申請升等審查之教師須先通過教師評鑑。目前教師評鑑機制日益精緻化，教師升等的條件要求也日愈國際化。

就第三軌而言，係指教育行政人員的升遷軌跡，依據當前的國家文官制度，國家普考及格人員從委任起聘，高考及格從薦任起聘，甲等特考及格從簡任起聘；委任包括三至五職等，薦任包括六至九職等，簡任包括十至十二職等，十三職等以上為特任官。委任職行政人員係教育政策的執行者，薦任職行政人員則為教育計畫的擬訂者與推動人員，簡任職行政長官則是教育政策的主要規劃者。

就第四軌而言，係研究者為現行中小學教師分級制度假設性的職級名稱，主要原因有三：(1)梅、蘭、竹、菊稱四君子，原本就是教師的代稱，在沒有更妥適的職稱出現前，似可採用；(2)使用梅、蘭、竹、菊來區隔教師職級，家長及社會人士不易辨識，可減少標籤作用與家長挑選教師的困擾；(3)教師分級如能結合專業表現、薪資差異及教師評鑑的實施，確為教師志業發展的生涯進階，時機成熟定可實施。

🍀 四、價值實踐

價值實踐是教育人員志業發展最崇高的目標，教育人員本身擔任的教師、教授或行政職務有機會發揮自己的專長，用自己的教育理念及核心價值來教學授課，辦理教育事務，就是自己的自我實現，就是教師及學生的價值實踐。隨著各種職能與對象的區隔，教育人員持續地促成「人」的價值實踐、「組織」（學校）的價值實踐，甚至於整個「國家社會」的價值實踐。在臺灣教育發展精緻化、國際化之後，我們的教育也是「輸出」的亮點之一，可能有不少的「遙遠他鄉」也在實踐臺灣教育的核心價值。

第四節　教育組織的發展脈絡

　　影響教育組織發展的因素有六：(1)國家社會經濟水準的發展，例如：臺灣處在每年國民所得平均二萬美元往三萬美元的發展階段；(2)全球化的交流與學習；(3)市場化價值取向的發展脈絡；(4)傳統文化意識型態的傳承；(5)教育經營與管理理論的催化；(6)教育領導人的教育理念與政策主張。這六大因素交互作用、整合發展，導引著學校組織、教育行政組織、文教機構以及教育公益團體，呈現出下列幾項發展取向。

一、行政組織的發展取向

　　臺灣的教育行政組織，順應「地方自治條例」的規範，向來採二級制，尤其在 1998 年凍省、2010 年五都選舉、2012 年中央部會組織再造、2014 年延長國民基本教育十二年之後，二級制型態愈益明顯，整體而言，具有下列六大發展取向：

- 直轄市教育局及縣市教育局（處）主管十二年基本教育，中央教育部主管高等教育。
- 特殊教育與學生輔導結合，成為重要的行政組織單位，規劃推動弱勢族群學生輔導政策。
- 計畫與評鑑機制受到相對重視，教育行政組織中單獨設置綜合企劃及評鑑考核單位。
- 國際教育行政組織擴大編制，因應日愈活絡的國際交流教育需求。
- 行政服務科技化，配合資訊科技發展，提供更便捷、精緻、效率、高品質的行政服務。
- 審議機制「諮議化」，中央教育部長及地方局（處）長均為首長制，《教育基本法》規範之「教育審議委員會」，其實質功能僅為「諮

議」性質。

二、學校組織的發展取向

前述教育行政組織六大影響因素中，對於各級學校而言，教育組織理念與管理學經營理論發展，相對明顯，例如：目標管理、最適經營規模、本位管理、賦權增能、績效責任、扁平化組織、變革領導、知識管理、學習型組織理論、教導型組織理論等，日漸被學校領導人採行，並運用在學校組織的調整與發展，產生了具體的學校組織變革。約略而言，學校組織有下列六大發展取向：

- 運用最適經濟規模經營學校，是以都會區中小學適度小班小校，而偏遠小型學校則進行整併，大學規模太小者亦實施整併。
- 學校設研究發展處，強化知識研發、計畫經營與知識管理。
- 學校建置自我評鑑機制及意見回饋系統，持續改善教育服務品質。
- 大學法人化或自主管理，中小學公辦民營學校比例日益增加，實驗不同型態的教育資源整合與績效責任機制。
- 學校行政人員非公務員比例增加近半，以專案計畫人員方式進用，較符合學校行政彈性需求。

三、文教機構組織的發展取向

教育正式組織（學校）精緻化、文教機構（非正式組織）普遍化是教育發展可觀察的主要脈絡。文教機構包括文化、教育、運動競技、休閒活動的學習等有關場館與設施，由於政府已頒行《終身學習法》，結合知識經濟時代及科技現代化衝擊，臺灣的文教組織將具有下列幾項的發展取向：

- 空中大學及社區大學將扮演更為積極與重要的社會教育角色。
- 文教機構結合休閒體能技藝，提供國民多元學習進修與休閒養生教

育。

- 文教組織法人化比例增加，確保輔助的教育品質具有一定水準。
- 公私立文教機構除了增加開設各類型教育班別外，多成立各種學習型社群，活絡運作。
- 文教機構增加與國內外學校教育單位的策略聯盟營運。

四、公益團體組織的發展取向

教育事業是提升國人素質的關鍵行業，除了正式組織的學校、非正式組織的文教事業機構，還有很多的個人及公益團體組織關心教育事業，將其人力及資源投入教育領域，希望整個國家的教育系統更為健全活絡，為國家的人才培育善盡心力。概略而言，臺灣的教育公益團體組織具有下列幾項的發展取向：

- 文教財團法人數量倍增，運用法人基金會的型態資助教育工作，形成一種風潮。
- 社區家長志工參與學校半專業教育服務工作日愈普及，一般中小學多數有三十至一百位志工協助。
- 宗教團體投入教育事業更為普及，有的出資辦學校，有的派遣志工團隊進入學校義務協助。
- 公益組織運用專案計畫，結合學校教育單位促進教育發展。
- 學校教育專業人員與公益團體結合，策訂輔助教育發展方案。

第六章　品質說

　　全面提升教育品質，帶好每位學生，是當代人類的共同心願，用現代的企業經營與管理理論的論述，就是大家的共同願景，「品質」也就形成為教育的核心價值之一。教育組織（以學校為主）的經營，也可以藉助企業組織經營的理念與理論來提升教育經營的品質。全面品質管理理論流行於企業組織之後，其理論特質：「以客為尊」、「策略規劃」、「團隊合作」、「教育訓練」、「事前預防」、「持續改進」等，已逐漸引進教育領域，也為教育的「品質說」得到更為統整而周延的界定。唯有促進教育品質的持續提升，並且管控在一定的標準之上，才符合教育經營的本質功能。

　　本章分為四節論述：第一節「品質說的教育意涵」，兼敍經營教育品質的研究與發展趨勢；第二節「強化教育機制的品質」，以教育投資、教育設施、本位經營及績效成果，來論述教育背景及輸入面向的品質經營指標；第三節「關注教學歷程的品質」，從執行面向的教育品質經營主軸，回歸到教師與學生之「教」與「學」歷程的檢視與配套；第四節「評鑑學習成果的品質」，從結果面向強調教育品質經營，應落實在學生基本能力、滿意程度、展演與實物作品品質的持續改善。

第一節　品質說的教育意涵

一、品質的意義

　　品質（Quality）是一種主觀感受與相對性的名詞，最開始用它時，指

的是「物」的品質，例如：物美實用，就是指好東西的品質；後來用到「事」的品質，例如：完成任務、歷程圓滿，就是辦好事務的品質；最後也用到「人」的品質，例如：身心健康、人際和諧、績效卓著，就是人的好品質。「品質保證」是目前企業界流行的行銷用詞，頗能打動人心，在產品（物）的價值詮釋上具有相當的標示作用；最近教育界的各級學校評鑑，也都在強調「品質保證」的回饋與「持續改善」機制之布建。品質保證的教育也已成為學校經營的明確檢核（評鑑）指標。

品質的意涵，「人」、「事」、「物」各有不同，但仍有三個共同觀察的元素：「標準」、「目標」與「質感」。就「物」而言，東西的本身要符合標準的成分，要有實用的功能，要讓人的感受是美的、有質感的，此之謂有品質的東西。以「事」而言，任何事物均有其任務目標，都有最佳的作法（標準作業程序），如果這些都完成了，並且所有參與的人都感到滿意，有意義又有價值，此之謂做事有品質。「人」的品質最難界定，但所有的人均有其職涯志業，我們要從此人是否具備其任職行業的「基本素養標準」，能否承擔組織工作目標，以及在其服務歷程中，同仁與服務對象的滿意度及感受好壞，來綜合評斷此人的品質。

因此，研究者對品質的定義是：「凡是人、事、物組成元素或條件達到既定的標準，並能夠完成本身任務的目標功能，且讓參與的人具有滿意及美的感受者，稱為品質。」唯人的品質衡量指標偏重「學養」與「人品」；事的品質衡量指標偏重「績效成果」與「歷程滿意」；物的品質衡量指標偏重「物美」與「質精」。

二、教育品質的界說

教育領域的「人」，指的是學生、教師、教育行政人員，以及教育領導人，「教育人」的品質好不好，學生要從「基本能力」是否符合標準、

「學習歷程」是否快樂健康、「情意表現」是否常態高潔來判斷；教師則要從「培育資歷」與「核心能力」是否達到標準要求、「教學歷程」是否達成教學目標、「績效成果」是否自己認同並且學生滿意做為判準；教育領導人及教育行政人員則要從「核心能力」是否與己身職務適配、「執行工作」是否能夠及時完成任務目標、「績效成果」是否帶動組織新的發展或實質地提升教育品質來觀察。

教育領域的「事」與一般企業公司的生產線不同，而且差異很大。一般企業公司生產的是產品，是「物」，教育的對象是「學生」，是「人」，教育領域的「事」指的是「教與學」歷程中的核心工作，包括：「課程設計」、「班級經營」、「有效教學」與「輔導學生」。CIPP評鑑模式從背景（context）、輸入（input）、過程（process）、結果（product）來檢核教育事務的品質，是當前全世界通行的教育品質管理方法。

教育領域的「物」指的是除了「人」以外，與教育攸關的資源，包括：「環境設施」、「教學機具」、「文史資源」、「自然科技」、「典章制度」等，這些與教育有關的資源品質，要從下列四個指標觀察：(1)量是否足夠，能滿足教育單位的需求；(2)質是否精良，具有實用價值；(3)「統整運用」是否妥適，所有資源均能「物盡其用」；(4)「創價水準」是否符合預期，亦即對學生與教師產生的教育價值是大家所認同與滿意的。

三、經營教育品質的研究

評鑑是教育品質管理的手段與方法，教育評鑑的發展是經營教育品質研究的主軸，因此學校評鑑、校務評鑑、課程與教學評鑑、教師評鑑、校長評鑑、主題教育事務評鑑、學校設備基準檢核，以及學生基本能力檢測等一系列的評鑑策略，追根究底，其目的均在從不同的教育層面，設法提升教育品質。

與教育品質研究有關的學門，除了教育評鑑之外，尚有「學校效能研究」、「教育品質管理研究」、「教育人員核心能力研究」、「課程與教學研究」、「教材編製研究」、「教育行政學」、「教育管理學」、「教育經營學」、「校長學」等，這些研究針對教育機制的核心事務，提供「本然」與「應然」的「目標任務」、「標準歷程」以及「質感成果」之指標水準，為教育的「品質保證」奠定基石。

四、教育品質說的發展

「教育品質管理」已列為大學教育的正式課程，經由大學教授的大學生（研究生）持續地討論、研究、深耕、實踐，加上品質管理學說與理論的創發，將為教育品質說建構更為精密的知識基模與系統，理論結合教育實務更加慎密，產生出更大的教育價值。教育品質說呈現下列幾項發展趨勢：(1)人的品質研究優先於教育事務品質的研究；(2)教育歷程的品質研究重於教育結果的品質研究；(3)「合理的教育投資」與「最適經營規模學校」的經營理念將逐漸被接受，因背景及輸入因素是確保教育品質的基礎；(4)認可制的教育評鑑風行全球，品質保證的教育是人民的共同願景；(5)教育品質標準國際化、國家化、地方化層次分明，教育領域的「人」、「事」、「物」品質標準均有具體參照指標；(6)教育品質是學校競爭力的代名詞，也是學生選擇學校的首要考量因素；(7)全面品質管理、智慧資本理論、績效責任理論、PDCA 模式及 CIPP 模式將整合主導教育品質說的發展。

研究者（鄭崇趁，2012）曾發表〈從智慧資本理論看教師評鑑的內涵〉一文，認為教師接受評鑑僅是手段，評鑑的實施要能夠啟動教師有效的智慧資本，提升教育品質才是真正的目的，是以教師評鑑應重視「核心能力」＋「認同程度」＋「績效表現」的品質檢核，整體結構如圖 6-1 所示，並且初步建構25個檢核指標，以為參照，或許可為此一趨勢脈絡稍作註解。

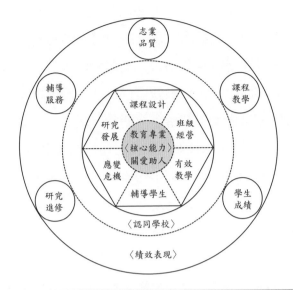

圖 6-1 從智慧資本理論看教師評鑑的系統結構

第二節 強化教育機制的品質

　　教育機制泛指基本的教育型態與配備，也是系統化教育資源的統稱；教育機制也是品質判準的基礎元素，教育機制運作順暢通達是提升教育品質的起點。本節從教育投資、設施基準、本位經營以及績效責任等四個面向，論述提升教育機制品質的作為。

一、足量的教育投資

　　品質建立在相對期望的標準之上，品質標準的設定與整個國家的社經水準發展程度攸關，國民年平均所得一萬美元以下的國家，其整體教育機制的品質標準，不能與高所得國家（如美國、英國平均四萬美元以上）等同齊一。我國的國民年平均所得正值二萬美元至三萬美元之間，是開發中國家進入已開發國家的關鍵發展階段，「教育品質」更是扮演催化觸媒的

角色任務，如果教育機制的品質維持在高階標準，各行各業之人才培育均能人盡其才、才盡其用，則臺灣將在近期內成為名副其實的已開發國家。

　　教育改革的訴求在臺灣歷久不衰，象徵著國人對於「教育品質」並不滿意；改革訴求的時間愈長，代表教育機制的品質改善有限，整體產出的教育成果與國人的期望水準仍有落差。研究者認為，「教育投資不足」是造成此一現象的重要因素，依據個人職務之便長期觀察心得，近二十年來，政府對於國家教育的整體投資，每年約短缺三百億元，正所謂巧婦難為無米之炊，教育工作者每年必須要為這三百億元的資源費盡心力，影響了教育品質的實質提升，也就難以滿足國人的期望。

　　《教育經費編列與管理法》已明確規範國家教育經費預算的編列標準，教育經費應占國家前三年預算收入總額平均之 22.5%以上，期望今後能夠依法如實編列，並且優先用在延長十二年國民基本教育、中小學學習弱勢學生補救教學計畫、《學生輔導法》通過之後的「學校輔導機制」之建立，以及「大學國際化標準」教育的推動之上，協助各級學校有足量的資源，強化教育機制的品質。

二、標準的資源設施

　　當前的教育機制屬於計畫教育，學制為人民規劃了學習階梯，課程綱要規範了學校教育內容，師資條件要求確保施教者的基本素養，至於環境設施及教育資源，雖有各級學校「設備基準」之頒布，然學校之間差異頗大，亦成為大家未及關切的面向，影響了教育機制品質的標準化。

　　強化資源設施標準化的措施，概要有五：(1)定期修訂各級學校設備基準，務必使設備基準符合時代脈絡；(2)依據學校規模，策訂學校百項重點資源配備；(3)每五年派專人訪視檢核百項重點資源配備，並蒐集師生實際使用情形；(4)訂頒各項重點配備基本使用率；(5)學校校務評鑑時，將重點

配備使用率分析表提供評鑑委員參考。

三、自主的本位經營

　　從品質保證的主要機制──「評鑑」之發展脈絡觀察，目前已進入第四代的評鑑世代，稱為回應性評鑑（responsive evaluation），對應的評鑑模式稱為顧客導向評鑑模式，也就是受評的單位可以自訂指標，自訂評鑑方法與歷程，對於評鑑報告的結果呈現也可以說明或表達不同意見。所謂回應性或顧客導向評鑑最大的特質，即「品質的意涵與標準」受評者是可以自主詮釋的，當然其詮釋的結果要與公開的指標及標準參照比較，並且由評鑑委員做價值判斷。

　　因此，學校自主的本位經營以及自我評鑑機制的常態化，將是今後學校教育品質保證的重要發展趨勢，從學校教師自主選擇教科書、學校發展本位課程及特色課程、教育精緻化程度較領先的縣市，相繼推動「優質」、「卓越」、「特色」學校認證，尤其是臺北市在2008年起由教育局吳清山局長主導推動的「教育111」（一校一特色、一生一專長、一個都不少），以及高等教育階段的教學卓越計畫，皆是經典範例。

四、責任的績效成果

　　美國1964年推動的「初等及中等教育法案」，促進教育評鑑的普及化；2001年的「沒有落後孩子法案」，運用「績效責任」則成為學校教育品質保證的新趨勢。績效責任強調下列三個特點：(1)經費補助與經營責任標準合一；(2)教育經營者（學校、校長及班級教師）要直接負責其教育績效，達成既定標準；(3)學校或班級學生的績效成果達到標準就是教育品質保證，經營者具有持續經營之職責。

　　今後學校教育的品質保證，將強化下列四種「教育人員」的直接責任：

(1)學校教育領導人（校長）負責專案教育計畫執行的績效責任；(2)系所主管或導師負責系所（班級）經營的績效責任；(3)一般教師負責任教學科（領域）學生的績效責任；(4)就品質保證的績效責任觀點，學生學習落後應由原授課教師擔負補救教學責任，直至學生達到認可標準以上。因此，績效責任繼本位經營之後，成為認可制學校或教師評鑑的品質保證機制。

第三節　關注教學歷程的品質

　　教學歷程的品質是 CIPP 模式最為關注的焦點，「教」與「學」就是教育事務的核心工作，教與學的品質均達到標準以上，才能稱為有品質的教育。教學歷程的主角是教師與學生，教師負責教與學內容的設計與進行的方式，雖然最後的教育成果呈現在學生身上，教師卻要負歷程品質的供給責任。為了提升教學歷程品質，本節從良師的角色，論述其品質保證之關鍵事務。

一、班級經營計畫與主題教學方案

　　「教師」是文明國家最尊貴的行業，因為教師擁有專業自主權，尤其是擔任學校工作，自主教學受到專業上的完全尊重，也因為如此，教師也應對教學歷程的品質負完整的績效責任。優質的教學必須先有班級經營計畫或主題教學方案，班級經營計畫是導師的責任；有品質的導師，一定能將自己的教學理念結合班級的常態教育活動、班級情境布置、正式及潛在課程、主題教育方案及班級本位特色等事務，規劃擬訂班級經營計畫，運用優質目標導向的班級經營，帶動品質保證的教育工作。

　　發展主題教學方案是一般教師（教授）的教學責任，大學教授要把課上好，一定要將所授的科目學門，發展成十個以上的主題教學方案，自主

教學才具有形式上的品質保證。中小學教育在 2000 年起政府推動九年一貫課程綱要以後，教師實施領域教學時，必須自編數個主題教學方案，併同選用的課本單元統整教學，讓學生習得完整的知識與能力。中小學教師的主題教學方案具有下列三種功能：(1)融合校本課程及特色課程；(2)統整跨領域學習課程；(3)結合在地資源，實踐課程統整。因此，發展主題教學方案，也是教學歷程品質保證的主要參照指標。

二、教學評鑑與行動研究

自發性的教學評鑑與自主性的教育行動研究，是提升教學歷程品質的重點工作，也是教師教學品質保證的重要方式。教學評鑑已有標準化的「教室教學觀察量表」可資運用，教師同儕之間交互自我評鑑十分方便。唯今後的教學評鑑會重視主題單元核心知識的教學是否落實，以及核心知識如何有效地教給學生（最適教學法的採行）。另外，「落後學生補救教材的編撰」及「正課時間中即時部分時間補救教學」的進行，也是另一種全面品質保證的機制。

自主性的教育行動研究，由教師們自行籌組領域教學的專業學習社群，以行動研究方法，發展領域課程設計、主題教學方案、輔助性媒體教材，編序「核心知識」教學步驟與程序，發展領域教師課堂教學自評量表，提供教師個人能夠自我檢核「核心知識」的教學及教學目標的達成程度。教師的專業學習社群以及行動研究將比現況更為普及而精進，是教師專業發展的主要動力，也是教師呈現教學歷程品質保證的有效機制。

三、形成性評量與補救教學

教學的品質要求所有的學生都學會核心知識，而現今在班級教學的型態之下，班上的學生是否全都學會了，是每一節課中，教師最關鍵的挑戰

與責任，是以每一單元的教學歷程中，安排一至二次的形成性評量，以及立即性的補救教學機制，即成為必要與常態的作為。形成性評量可在單元教學中的主要「段落」間進行，其目的在了解學生的學習現況，作為後續教學的參照，如果班上大多數學生均已達成階段性的學習目標，則進行後續步驟教學；如果多數學生學習成果尚不明顯，則設法作必要的複習（或改用另一教法），再繼續進行下一階段教學，如有個殊化學生需要補救輔助教學，則立即運用可行途徑，給予必要的「補足」或「協助」（如合作學習、個別輔導）。形成性評量是檢核單元教學品質的必要手段與方法。

「補救教學」一詞，在進入二十一世紀以後，臺灣的教育界才真正開始重視，在「帶好每位學生」、「一個都不少」、「教育社會的公平正義」訴求下，原本帶有消極意涵的「補救教學」，逐漸轉變為積極而關鍵的名詞。「補救教學」的概括性意涵，由「學校的補救教學」到「學生個人某一領域或學科的補救教學」，部分縣市的教育訪視評鑑已經開始要求「客製化補救教學方案」（個別化補救教學計畫），呈現一種活絡而必然的趨勢。

「補救教學」的深耕，需要下列四種輔助型配備：(1)核心知識的中介性教材；(2)關鍵性知能的個殊教學方法；(3)必要的教學輔助（媒材）；(4)補救教學時機的規劃與掌握。因此具有教學品質保證的學校，教育領導人（校長）會帶動全體教師，統整校內外在地資源，努力完成這些輔助型配備，計畫性落實補救教學，實現「帶好每位學生」、「一個都不少」的教育理想。

四、實踐目標與統整學習

實踐教學目標，學到帶得走的能力，是二十一世紀課程綱要所標榜的教育理想，如何將此一理想落實到學校的經營實務，是校長與所有教師的

共同責任。校長有責任領導行政幹部，規劃學校的總體課程設計，策訂主題教育活動，結合正式課程與潛在課程，發展學校本位課程與特色課程，編配教師專長領域教學，實施班級經營方案，提供全校學生最佳的統整學習型態，有效達成教學目標，實踐學校教育目標。

　　教師的專業責任展現在教室教學，每一堂課均能帶領學生進行有效的統整學習，除了快速擷取領域核心知識、技能外，其週邊跨領域的必要學能、情意發展，能夠平衡統整地對學生個人獲得最有價值的統整學習。有效統整學習的觀察指標有三：(1)教材內容精緻且具有跨領域銜接效果；(2)教師的闡述說明能夠實踐課程統整；(3)學習評量能夠反應核心知能與課程統整的結果。教師專業責任的展現也是教育品質保證的具體作為，學校學生能否有效統整學習，亦已成為教育評鑑新趨勢之一。

第四節　評鑑學習成果的品質

　　「物」的品質觀察相對容易，「人」的品質則較為複雜，教育的產品是「學生」，屬人，是以觀察其品質面向，至少應擴展為下列四個：「習得的基本能力」、「學習歷程的滿意度」、「與同儕相對的表現水準」以及「學習作品的品質」。本節依此四面向，闡述教育品質保證的應然作為。

一、實施基本能力檢測

　　一至十二年級的基本教育階段，應該實施每年度的教學領域「基本能力檢測」，其成績分別建立班級常模、學校常模、鄉鎮、縣市（或區域）常模、全國常模、個別成績及相對百分比，提供學生及家長了解，以做為學習檢討與求學規劃的參考；班級常模以上的成績與相對地位提供教師及行政人員參考，以做為教學檢討、準備教學方法及教材選擇上的參考，並

承擔績效責任。

全國性、全面性的學生基本能力檢測，部分的學者專家與教育工作者（尤其是教師）並不贊同，認為它有下列四個負面作用：(1)將教育完全分數化，讓教育無法跳脫「智育掛帥，升學補習」的洪流；(2)因為地區性文化不利因素，以學生成績來判斷教師的教育品質並不公平；(3)期待教師承擔績效責任，無形中導引教師以「物」對待學生，而非以「人」對待學生；(4)會催逼教師選擇好的學生，不要或不公平地對待不夠優質的學生。

雖然前述的負面影響可能存在，但在現代的資訊科技、電腦統計軟體、國家教育研究院的成立，以及中小學師資碩士化比例逐年提高以後，似乎可以統合解決這些問題，而讓學生基本能力檢測朝向正用而非誤用，例如：(1)由國家教育研究院結合學者專家與中小學優質教師，負責各年級各領域學生基本能力題庫之研發工作；(2)每一領域每一年級之題庫逾千題以上，由易而難排列，題目亦得公開自由使用；(3)每次檢測由學校自主公開操作電腦實施（選擇五十題施測）；(4)施測結果上傳國家教育研究院測評中心，取得各階層常模對照分數與百分比；(5)測驗之實施與數據運用，得劃分權限使用；(6)題庫每年更新率10～20%之間，前一年度之題庫得提供班級教師模擬測驗乙次；(7)因為全國學生進行普測，學生每年的起點行為均有客觀資料留存，得以比對年與年之間的進退幅度，責由任課教師擔負該年教學成果之績效責任，應屬客觀而合宜。

二、布建學習回饋機制

「學生學會該學會的知能」，是教學品管的檢核點，學生在學習的歷程中是否感覺愉快、受到尊重，滿意而有價值是另一個重要檢核點。就像經營具有品牌績效的餐飲服務業（例如：王品及陶板屋），除用餐時間提供全套標準作業流程服務外，每餐均對每一個顧客進行滿意度調查，蒐集

改善服務品質之意見。最近的大學校務評鑑及系所評鑑，評鑑指標均要求學校布建學習回饋機制，做為品質保證、持續改善的作為。

　　學校教育的學習回饋機制，宜布建下列三條系統：(1)領域教學系統：大學的每一門課、中小學的每一學科或領域，可進行期中及期末的學生滿意度調查；(2)主題教育活動系統：每一重要慶典及大型教育活動，均立即蒐集學生及參與家長來賓的意見反映；(3)行政事務系統：結合內部控制的服務系統，進行行政措施滿意度的意見調查。三大系統資料的整合分析與運用，是自我評鑑報告最佳的素材，也是學校教育品質保證的基石。

三、舉辦多元競賽活動

　　品質是相對同質或超越平均水準，校內外宜多舉辦各類藝文、運動、學術競賽或表演活動，提供學生展現學習成果的舞台，也驗證學生接受教育的相對品質水準。各類競賽活動應多元定期定量舉辦，教育競賽活動具有下列四大品質策進功能：(1)對個人而言，代表學習成果達到可以組隊參賽的品質；(2)如獲優勝，代表學習成果達到相對優秀品質；(3)如未獲獎勵，代表學習成果尚有改善空間；(4)對團體而言，大家共同練習準備，就是提高學習品質的重要策略。

　　學校多元競賽活動概可分六類以上，研究者參照國立臺北教育大學2012年的社團分類法提供下列模式，學校得自行選擇參考：

　　1.學術類：論文、作文、書法、學科、語文、科展等。

　　2.藝能類：音樂、舞蹈、踢毽、扯鈴、剪紙、園藝等。

　　3.運動類：田徑、體操、球類、跳繩、游泳、體適能等。

　　4.社團類：藝文、休閒、棋藝、健身、登山等。

　　5.服務類：童軍、社會服務、學習服務、遊學服務等。

　　6.展演類：藝文、音樂、舞蹈、體育、服務成果、學習成果等。

四、普遍展示學生作品

學生學習檔案的製作與學生作品的展示，是教育界流行的趨勢。很多老師常配合教學進程，指導學生製作學習檔案，鼓勵學生記錄自己的學習歷程，並留下課堂作業及產品，學生學習檔案可以觀察教與學的歷程品質以及成果績效，是學校教師因應各種教育評鑑，頗具說服力的佐證資料。

學生作品的公開展示也具有品質檢核的四大功能：(1)學會知識技能：能實做產出學習成果；(2)亮點交互輝映：學生完成一份作品，對個人來說就是生命的亮點，作品與同學作品一齊展示，具有交互輝映、多元競賽的效果；(3)觸發比較學習價值：學生的作品共同展示，有相對優質的作品，得以提供其他學生比較學習，持續提升學習品質的價值；(4)美化學習情境品質：學校環境及班級教室是學生的主要學習場域，有優質學生作品的現場展示，具有境教功能，也具有美化學習情境的品質效果。因此，班級導師應協同領域任課教師，結合學校的整體環境配置，規劃安排每一位學生每學期均有「學習檔案」或至少有一項「學習作品」公開展示的機會，也要安排導覽欣賞他人作品的非正式課程教學，以增益作品展演的改善品質功能。

經營策略篇

行動舖軌，達育才之善

「願景領導」舖「價值行銷」之軌
「組織學習」舖「創新經營」之軌
「計畫管理」舖「實踐篤行」之軌
「資源統整」達「經營育才」之善

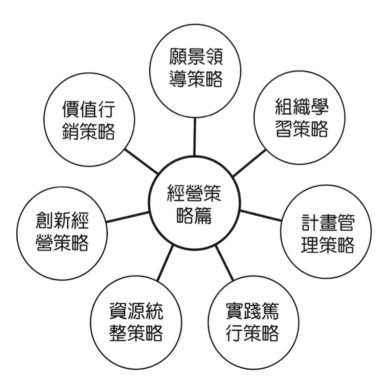

第七章　願景領導策略

　　學習型組織理論盛行之後，「建立共同願景」的修煉，成為一般企業組織領導人的必修課題，化為實際的行動表現即為「願景領導策略」，其概念型定義為：「經營者倡導學校（組織）目標與願景，融合成員心聲，追求教育核心價值，實踐組織任務，以達成教育目的之領導作為。」操作型定義包括：「形塑願景」、「註解願景」、「論述願景」與「行銷願景」。

　　願景（Vision）、目標（Mission）、核心價值（Core Value）三者在教育領域上，常有混用的習慣，目前大部分的學校多以「核心價值導向的共同願景」為願景，例如：「健康快樂」、「適性創新」、「品質精緻」、「效率前瞻」、「愛與希望」等。近年來，企業組織在願景領導策略的運用日益精進，其呈現方式已能明確區分 Vision、Mission 及 Core Value 三者的不同，是以教育界也開始學習使用「任務目標導向的共同願景」為願景，並以核心價值之論述，來註解組織作為的緣由與目的，例如：「臺大八十，世界百大」、「愛、希望、著力點——樹立教育經營首選品牌系所」、「臺灣客家首學」等，並以適當的圖像形式設定在學校中長程校務發展計畫中，進程雖緩，但再假以時日，終會有最佳融合的型態流行。

　　本章分為四節論述：第一節「形塑願景」，說明優質願景的要素與形塑的方法步驟；第二節「註解願景」，賦予願景深層而精確之意涵，喚起同仁共同意識；第三節「操作願景」，有效運用集會與公共環境活動，凝聚師生邁向願景努力；第四節「行銷願景」，適度在外賓來訪及公眾媒體前行銷學校願景，揭示學校品牌特色，爭取顧客（利害關係人）認同支持，為學校創發永續價值。

第一節　形塑願景

一、共同願景的元素與功能

　　研究者認為，共同願景有下列四個元素：(1)邁向組織目標；(2)實踐階段任務（Mission）；(3)反應成員心願；(4)彰顯核心價值（Core Value）。

　　「組織目標」通常是法定的，例如：各級學校法均明確揭示「國民教育目標」、「高中教育目標」、「大學教育目標」，這些目標的實現，永遠是學校願景的首要元素。學校組織的發展有時代性與個殊性，每一階段的「任務使命」會有所不同，設法實踐此一階段的任務使命（Mission）是共同願景的次要元素。

　　「成員心願」是共同願景的第三元素，學校是教師與學生組成的，學校願景標的與內涵，應符合大多數老師與學生的個別心願，才是真正的共同願景。「核心價值」則是共同願景的第四個元素，也是前述三者總結判斷的「源頭」與「歸宿」，其重要性類似「系統思考」在五項修煉中的角色。

二、優質願景的共同特質

　　教育組織（學校）屬於非營利組織，且產品與顧客族群是「人」，是人在接受教育的品質，與營利性質企業以及有具體「產物」的公司行號大不相同，因此「共同願景」的性質與需求，具有「教育」的個殊性。研究者長期觀察教育行政機構及各級學校願景形塑的歷程與成果，歸納優質願景的共同特質有五：(1)用詞響亮，且富有教育意涵與價值；(2)扮演介於教育核心價值與經營策略之間的銜接角色，並能夠引導完成組織單位的任務目標；(3)能夠回應學校（組織）同仁的看法與心願，且為學校當前最需要

的發展方向；(4)能夠融合教師職工（組織成員）在學校內實踐其個人生涯目標（願景），令個人目標與組織目標一致；(5)具有深層結構與可操作性的方向脈絡。

三、組織（學校）是否重新形塑願景的判準基礎

教育領導人在接掌一個學校或組織單位時，常面臨一個很難下決定的難題：原來的學校（組織）已經有「願景」存在，領導人剛到學校，是個「新人」，原來的願景，要延用呢？還是要重新形塑新願景？研究者建議，新任領導人通常要設定約三個月的「觀察期」，觀察並與核心幹部討論原來的願景，是否符合下列四個判準基礎：(1)教育價值：是否積極、正向、深遠、優質的引導；(2)邏輯系統：詞性結構，系統簡明，具有可操作性；(3)學校（組織）需求：符合學校（組織）現階段之最需要；(4)辦學理念的符合度：願景的理念與領導人本身教育理念的符合程度。

經由四個判準基礎系統思考以後，領導人須在半年之內向學校幹部及教師明確表達，學校要「延用願景」、「修飾願景」或「重塑願景」，延用或修飾均應說明緣由與道理，並且開始結合重要慶典活動，註解論述願景的深層意涵。如果決定要重新形塑願景，則再以三個月至半年的期限，依據形塑願景的方法與步驟，帶領同仁共同完成。

四、共同願景形塑的方法與步驟

共同願景的形塑應該由下而上，依學校同仁訂定的「標準作業程序」，逐一完成。就方法而言，會用到SWOT分析、焦點團體法、會議討論法、行動研究法、問卷調查法及辯論投票法等，方法的運用每校（組織）可以有不同選擇，但必須藉由形塑的歷程，形成學校同仁真正的共識，也是優質而且是學校（組織）當前最需要的願景。

　　形塑共同願景的主要步驟約略如下：(1)進行學校（組織）的SWOT分析：由核心幹部報告學校的優勢、劣勢、機會及危機，並交互討論如何擴展優勢，爭取機會的積極策略；(2)實施小型行動研究：系統了解「法定教育目標與優質學校實踐作為」、「性質接近學校，階段任務目標的規劃與實施」、「辦學理念與學校特色發展趨勢調查」、「學校組織發展瓶頸與問題策略調查」，以及「同仁生命願景與對學校的心願調查」；(3)發表前述五項行動研究成果，並接受校內參與同仁討論尋找有效發展策略；(4)校長論述 Vision、Mission 及 Core Value 的意涵、區隔、個人關注焦點，以及主要辦學理念；(5)公開徵求同仁提供 Vision、Mission 及 Core Value 文字版本；(6)選擇修飾優質版本的文字，增益妥適、典雅及可操作性；(7)選擇一至四個優質版本，由學校師生票選決定最佳版本；(8)公告學校共同願景（含 Vision、Mission 及 Core Value）。

　　願景、目標（任務）、核心價值等三者，在形塑的歷程中，往往會發生三者困難同時產出，或搭配不一致的困境，研究者建議，其構思的邏輯順序是：先決定學校的階段任務目標（Mission），再以任務目標探究核心價值（Core Value），最後以前兩者為基礎，參照前述四元素、SWOT 分析，以及各種小型行動研究的成果，由大家共同決定願景（Vision）。

第二節　註解願景

一、圖像註解願景大意

　　願景領導策略的操作要領，在於運用精準簡約的文字，導引同仁的認同心向，凝聚智慧能量，共同邁向組織目標；簡約文字如能結合圖像來註解願景大意，其效果更好。以國立臺北教育大學為例，2012 年接受教育部

「校務評鑑」時，圖 7-1 是註解學校定位與願景的具體圖像。

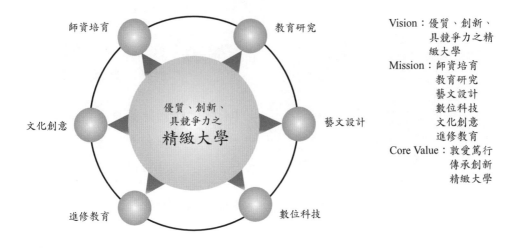

師資培育　教育研究　文化創意　藝文設計　進修教育　數位科技

優質、創新、
具競爭力之
精緻大學

Vision：優質、創新、
　　　　具競爭力之精
　　　　緻大學
Mission：師資培育
　　　　教育研究
　　　　藝文設計
　　　　數位科技
　　　　文化創意
　　　　進修教育
Core Value：敦愛篤行
　　　　傳承創新
　　　　精緻大學

圖 7-1　國立臺北教育大學之學校定位與願景

再以國立臺北教育大學之「研究發展處」為例，研發處 2011 年奉教育部核定成立，2012 年由研究者接任首任研發長，為結合學校願景與研發處任務，研究者與同仁討論後，並用圖 7-2 來表達研發處的任務目標與核心價值。

敦愛篤行，傳承創新，精緻大學

Vision：敦愛篤行、傳承
創新、精緻大學

Mission：計畫發展、研究
創新、產學合作、
國際視野

Core Value：精緻、實用、
擴能、前瞻

圖 7-2　國立臺北教育大學研究發展處的任務目標與核心價值

二、文字說明願景意涵

　　研究者曾擔任國立臺北教育大學教育政策與管理研究所所長五年的職務，任職期間於 2006 年必須接受教育部的首輪「系所評鑑」，學系與獨立研究所本即學校的次級組織運作實體，個殊化極大，是以要個別接受「系所評鑑」，研究者在「系所中長程發展計畫」及「系所簡介」資料上明確提列系所願景——「愛、希望、著力點」，並使用精簡文字說明此一願景的意涵。

　　愛　　傳承教育價值之愛。

　　希望　　教育永遠帶給人類希望。

　　著力點　　找到經營教育的具體著力點。

這是一個「核心價值導向的願景」，需要運用適切的精要文字來說明其意涵，才得以正確導引教師及學生的心向與共鳴，喚醒意識與動力，朝向任務目標經營。研究者曾在卸任系所主任的前一年（2009 年），再為系所中心整合後的「教育經營與管理學系」（含大學部、碩士班、博士班及校長培育中心），策定「2009～2012 中程發展計畫」，將「核心價值導向的願景」調整為「任務目標導向的願景」，以適度地呈現 Vision、Mission、Core Value。

Vision（含 Core Value）：愛、希望、著力點
樹立教育經營首選品牌系所

Mission：教學　　精緻卓越的主題教學

研究　　接軌國際的領域研究

學習　　績效認證的核心學習

服務　　產學整合的教育服務

　　文字說明願景意涵需講究下列四個要領：(1)用詞精要明確，符合「易懂」、「順暢」、「典雅」、「形式之美」；(2)具有可操作的行為表象，同仁看了之後，能夠知道做了什麼就是在實踐願景；(3)能夠註解願景本身或任務目標的深層意涵，具有連結理念與實務功能；(4)充滿教育的價值性，是一種有意義、積極導向的註解。

三、論述願景教育價值

　　學校是教育組織，任何教育活動均應具有教育價值，教育領導人（校長及幹部）應在學校的重要教育活動上，例如：開學典禮、校慶典禮、親職教育日、畢業典禮等，論述學校願景的教育價值。論述的方向應包括「師生個人」、「學校組織」及「國家社會」等三個方向。

以國立臺北教育大學之「敦愛篤行、傳承創新、精緻大學」願景為例，論述方向與內容大要如次：

敦愛篤行：我們的願景是「敦愛篤行」，掛在校門口的背面，我們期待走出校門的師生們，都能傳播教育價值之愛，做好人教人的工作，成就每一個人，更要身體力行，躬行實踐成為責任良師。

傳承創新：學校已經有超過一百年的歷史，歷經師範學校、師專、師院及教育大學的轉型發展，也面臨師資培育制度由「計畫培育」到「多元開放」的挑戰，學校必須一方面傳承暨有師資培育、藝術人文及教育研究之優勢，也要創新發展文創產業、數位科技、進修教育的新時代教育機制，讓學校永續經營。

精緻大學：我們的學校不大，受限於校地因素，學校只能發展為「精緻大學」，我們希望持續更新硬體及投資教學軟體，提升教育品質，經營系所學院特色，使學校成為具有教育品牌價值的精緻大學，扮演國家社會的優質教育基地，是知識分子的教育搖籃。

四、凝聚師生願景意識

註解願景的主要目的，在凝聚師生願景意識。願景意識係指，全校師生已能將願景的文字與意涵生活化，在「教」與「學」的活動中會想到願景，在參與學校慶典時會想到願景，在辛勤備課或努力完成作業時也會想到願景，在家居生活時、休閒活動時，想到學校，也會想到願景，本業的深耕愈深，實踐願景的意識愈為濃烈。

願景意識是逐步形成的，也有階段性的落差，通常學校師生及職工願景意識的喚醒需要三個月至半年的時間，願景意識濃烈時期可以維持一至二年，過了就會轉趨淡薄，是以學校領導人除了前述三種註解願景方式得當（圖像深具教育意涵、說明文字精確簡明、論述深入人心）之外，尚須配合第三節的「操作願景」與第四節的「行銷願景」，適時凝聚師生願景意識，為實踐願景奠定基礎。

第三節　操作願景

一、布建願景環境

　　願景的文字就是學校的精神標語，應建置在學校最中心的位置，讓全校師生活動時，均可看得見，方便師生默念思考，也方便領導人就地指陳，融合論述，導引同仁心向，喚醒願景意識，凝聚動能，朝向共同的任務目標。

　　固定的學校願景文字，多數的學校會在下列三個地方選擇其一：(1)校門的背面，讓進出校門的師生及來賓家長，都看得到願景，例如：國立臺北教育大學的師生走出校門時，都會看到「敦愛篤行」，效果頗佳；(2)圍繞操場的最明顯大樓牆壁上，讓師生活動時容易看到學校願景；(3)校門進來後第一棟大樓最明顯的位置上，例如：宜蘭縣復興國中進校門後的第一棟大樓約距校門口四十至五十公尺，其牆上懸掛「愛與希望」，變成全校師生進入校門後看見的第一句話，效果亦佳。

　　室內的環境也有三個處所，常用願景文字來做精神標語：(1)學校大禮堂；(2)活動中心大會議室；(3)學校餐廳。這三個地方的願景布置有時是固定的，也有時是活動的，多數的學校會配合慶典活動性質，採活動式的布

置較多；就空間的有效運用而言，活動式的較為靈活彈性，也往往較能吸引關注，效果較佳。

二、適時深化願景

師生同仁的願景意識需要長期培養與誘發，是以在各種慶典活動中，首長與幹部要經常運用活動性質，提及願景、連結願景、論述願景意涵之外，尚須創化各項配套措施，適時深化願景，例如：願景意涵的有獎徵答，讓參與同仁有激勵性的思考；又如：在報告或表演活動中，注入願景對話元素，讓活動本身註解願景，深化觀眾願景意識；再如：在活動結束時，設專人帶動呼口號，將學校階段性願景目標，用齊呼口號的方式，來凝聚動能；又例如：在活動中場休息或結束時，傳唱願景校歌，用歌聲喚起願景意識與共鳴。

三、願景標誌系統

學校應由專業教師協助，將願景文字及重要意涵，設計成願景標誌系統，此一標誌系統可直接印在學校的公文信封、便條紙、文書紙張、會議茶杯，以及各種紀念品、紙袋、封面之上，讓同仁平時使用文具、喝茶、議事時都會看到願景，默念願景，思考願景，「願景生活化」是標誌系統首要功能。

建置學校願景標誌系統尚有「願景精緻化」功能，通常標誌系統經過專業設計，是一種美的呈現，本身就有一種「藝術品」的性質，願景文字的意涵加上藝術化，典雅而美感的展現，讓願景精緻化，深化願景的功能，有更為優雅的成果。

四、傳唱願景校歌

　　歌曲可以美化人生，可以寓教於樂，很多學校有校歌，也有很多大學系所有系歌，通常這些校歌或者系歌，都會把學校辦學的理念與願景融入，將願景的具體文字轉化為歌詞的主軸，將願景意涵的價值論述，也就是歌詞的全文，用歌聲容易使人悅耳，用歌聲容易使人記憶，歌曲的旋律會帶給人類深層的震撼，而歌曲的意境也會打動內在的共鳴。

　　以國立臺北教育大學體育學系為例，每年配合校慶的「體育表演會」是他們大學四年的畢業成果展，全班同學為了「大學的畢業展」，而成立綿密組織，分組策劃，結合一至三年級學弟妹的協助，練習運作，籌備經年，排練預演超過一百天，在校慶前後公演兩天，表演結束的最後一個活動，即全系同學共同傳唱系歌，它們的歌詞大要如次。歌詞中反映了系所師生的共同願景與價值論述，它們的表現，從體育教育的角度，註解了國立臺北教育大學「敦愛篤行、傳承創新、精緻大學」的願景意涵與行為典範。

國立臺北教育大學體育學系　系歌

　　陽光普照著一片大地，微風撫弄著一片山林；鳥兒依然唱著優美歌曲，魚兒依然自由的徜徉；別說人間充滿冷漠，別說世間充滿了黑暗；我願用一份虔誠的心靈，期待這世界充滿希望。

　　在體育系我們是一家人；在體育系我們是一家人；在體育系我們是一家人，從今世到永永遠遠；在體育系我們是一家人。

　　我們用歌聲讚美那萬物主宰；我們用心靈給人間一片溫暖；我們用歌聲讚美那萬物主宰；我們用心靈給人間溫暖。

第四節　行銷願景

一、實物行銷願景

　　行銷學校願景與辦學特色，已經成為二十一世紀所有學校的重要課題。行銷學校願景，要有具體文字、圖像或看得見的物品，因此，行銷學校（組織）願景的首要工作，即「願景實物化」，教育組織（學校）可以嘗試下列幾項作法：(1)製作願景文字看板，配合慶典，活動性配套使用；(2)設計願景文字意涵的校徽，當作學校 Logo 使用；(3)設計願景標誌系統，配合文書資料及紀念物品使用；(4)造型設計，製作願景精神堡壘、願景論壇或戲劇舞台；(5)以願景文字為主軸，舉行學校紀念品創意展示。

　　實物行銷願景要有下列四個條件配合：(1)願景文字意涵夠優質，也符合學校現階段需要；(2)願景本身具有目標任務取向，可以操作成為具體形象；(3)能夠反映成員心願與潛在核心價值，設計人本身要具共鳴性的了解；(4)願景實物的形式與內涵要學校同仁可以接受認同。最忌諱的是，運用願景文字為主軸設計出來的實物，若難以詮釋願景意涵，或者各唱各的調，每一個人看了各有不同感受與解讀，即失去「共同願景，喚醒核心價值，凝聚努力方向」之本義。

二、機會行銷願景

　　教育領導人（校長、幹部、老師）要掌握下列機會，積極行銷學校或單位的願景，將主要的辦學理念及階段任務目標行銷給長官、來賓及關鍵人物：(1)長官來訪或定期視導時，向長官報告近期重點工作及其與學校願景的連結；(2)長官約見討論校務時，運用備用願景圖示，行銷願景價值以及近期的重點校務，爭取認同及承諾支持；(3)貴賓或關鍵人物（如某基金

會執行長）碰面聚餐時，爭取機會論述學校願景與重要工作資源需求，爭取認同，引進教育資源；(4)師生參與各種校外競賽時，穿著具有願景標誌系統的衣服，並設計能與主題結合的一小段願景行銷文字；(5)幹部參與重要教育會議時，運用學校操作願景為例，來串聯會議主題，擴大行銷學校願景。

　　爭取機會行銷學校願景要注意下列五大原則：「適時」、「適地」、「適人」、「適事」、「適力」才會有明顯效果：(1)適時：找到時機，要長官或關鍵人物垂詢時，或者他想聽時才說，報告時機不對，有時會有反效果；(2)適地：場合要自然，如走到校園中庭，正好有一幅漂亮清晰的學校願景圖示，或看到學校特別設計的精神堡壘；(3)適人：要由合適的人自然講出來，如小小解說員，或參與幹部在對話時提及，再由領導人酌加補充；(4)適事：提出的事務與需求要符合當事人的位階與能量，是他喜歡聽、可以做得到的範圍；(5)適力：機會行銷最需適可而止，用的是巧勁而非蠻力。

三、活動行銷願景

　　活動行銷學校願景有兩個意思：一則指運用適當的教育活動進行願景行銷；二則指幹部規劃一整年度的願景行銷系列活動計畫，並按計畫執行。多數的學校停留在第一個意涵，藉由全校性的教育活動，師生與家長多人聚集的場合，進行願景行銷，例如：開學典禮、校慶運動會、親職教育日、學生才藝表演展示會、敬師餐會、畢業典禮等，由校長或主要幹部論述願景的意涵與主題慶典活動的連結。用心的學校會融合當時慶典活動的流程，或表演節奏上的需要，刻意穿插安排「節目與願景結合」的表演活動，在活動歷程中行銷學校願景。

　　針對第二意涵而言，在重新形塑新願景的學校，有需要在推動新願景

的第一年及第二年，計畫系列行銷活動作為。將全年度行銷學校願景的活動次數、活動方式、執行時間、執行人員、配套實務、預期成果做系統規劃，設定明確主題與執行日程，經行政會議討論，擬訂成為「行銷願景實施方案」，奉校長核定後執行。運用活動行銷願景，實踐計畫方案，擴增行銷效果。

活動行銷願景要注意下列三大原則：(1)形態要精緻典雅，討人喜歡，避免官腔官調成為政令宣導；(2)要充分與活動主題結合，最好在活動中段與結尾時呈現，避免在活動開始就「精神喊話」；(3)要有多樣變化，個別化（客製化）設計，避免熱心參與的人員（多次參加者）有「一成不變」或「老調重彈」的感受。

四、課程行銷願景

所有的教育活動與作為，唯有課程化之後才能有效傳承、永續經營，願景行銷亦然，適度的課程化，讓學校的師生在某個年段、某個時間，均有「教」與「學」的學校願景實質歷程，應是最佳「行銷」與「深化」的教育作為。

學校願景課程化的作法約略可採下列五種方式：(1)建置學校史跡長廊或歷史步道，配合校史發展與願景變遷，設計階段教材，供師生、來賓自由閱讀，並設定各年級某一領域必須配合教學一次以上；(2)配合七大領域教學需要，製作適合領域宣導的學校願景看板或各種玩具實物，提示教師每一領域至少有一個單元融入教學運用；(3)校本課程與特色課程中設計學校願景，論述或結合教學活動；(4)運用導師「班級經營計畫」，納入「學校願景實踐」項目，由班級師生行銷實踐學校願景；(5)設計各種社團均可運用的「學校願景行銷教材」，交由社團負責人於每學期的社團教學活動至少運用一次。

學校願景課程化有下列三大目的：(1)讓願景的形式與內涵，成為教學的主要內容之一；(2)有正式的教與學，師生才得以確實的「實踐」與「省思」，才得以真實地凝聚師生向心力；(3)藉以考驗學校願景本身的妥適性、可行性、優質度與永續度。通常不夠理想的學校願景，禁不起兩年課程化的實踐，課程化的歷程也往往是學校調整或重新形塑願景的契機與有效策略。

第八章　組織學習策略

學習型組織理論強調五項修煉：自我超越、改變心智模式、建立共同願景、團隊學習，以及系統思考。其中「建立共同願景」的原理與運用，在本書第七章「願景領導策略」已予詳細論述，本章則以「組織學習策略」來說明另外四項修煉之核心意涵，以及在教育（學校）組織中的實踐作為。

組織學習策略係指：「學校（組織）領導人設計帶動所有成員進入學習狀態，一邊執行組織任務，一邊透過各種學習社群，進修成長，促進個人增能與組織增能，全面提升教育競爭力之謂。」操作型定義包括：組織條件標準的學習、組織核心技術的學習、組織團隊動能的學習，以及組織知識管理的學習。

本章分為四節論述：第一節「組織條件標準的學習」，以教育人員為例，闡述教師及教育人員的基本素養與資格條件；第二節「組織核心技術的學習」，說明教師與教育領導人的核心能力與技術學習傳承；第三節「組織團隊動能的學習」，介紹教育領域行動團隊及學習社群的創發學習；第四節「組織知識管理的學習」，說明教育領域中的教師及領導人（校長、主任）如何進行系統思考，學習個人的知識管理及組織核心技術的知識管理。

第一節　組織條件標準的學習

教育人員有兩大類：教師及教育行政人員。教師系統的教育人員在學校組織中服務，教育行政人員則指教育行政組織（教育部、教育局處）服務的教育人員。政府的教育組織在執行「人教人」的關鍵事業，對於進入

教育組織的成員均有條件標準的規範與甄試，以確保教育事業的品質，能夠維持在一定的水準之上，例如：教育行政及學校行政人員要有高考、普考或地方特考的歷練，而一般教師也要取得「教師證書」的規範。

一、教師職前教育與培育課程

「教師」在臺灣一直是「尊貴」的行業，扮演著「傳道」、「授業」、「解惑」的「不朽」角色職責，因此，取得教師資格素來皆有嚴格規範，且愈來愈趨嚴格。目前的中小學教師要取得教師任教基本資格，必須符合下列六大條件：(1)大學畢業以上的基本學歷；(2)修畢教育專業學分，國中及幼稚園教師二十六學分，國小及特教教師四十學分；(3)修畢專門系所（任教領域或學科）必修學分；(4)完成教育實習（半年以上，四學分）；(5)通過教師資格檢定考試，取得「教師證書」；(6)通過各縣市或學校自辦的「教師甄選」，獲得錄取，才能獲聘教職，取得「專業公務員」資格。

前述之六大條件中，(1)至(4)項稱為師資職前教育或教師培育課程。在臺灣的師資培育史上，1983 年以前稱為「計畫培育時期」，1983 年《師範教育法》修改為《師資培育法》以後，稱為「能力本位時期」。在計畫培育時期，中小學師資職前教育課程一律由師範大學（提供中學師資）及師範學院（提供小學師資）計畫性定量培育，將「大學通識」、「教育專業」、「專門學能」以及「教育實習」四種課程，統整融合，由「師範系統」的「專業大學」系統培育；就學習型組織理論而言，是一種「大學系統」層級的「計畫性組織」學習，具有個殊性的品牌特色與效果。

1983 年以後的「能力本位時期」，由於中小學的師資來源，開放給一般普通大學兼設「師資培育中心」開辦「教育學程」，與師範校院等傳統的師資培育大學共同培育，前述四種培育課程改採「累加」方式設計，任何一位大學生在畢業之前，申請修習教育學程，修畢「專業」及「實習」

規定學分，連同自己主修系所的「通識」及「專門」課程，即可一方面取得大學學位，又兼取應考「教師資格檢定考試」之基本資格條件。學生必須要通過「教檢」，更須要通過「教甄」兩試，才得以獲聘為正式教師，多元開放、關卡增加、超量培育、能力本位，此稱為「能力本位時期」。就學習型組織理論而言，各種培育課程也是一種「組織學習」的形式，唯其組織系統性質調整為一個學校中的「學程」組織，並且要與學生原本主修的「系所」組織密切配合，才能「累加」式的完成。

二、教師資格檢定考試與教師甄試

教師資格檢定考試是「教育專業學能」學習成果的標準檢核，通過「總平均 60 分」的標準（且不得有二科低於 50 分），才得以取得教師證書。

「教師甄試」則是「專業」加「專門」學能的「操作檢核」，應試者之能力必須「擇優」至「需求」名額之內，始能取得正式教師資格，可以任職支薪。從近十年來觀察，「教檢」的通過率約在 50 至 60%之間，未能通過者的重考生約占三分之二，且各公私立大學個別學校畢業生通過率落差頗大，扣除進入各大學學生本身的素質差異外，傳統師培大學的「組織學習方式」，似乎優於一般大學的「組織學習方式」。

再從「教師甄試」各地區縣市及學校錄取人數與比例觀察，臺北地區的三所傳統師資培育大學（國立臺灣師範大學、國立臺北教育大學、臺北市立教育大學）具有明顯優勢，且已有「特色」、「系統」、「品牌」的表像，究其原因，這三所傳統師培大學之各師資培育系所，均在「教檢」與「教甄」期間，增加了客製化的「組織學習」，運用學長與區域資源（中小學校長、主任）經驗傳承，強化甄試者的「條件標準」，效果頗佳。教檢與教甄雖是「學習成果」的判準，但就學習型組織理論的學理探源，不同的組織學習型態與運作方式，也會影響「組織條件標準」的達成程度。

🌸 三、校長、主任甄選與培育課程

就中小學教師一生的職涯規劃來看，有三分之一到四分之一的教師有兼任學校行政的機會，有五分之一的教師有機會兼任主任，有十分之一到二十分之一的教師得以兼任校長；目前各縣市的校長、主任以及組長聘任方式，並不完全一致。唯校長一定要通過「甄試」及「遴選」，主任在多數的縣市也要「甄試」取得主任資格，再由校長同意後聘任（部分的縣市有一半主任得未經甄試），組長則由校長與主任共同商請學校合適的教師兼任。

臺灣北部的三、四個縣市（臺北市、桃園縣、新北市及宜蘭縣）發展了「校長培育班」機制，在校長甄試之前，參加由各大學校長培育中心開設的培育課程二十四學分，在參加校長甄試的資績分數上可加八分（每六學分加二分），換算實質總分約 1.6 分。此一機制桃園縣在 2010 年亦已發展至「主任培育課程」，校長和主任之培育課程通常採碩士學分設計，課程名稱及內涵以培育學校領導人的「核心能力」為主軸，強調「統整判斷的能力」、「計畫管理的能力」、「實踐篤行的能力」、「溝通協調的能力」等課程配置，是一種「職前組織學習」策略，讓準備要當校長及主任的老師們準備好「條件標準」的學習。

🌸 四、校長專業認證與教師領域教學認證

專業化、精緻化、民主化、價值化、永續化是當前臺灣教育的主要發展趨勢，配合這些趨勢的發展，教育人員進用的「條件標準」相對逐步提升。目前教育部與各師培大學及縣市國民教育輔導團結合，逐步開展「教師領域教學認證」機制，期待將來的中小學教師，都能以「專長領域」授課，各領域（科目）的授課教師均持有該領域的教學證書。

中華民國校長協會也與教育部及北部縣市教育局（處）合作，推動「校長培育與專業認證實施辦法」，將來的中小學校長任用前，要經歷「培育」→「甄試」→「儲訓」→「初任校長導入輔導」→「取得專業校長證書」之「品質保證機制」，是一種「領導人職前教育」與「組織內進階學習」的課程設計，就學校經營與教育人員品質管理的立場而言，是一種進步且必要的趨勢。校長專業認證與教師領域教學認證機制，正結合著中小學「師資碩士化」、「校長碩士化、博士化」的潮流，日益發展定型中。

第二節　組織核心技術的學習

有實物產品的企業公司，其產品的「主要配方」或「專利技術」稱為「核心技術」，有時公司的核心技術會成為產品競爭力的關鍵因素，也常被列為商業機密，只有親人及重要幹部得以學習與傳承。教育組織為非營利組織，核心技術的傳承與學習之性質大不相同，不但沒有機密的問題，還要教育人員「通通學會」、「愈為深入愈佳」，教育核心技術的普及化與專業化程度，就是國家教育競爭實力的展現。

教育組織的核心技術，就是教師與教育領導人「核心能力」的實踐表現，教育人員必須具備的核心能力，在本書第二章「能力說」曾予以詳加論述：就其共同性而言，有「教育專業的能力」、「關愛助人的能力」、「應變危機的能力」，以及「研究發展的能力」；就個殊性而言，一般教師必須另外具備「課程設計的能力」、「班級經營的能力」、「有效教學的能力」，以及「輔導學生的能力」；教育領導人（校長）必須另外具備「統整判斷的能力」、「計畫管理的能力」、「實踐篤行的能力」，以及「溝通協調的能力」。本節僅就個殊性需求之「組織核心技術學習」再予以說明如次。

一、課程設計與班級經營能力的學習

　　教師的教育整合力，表現在「課程設計」以及「班級經營」的核心技術（能力）上，課程是教育的內容，教師要教給學生哪一些知識，必須要由教師透過「課程設計」統整實施，學生才得以習得應備的核心能力（或稱基本素養、基本能力）。臺灣的中小學教育，自 2000 年起實施「國民中小學九年一貫課程綱要」，其最大的特質在「課程統整」與「自主教學」，所以教育行政機關均透過教育評鑑，要求學校發展學校本位課程及特色課程，並要求每位教師在執行領域教學時，要結合學校本位課程之規劃，發展自編的主題教學方案，以實踐課程統整，帶好每一位學生。此一課程統整與課程設計的核心能力，必須透過個別學校的「組織學習」，所有教師共同討論「校本課程」，再結合領域專長教師，依據年級授課責任，在諮詢教授的指導之下，以行動研究或行動方案方式，完成主題教學方案的「課程規劃與實踐」。

　　「班級經營計畫」的撰寫與實施，也是當代中小學教師（尤其是導師）的教育核心技術與能力之一。教師平時要有教學檔案，數位化儲存自己教學領域的重要教學資源，如果擔任班級導師，則被要求每班均須依年度訂定「班級經營計畫」，此一班級經營計畫包括下列五個重點：(1)班級經營理念：提出教師帶領此一班級的主要觀點與價值取向；(2)班級經營策略與方向：提示教師經營此一班級學生的重點工作事項；(3)班級規範與要求：對於學生常規及重要行為準則（公約）的提示；(4)爭取榮譽目標與獎勵措施：激勵班級學生的努力方向，鼓舞士氣；(5)幹部配置與服務學習導引：結合學習成長與服務助人。

　　對學生來說，「班級經營計畫」本身就是個別化（客製化）的「組織學習」方案，要由導師帶著全班學生，透過「班級組織」在「學習中」逐

步完成。對教師來說，訂定優質而可以實踐的「班級經營計畫」，並非簡易的事，教師本身也要透過「組織學習」，充分與任教老師、學生代表，甚至家長，討論了解學生背景、興趣與需求期望，並參照學校過去的優質傳承、校本（社區）需求，才得以策定兼具「理想」與「務實」雙重指標的「班級經營計畫」。班級經營計畫是學校教育的核心技術之一，也是學校「組織學習」成果的展現與學習重點之一。

二、有效教學與輔導學生能力的學習

教師的教育執行力彰顯在有效教學與輔導學生的「共同核心技術」之上，教師必須「很會教學」，也要永續「有效教學」，更必須「同理學生」，也要持久「關愛學生」，這兩種核心技術（能力），是「人」教「人」歷程中的兩大命脈，也是考察「教育品質」與「教學績效」最關鍵的事項。

有效教學與輔導學生的能力，均需要教師透過「組織學習」，適時強化，以確保教學技術符合時代脈動，教學方法應順應學生需求，了解學生的想法與困擾，有效幫助學生，發揮有實質效果的「教育愛」。尤其是中小學教師，每天面對的學生有四分之一是學習落後的孩子，也有四分之一是具有適應困難的孩子，教師勢須結合同一領域（科目）的任教教師，透過策略聯盟或行動團隊的行動研究，發展「補救教學主題與教學方法」，順應學校學生的個殊化需求。教師亦須參與輔導知能研習與進修，提升「關照能」，擔任認輔教師，參與學校的支持網絡系統，才能帶好每位學生（一個都不少）。

三、統整判斷與計畫管理能力的學習

從教育領導人（校長）的角色看待學校組織的核心技術，其教育整合

力指的是「統整判斷」與「計畫管理」兩種能力的行為表現。統整判斷指的是一種整全思考、綜合決定的系統思考能力，例如：主持會議，在聽取大家不同意見表達之後，能夠作合宜而關照多數人意見之決議；學校組織大小事汗牛充棟，在與幹部討論之後，總能從最關鍵與優先的事務著力，讓大家事半功倍、績效順暢、卓然有成。統整判斷能力的學習，多半來自組織互動、經驗智慧深層的體悟，沒有組織領導經驗的學習，不可能有傑出的表現。

　　計畫管理的核心技術彰顯在組織（學校）的中長程計畫或重要的主題式計畫。「計畫推動校務」一直是教育行政組織的常態，每一個學校均訂定了「校務發展計畫」，以及很多計畫性工作的實施辦法或方案，但各校的校務發展成果績效不一，原因有二：其一，多數學校的「計畫不夠優質」，有計畫與沒計畫差別不大；其二，多數的學校雖有計畫，卻沒照計畫執行，落實實施，沒有貫徹「計畫管理」。計畫管理是一種核心技術與能力，需要經由專業的組織學習，例如：「教育計畫專題研究」，才能真正習得與發揮。計畫管理也是一種經營策略，本書將在第九章再予以詳加論述與舉例說明。

四、實踐篤行與溝通協調能力的學習

　　校長或教育領導人的教育執行力，展現在「實踐篤行」與「溝通協調」兩大核心技術及能力的行為表現上，「教」與「學」及學校行政事務均屬高度專門又專業的知識行為表現，最需要領導人透過各種「學習社群」進行「專業示範」、「帶頭實踐」，才得以累增效果和效率，圓滿功德。實踐篤行是一種能力態度，也是教育組織特有的核心技術。就方法策略的觀點，「實踐篤行」同時也可當作是一種「經營策略」，本書將在第十章中詳加論述，並舉例說明。

「溝通協調」的實際運作在學校組織中有兩極化的發展，是專業上最容易取得一致的層面，也是最不容易協調一致的層面。所謂「文人相輕，自古而然」，在教育組織上更常發生。學校領導人對於學校幹部與教師進行溝通協調時，最佳方式即啟動「組織學習」，成立行動任務小組進行行動研究，或以策略聯盟學習社群的方式，進行不同意見的溝通協調，例如：學校新願景的形塑、校本課程的發展，應以組織學習的方式，在學習中進行溝通協調，才容易取得真正的共識；又如：部分專業行政措施的決定出現重大歧見時，得由正反雙方各派三至四名代表，進行焦點團體會議，經歷三至四次焦點討論（組織學習），總有更佳的共識與決定。

第三節　組織團隊動能的學習

組織學習本質上是一種團隊學習，是一種籌組「行動團隊」的學習，所以稱為行動團隊，通常是為了組織運作本身的「特別任務」。在企業界最流行的範例是「品管圈」，在教育領域常用的名稱，則有「讀書會」、「行動研究」、「行動團隊」、「任務團隊」、「策略聯盟」等，今日則有統一使用「學習社群」之趨勢。

各種學習社群的建構，依其目的與個人的、組織的任務不同而多元並存，其共同點有四：(1)夥伴學習：係由有共同需求的夥伴組成之學習團體；(2)團體動能：希望夥伴同儕能夠彼此關懷、交互激勵、共同成長；(3)知識螺旋：因有團體討論，個人內隱知識容易外部化，大家的外顯知識激勵彼此內部化，其交互作用是提升成員知識基模、改變心智模式的動能；(4)個人增能與組織增能：對個人而言，能增進自己的能量，提升本身對組織的貢獻與價值，對組織而言，由於大家增能，就能全面提高組織的競爭力。

一、讀書會與品味學習

教育界最喜歡籌組「讀書會」，例如：十年前，新北市及臺北市的中小學校長們，為了激勵自我、成長進修，成立了「活水讀書會」及「萬年讀書會」，每個月固定聚會乙次，每個月研讀一本重要的書籍，分享讀書心得，並彼此交互激勵，頗具聲望。近年來，縣市中小學校長甄試難度愈來愈高，已有不少以準備參加「校長甄試」為目的之「讀書會」成立，通常由資深且對於考試技巧有精研的前輩校長主持，所謂「大師所至，從者如雲」，近年新北市及桃園縣每年均有三、五個這類的讀書會。

在大專校院方面，以國立臺北教育大學為例，每年均補助各系所或各行政單位，成立各種不同類型的讀書會（每一個讀書會補助一萬元），至今每年約有近二十個讀書會，這些讀書會如以系所名義申請者，多為教師及研究生結合的「研究取向」讀書會，以行政單位名義申請者多為「處室工作任務取向」讀書會，藉由讀書會的「團隊學習」型態，增進學術研究的能量或完成一項個殊性的工作任務。

國內的教育哲學領域學者，也籌組了一個「教育哲學讀書會」，定期聚會，討論分享重要的教育哲學新書，並討論教育上的重點議題，參與成員多為國內教育哲學知名人士，可屬國內最具學術品味的讀書會，也是產生組織團隊動能個殊化較深的學習團隊。

二、行動研究與行動團隊

行動研究及行動團隊也是目前教育界流行的「組織學習」方式，以臺北市為例，每年均編列各校教師「行動研究」經費，每年均舉辦「行動研究」成果競賽與發表研討會，數十年來累積的行動研究成果十分豐碩。行動研究是一種藉由研究進程，持續改進教學及教育活動的方案設計，是一

種實踐型的應用研究；研究歷程僅是手段方法，其主要目的在提升教學品質以及增益教育活動的價值。

「行動團隊」一詞則跟隨著「行動研究」的腳步，在教育界逐漸流行起來，行動團隊是一種組織的次級團體，指學校教師和職工為達成個人及組織目標，各自籌組的小型實踐團體，其組織人數由三、四人至數十人不等，性質包括：學習團隊、成長團隊、工作團隊、休閒團隊、任務團隊等，定義與內涵遠比行動研究寬廣。行動團隊與行動研究均為當前校務經營中，鼓勵教師和職工進入學習狀態與專業進修的創新行為，其共同特徵有三：(1)兩者均以學習型組織理論及知識管理為基礎；(2)兩者均屬團隊學習的型態；(3)兩者均在實踐個人及組織目標。

行動團隊與行動研究仍有部分區隔，主要者如：(1)行動團隊偏向於關懷支持人際導向，而行動研究偏向於任務完成目標導向；(2)行動團隊因性質不同，其活動嚴謹度不一，行動研究則有較明確的執行流程設計；(3)行動團隊較具彈性，範圍廣泛，往往包括校內外的時空場地，而行動研究之範圍較為專一，多屬校內教育活動的改善方案。行動團隊結合行動研究可以活化學校組織文化，是校務經營的有效策略（鄭崇趁，2006a）。

三、策略聯盟與學習社群

「策略聯盟」在教育界頗為流行，它是廣義「組織學習」的一種，目前有：特色學校策略聯盟、校本課程策略聯盟、領域教學策略聯盟、行動研究策略聯盟、行政任務策略聯盟、教師進修策略聯盟、遊學教育策略聯盟、教育人力派遣策略聯盟、資訊教育服務策略聯盟、教育人員休閒服務策略聯盟等，大大小小各式各樣的策略聯盟方案或計畫同時存在，多彩多姿，就連國立臺灣大學與國立臺北教育大學的整合合作方案，亦稱為「策略聯盟協力機構」，可謂無奇不有，對於教育組織本身的合作學習、團隊

結盟、共同經營、策進發展，開啟嶄新契機，亦有頗為豐碩的成果。

優質的策略聯盟除了簽訂合作契約之外，尚須有「執行方案」及「學習社群」，才得以真正的實踐開展，邁向共同的組織目標成果。執行方案提列具體操作事項與時程設定，學習社群則扮演關鍵觸媒角色，直接由人的參與、帶動而串聯合作組織，實現目標任務，是以「學習社群」是實踐「策略聯盟」的核心組織與關鍵技術，兩者均是組織學習的一體兩面。

四、交互激勵與知識螺旋

組織學習策略可以產生團隊動能，團隊動能來自「交互激勵」與「知識螺旋」兩種心理歷程的鼓舞作用。就以研究者指導碩博士生之經驗為例，尤其是碩士生寫作畢業論文時，研究者總希望研究生三到四個人成一團隊（學習社群），一起 meeting，講解論文的撰寫要領與呈現方式，以及重要技術與檢核點，再由研究生依據自己的題目各自發揮，定期報告進度；報告進度前，同組研究生先行交互檢核成果，分享經驗，就其遇到之困難與關鍵技術，交互激勵，設法解決突破，再一起與研究者（指導教授）meeting，其間之「交互激勵」作用，對原本即掌握關鍵技術、進程領先的研究生而言，由於能驗證成果，又可帶動同儕，內心喜悅，充滿自信，也獲得感激與尊榮，後續之表現往往更好；其原本落後或處在困境中的研究生，一經同儕激勵，又有好的成例觀摩，再經同學及指導教授提點，多數的瓶頸亦多能迎刃而解，趕上進度。「交互激勵」的團隊動能，是各種組織學習深層的心理催化歷程。

知識螺旋（knowledge spiral）被廣泛運用在「知識管理」上的論述之後，現今已成為組織學習的重要理論基礎之一，知識螺旋作用不但來自「講者與聽者」之間，更來自「同儕對話」，尤其是有目的任務的「焦點討論」。知識分成「內隱知識」與「外顯知識」，內隱知識存在於「人體」

之內，看不到、摸不著，必須要藉由語言、文字、說明、講解，印成書籍或製作投影片文字，才能成為「外顯知識」，外顯知識大家才能聽得到、看得見。聽到或看到的外顯知識再進一步與自己內在的內隱知識交流，而產生新的「知識基模系統重組」，再藉由對話或討論表達出來。在組織學習中，參與成員由於團隊動能，觸動此一「內隱知識」外部化以及「外顯知識」內部化的交互作用，此稱之為「知識螺旋」作用。知識螺旋作用促進團體中的每一個人「知識基模系統重組」，是個人提升知識基模、改變心智模式的前提，也是團體增能、提升組織競爭力的基石。

第四節　組織知識管理的學習

　　組織學習策略的最後階段為「知識管理」的學習，有部分學者主張學習型組織理論的五項修煉，應再加上第六項修煉：「知識管理」，則理論的周延度與實務上的經營操作，將更為完備。教育領域的組織包括教育行政單位、各級學校以及教育文化機構，整體而言，仍以負責「教」與「學」教育組織的學校為主體。學校組織的知識管理包括下列四大部分：(1)關鍵教育事務的知識管理；(2)學校特色與校本課程的知識管理；(3)教育資源系統的知識管理；(4)組織成員智慧資本的知識管理。這四個面向的知識管理，均需經由組織管理才能逐步建置，也才能完備而具效能，分別說明如次。

一、關鍵教育事務的知識管理

　　學校教育組織是一種人教人的教育事業，行政服務的主要功能在協助「教」與「學」核心事務的順暢進行，增益教育品質與學習效能，主要服務的對象是全校教師與所有學生，是非常個殊化的組織運作系統。是以從組織結構系統來劃分關鍵教育事務，則包括教務、學務、輔導、總務、人

事、會計等單位的核心工作事項，學校領導人應輔導處室幹部，將所屬年度必辦的重點校務（約一百項），規劃製作「標準作業流程」（S.O.P.），要求行政同仁依據標準程序及預定時程，做好各項服務工作，其標準作業流程及主要工作成果宜運用數位化儲存方式管理，以便於傳承創新，此即為關鍵教育事務的知識管理。

　　學校組織的關鍵教育事務也有不同的分類方法，教育行政學強調學校組織運作的五大歷程——「計畫→組織→領導→溝通→評鑑」，是一種理想的參照準據，由學校列管十大主題教育計畫的方案執行與成果績效、規劃最適化組織運作模式並據以執行、列管校長領導服務的重要紀錄與成果分析、留存各項價值溝通紀錄與重要決議執行情形（會議紀錄）、執行自我評鑑並定期接受主管單位外部評鑑，全面提升教育品質。上述這些均在執行關鍵教育事務的知識管理。

二、學校特色與校本課程的知識管理

　　企業界流行「核心技術」的知識管理，這些核心技術是產品的賣點，也是競爭價值的來源，有時會列為商業機密，有時也被智慧財產權所保護。在學校組織中，學校經營的核心技術，指的是學校特色與校本課程。臺灣的教育自 2000 年實施「中小學九年一貫課程綱要」以後，學校組織運作最大的改變就是發展學校本位課程及學校特色。學校特色彰顯學校經營的品牌系統，校本課程則代表其品牌系統的實質內涵。

　　學校特色與校本課程的知識管理，要重視下列幾項工作事項的建置與傳承：(1)特色主題的教育性與課程化：學校特色主題一定要與學生學習關係密切，一定要在教育活動及領域教學課程中加以實踐；(2)校本課程的領域教育方案，必須依年級及領域分層次規劃發展；(3)每位教師配合校本課程發展的領域教學主題教案至少有二至三個以上；(4)教師自行開發的主題

教學教案，經過教學觀摩程序發表，並以數位化儲存；(5)學校建置「學校特色與校本課程」教學資料庫，方便全校教師配合教學使用；(6)學校領域教學小組運用團隊學習與行動研究歷程，逐年開發校本課程主題教學教案，各年級二至三個以上。

三、教育資源系統的知識管理

當前各級學校的校務評鑑均有「環境設施」及「資源統整」面向，部分縣市施行優質學校、卓越學校及學校特色認證，也都將「資源統整」列為認證項目之一，此代表教育經營的內涵與重點，「引進校外資源」、「統整校內外資源」並「創發教育的新價值」，已是時代的重要趨勢之一，也是經營者勢須學習的知識管理對象。

學校應進行下列八大資源系統的知識管理：(1)師資人力系統：將年級、領域、主題課程、教育活動、社團教師、個殊任務的校內主要師資人力及校外可支援師資人力，建置完整的資源系統；(2)課程教學資源系統：將學校主要課程及領域教學教材資源系統，提供教師適時取材使用；(3)環境教育資源系統：校園整體規劃，環境配合校本課程及社團活動需求，建置資源系統；(4)主題教育設施資源系統：學校領域教學或主題教育活動設備儀器與教材教具，依教學主題系統管理，增進各種設施「物盡其用」；(5)慶典教育活動資源系統：歷年動用的校內及校外資源系統管理，統合運用；(6)弱勢學生教育資源系統：包括生活輔助、學習輔助及適應輔助等支持網絡資源系統；(7)學生學習與專長認證資源系統：搭配學生專長學習與認證需求，布建數位自我學習教育資源系統；(8)社區自然及文史教育資源系統：提供校本課程領域教學、體驗學習、實踐教育資源。

🔖 四、組織成員智慧資本的知識管理

　　人類智慧的發揮對組織單位所產生的價值與貢獻，形成組織永續發展的資產，此稱為「智慧資本」。以學校組織為例，學校的智慧資本指的是校長、幹部（主任、組長、職員）以及所有教師，就更廣義的範圍來說，學生的表現也往往是學校智慧資本的一部分（尤其是大學生）。從操作型定義看「智慧資本」的意涵，包括兩大部分：「核心能力」與「認同程度」，因此，有效的智慧資本指「有能力」又「願意做」的教育人員，而「有能力」未必「願意做」的成員，則成為「靜態的智慧資本」。教育經營者（校長）的重要任務之一即在「活化學校的智慧資本」，帶動學校教師人人「人盡其才」、「才盡其用」，成為「有效的智慧資本」。

　　組織成員創發的「智慧資本」需要學校與幹部之間進行系統的知識管理，讓這些智慧績效成為學校經營新的動能，永續傳承，創新組織發展，並累增成果，邁向精緻卓越。學校智慧資本的知識管理，可以下列六項重點工作來經營實踐：(1)教師的著作與研究成果知識系統：尤其是教師出版的專業著作與個殊化研究，均代表教師本人的智慧資產；(2)個別化與客製化教育方案：建立在學生個別需求而設計的課程與教學，往往是校本需求結合教師智慧最佳的教育資產；(3)教師自編主題教學方案（教案）：尤其是配合校本課程而設計的領域不同之年級教材；(4)教師的碩博士論文與行動研究成果：教師在職進修的主要成果也是啟動教育智慧的主要資產；(5)教師及學生參與各種競賽及展演的成果：競賽活動的準備與成果是激勵團隊動能與標竿學習的重要資產；(6)學校出版品與師生教育成果展示的產品：系統化儲存，適度重組分享，傳承智慧資產。

第九章　計畫管理策略

　　教育行政學探討五大核心歷程：計畫、組織、領導、溝通、評鑑，而計畫為五大核心歷程之首，其重要性不言而喻。當前的教育競爭力不為國人滿意，教育改革期待殷切，均與「教育計畫」的實質表現攸關。研究者認為，之所以造成當前窘境，有下列兩個因素：(1)優質的教育計畫沒有固定的格式與內涵，迄今未有定論；(2)教育人員不知道什麼是優質的教育計畫。是以計畫仍然滿天飛，但有或沒有似與實質發展無關，至為可惜。

　　教育是可以經營的，透過計畫管理策略，可以逐步帶動學校精緻發展，實現教育目標。所謂計畫管理策略係指：「經營者藉由優質教育計畫的擬定、執行，與績效品質的管控，來激勵組織成員，產生應有的能量與成果，有效完成計畫性校務，帶動學校順利成長發展之謂。」其操作型定義包括四項：(1)為學校擬定優質的中長程校務計畫及主題式計畫；(2)依計畫進程管控學校的校務運行；(3)檢核教育計畫績效來註解教育品質；(4)貫徹計畫執行，不輕易改變或放棄。

　　本章分為四節論述：第一節「計畫原理與優質教育計畫」，說明計畫教育與教育計畫的關係，以及優質教育計畫的判準與範例；第二節「計畫技術與系統元素要領」，介紹中長期校務發展計畫及主題式教育計畫的系統結構，並說明重要計畫元素的撰寫要領；第三節「計畫執行與歷程品管機制」，布建必要的歷程檢核與品質保證機制，落實教育計畫篤行實踐；第四節「計畫評鑑與績效傳承創新」，以數位化管理計畫實施成果，適時分享傳承其創發的學校智慧資本。

第一節 計畫原理與優質教育計畫

一、計畫教育與教育計畫的關係

當前的學校教育,從學制（6-3-3-4 制）、師資（條件）、環境（設備基準）、課程（課程綱要）觀察,均是有計畫的,此稱為計畫教育。計畫教育面對時空因素的推移與考驗,有新的社會變遷與時代需求,例如:「後現代」的社會多元價值及人類適應問題;知識經濟時代的知識創新及核心價值轉變等,均需要教育計畫扮演充實改善、調整強化當前計畫教育的角色任務。兩者的關係如圖 9-1 所示。

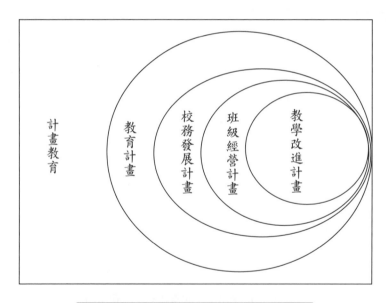

圖 9-1　計畫教育與教育計畫的關係

資料來源:鄭崇趁（1998：6）

廣義的教育計畫包括下列四個層次的計畫:(1)全國性或縣市地區性質的教育計畫;(2)學校層級的校務發展計畫;(3)教師為主幹的班級經營計

畫，以及(4)教學改善計畫。「教育計畫」與「計畫教育」具有「相互依存」的關係：「計畫教育」提供「教育計畫」運作的舞台與空間；而「教育計畫」扮演充實改善現有「計畫教育」的角色功能（鄭崇珍，1998：1-14）。

是以教育改革需求殷切時，從「計畫」的立場觀察，代表兩大意涵：一者是當前的「計畫教育」（學校現況）已不為大眾所滿意，需要調整改善，以符合需求；再者是「教育計畫」也沒有扮演好其應有的角色功能，將計畫教育的現況，調整到大家滿意的情境。教育是可以經營的，「教育計畫」應扮演更為積極的角色地位，研究者關注下列四個重點：(1)優質教育計畫可以透過教學而產出；(2)優質教育計畫具有系統結構及撰寫技術；(3)優質教育計畫可以串聯四個層次的計畫，實踐實質的教育改革需求；(4)優質教育計畫得以帶動學校教育、縣市區域教育以及國家教育的精緻發展。

二、教育計畫的目的與功能

在鄭崇珍（1995，1998）出版的《教育計畫與評鑑》一書中，理論篇分成五章論述教育計畫原理、教育計畫方法、教育計畫內容、教育計畫作業，以及教育計畫組織，其中首章「教育計畫原理」，分六節說明教育計畫的定義、目的、功能、原則、類別與限制。教育計畫的目的與功能，是經營者操作「計畫管理策略」時，常需與同仁說明的重要元素，特再予摘述申論。

教育計畫是有目的的，教育計畫的總目的在達成國家之教育目標，就計畫的階層與性質之不同，教育計畫之目的可概分為：解決教育問題、改善教育現況、提升教育指標，以及實現教育目標。其間的關係結構如圖 9-2 所示。

以「教育優先區計畫」為例，計畫的目的在解決城鄉教育落差的問題；以「教育部輔導工作六年計畫」及後續的輔導計畫為例，計畫實施的目的

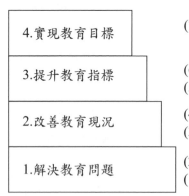

4.實現教育目標	(7)各階段教育計畫實現各階段教育目標。
3.提升教育指標	(6)大學卓越計畫（提升世界排名指標） (5)國教小班小校計畫（提升師生比指標）
2.改善教育現況	(4)精緻教學計畫（改善教育軟體） (3)發展與改進國教計畫（改善國教硬體設施）
1.解決教育問題	(2)輔導工作計畫（解決青少年適應問題） (1)教育優先區計畫（解決城鄉落差問題）

圖 9-2　教育計畫目的與方案關係結構圖

在解決青少年犯罪，提升青少年適應問題；以「發展與改進國教系列計畫」為例，即在透過中央經費補助，全面改善國民中小學硬體及重要設施；以「精緻教學計畫」為例，即在獎助各縣市國教輔導團，策動學習社群，全面提升教育品質，改善教育軟體作為；以「國民中小學小班小校計畫」為例，計畫之目的即在提升國中與國小「師生比」指標，期待本國的教育指標，符合先進國家標準；以「大學卓越計畫」為例，計畫之目的在擴大高等教育投資，提高精英大學競爭力，期待臺灣有更多的大學擠身世界百大的排名之內，象徵我國教育的「國際化水準」。國民教育階段有關的教育計畫，其最終之目的，即在實現國民教育目標，大學階段有關的教育計畫，即在實現大學教育目標。

　　林文達（1988）曾提及，部分的教育學者並不主張運用「計畫」來做「教育發展」的導向，認為教育的對象是人，而個人追求的教育理想目標以及所期望的教育方式互殊，不宜以全盤性、統一性的計畫予以抹殺；而贊成者多以教育計畫功能與其相對產生的價值，來駁斥反對者的主觀論證。鄭崇趁（1998）認為，教育計畫具有八大功能：(1)反映國家教育政策：重

要的教育計畫，就是國家重大的教育政策，教育政策通常以中長期計畫來推動；(2)擴大教育投資效果：計畫方案是確保投入之資源用在最需要的地方，計畫項目就是「刀口」；(3)有效運用社會資源：計畫是引導社會資源參與的有效途徑；(4)引導同仁工作方向：同仁工作內容有計畫目標引導，較有方向性與評核點；(5)提供執行回饋歷程：優質的教育計畫，能設定執行考評回饋機制，適度監控反省計畫之實施與調整；(6)增進國人認同支持：將計畫方案的型態公開呈現讓國人了解，較易獲致認同與支持；(7)帶動整體教育革新：教育是百年樹人的工程，整體教育革新非一蹴可幾，需有系列主題教育計畫的累積；(8)結合教育理論實際：優質的教育計畫，是將理論的主張與作為，化做學校教育現場之教師得以具體操作的實踐方案。

三、教育計畫的學理基礎

　　教育計畫的學理基礎建立在下列幾個相關理論之上：目標管理理論、計畫施政理論、資源統整理論、漸進決策模式、績效責任理論，以及品質保證理論。

　　教育計畫本身就是目標設定與執行的實踐，「計畫目標」與「項目工作的預期成效」，實為目標管理理論在教育實務上最好的運用。教育計畫本身符合政府「計畫施政理論」，政府各部會局處均須將年度工作計畫隨同預算編列，交由立法院或地方議會審議，計畫愈詳細，編列經費愈合理，就愈能獲致審查委員支持。施政需要計畫，教育計畫能落實導引教育政策的發展。

　　教育計畫的實體就是一種「資源統整」的歷程，教育組織以計畫爭取資源預算，運用計畫的執行，有效分配資源，完成既定工作使命，增益資源效益，是資源統整理論的實踐與發揮。教育計畫也符合漸進決策模式的學理精神，凡是具體的教育實踐方案，其執行項目與內涵均經民意審議，

是一種折衷共識的結果，其創發與改革（改善）幅度為大眾可接受，實為漸進決策模式的具體作為。

教育計畫的執行均有明確分工、權責組織及其組織內人員，必須依計畫設定執行，完成任務，是「績效責任」的規範，其成果檢核也是責任歸屬的依據，因此，教育計畫及方案的實施，是增益教育人員績效責任的重要方略之一。在全面品質管理理論廣泛運用在方案評鑑之後，「品質保證機制」的建立是方案執行後評鑑的最重要檢核點，教育計畫中的「執行要領」或「配套措施」中，往往設定明確的考評檢核、回饋調整機制，促使「品質保證理論」在優質的教育計畫中實踐。

四、優質教育計畫的辨識指標

辨識優質的教育計畫有下列五個指標：(1)計畫的型態具有系統結構，尤其是目標、策略、項目等三者彼此關係密切，可以用圖或表來呈現；(2)計畫的背景緣由或實施原因，是一種教育理念的實踐，整個計畫的意涵具有教育理論的基礎；(3)計畫的實施項目與內容，是可行的，可以操作的，也是教育組織當前最需要的；(4)計畫的執行設定了固定的期程、項目與經費，資源投入的量與質規劃妥適；(5)計畫本身包含了「配套措施」的設定與執行，推動計畫本身的「組織」、「運作」、「考核」、「檢討」、「回饋」、「品質保證」等機制，有明確規範。

優質的教育計畫是可以教學的，透過教學與研究的歷程，可以增進前述五個辨識指標的具體內涵，產出真正優質的主題式教育計畫以及各級學校中長期校務發展計畫，因此，學校領導人與主任、組長應藉由在職進修或行動研究的歷程，學習優質教育計畫的撰寫技術，為任職學校產出累積有效的資源，是「計畫管理策略」的當務之急。

第二節　計畫技術與系統元素要領

一、優質教育計畫的系統結構

　　優質的計畫與不夠理想的計畫，其最重要的檢核點，在於計畫的本身是否具有系統結構。有系統結構的教育計畫，其「計畫目標」、「實施策略」，以及「執行項目」之間是有縝密關係的，可以用圖或表來呈現，三者的文字內涵環環相扣，具有典雅、形式與藝術之美。以「教育部輔導工作六年計畫」為例，計畫之系統結構如表 9-1 所示。

　　就一般的主題式教育計畫而言，其系統結構可以再予簡化，只要能夠彰顯「目標」、「策略」與「項目」等三者之間的脈絡關係即可，茲以「國立臺北教育大學教育經營與管理學系 2007～2009 中程發展計畫」為例，說明其系統結構如表 9-2 所示。

　　本計畫為「教育政策與管理研究所」、「教育經營與管理學系」、「中小學校長培育與專業發展中心」等三個單位整合後的發展計畫，計畫目標設定為「激勵教師士氣，帶動學生勤學，實踐敦愛篤行精神；創新學術研究，建立經營體制，樹立優質教育形象」，再從四個面向進行策略分析：「教師」、「學生」、「活動」、「服務」，每一個策略各規劃三至四個執行項目來加以實踐。為什麼要做這些項目？它是從某一層面來強化作為，來實現教育目標，彼此之間的關係是縝密的。如果「目標」、「策略」、「項目」三者各自獨立發展，沒有相屬連結，最易被批評為「想做什麼就做什麼」、「欠缺系統思考」，以及「雜亂沒有章法」的計畫，在教育領域上應予避免。

表 9-1　「教育部輔導工作六年計畫」系統結構表

策略		計畫項目	時程			目的	
建立全面輔導體制	培育輔導人才	一、培育輔導人才計畫 二、設置輔導研習中心計畫	第一階段	第三階段		厚植輔導基礎	統合發展輔導效能
	充實輔導設施	三、充實輔導室及諮商室計畫 四、整編心理與教育測驗計畫 五、充實輔導活動經費計畫					
	整合輔導活動	六、規劃建立輔導網絡計畫 七、規劃辦理輔導知能宣導計畫 八、加強心理衛生教育計畫 九、推動問題家庭輔導計畫 十、實施璞玉專案（國三不升學學生輔導）計畫 十一、加強生活及生涯輔導計畫 十二、實施朝陽方案（問題行為學生輔導）計畫					
	修訂輔導法規	十三、整編修訂輔導法規計畫 十四、規劃修訂學校輔導課程計畫	第二階段			落實輔導工作	
	擴展輔導層面	十五、規劃建立全國輔導體制計畫 十六、設置青少年輔導中心計畫					
	實施輔導評鑑	十七、建立輔導專業人員證照制度計畫 十八、建立輔導評鑑制度計畫					

資料來源：鄭崇趁（2006a：323）

表 9-2　「國立臺北教育大學教育經營與管理學系 2007-2009 中程發展計畫」
系統結構表

發展目標	實施策略	執行項目
激勵教師士氣，帶動學生勤學，實踐敦愛篤行精神；創新學術研究，建立經營體制，樹立優質教育形象。	一、發展教師責任，增進教學研究效能	（一）建立系所願景與教育目標。 （二）提列教師教學、研究，與指導學生責任。 （三）建置專任教師教學、研究、論文指導、服務系統資訊網頁。
	二、確立學生規範，提升學習歷程效果	（四）建立學生學習研究規範。 （五）執行學生學習歷程實錄。 （六）建置畢業生服務網絡系統。 （七）樹立在學學生及畢業生品牌形象。
	三、開創教育活動，致力學術結合實務	（八）擴大辦理學術研討活動及出版教育經營集刊。 （九）拓展系所與教育行政單位及文教產業合作事項。 （十）開發校長培育與專業證照體制。
	四、改善運作模式，提升系所服務品質	（十一）增進系所服務師生品質。 （十二）強化教學研究環境管理。 （十三）逐年規劃系所課程設計。 （十四）即時修訂系所規章。

二、目標設定技術與經營策略分析

目標設定的方法有技術可尋，研究者累積多年的教學及撰寫計畫的經驗與心得，認為其要領為：(1)用一段話完成，不逾一百字，儘量避免使用條例；(2)要包含「策略」與「目的」；(3)文字的使用要有旋律或節奏感；

(4)使用四至六句話完成最佳；(5)要有一個轉折（兩小段）或兩個轉折（三小段）。計畫目標撰寫的基本格式有兩種，如圖 9-3 所示。

甲
種

小策略，小策略，小目的；
小策略，小策略，小目的。

乙
種

小策略，小目的；
小策略，小目的；
小策略，小目的。

圖 9-3　計畫目標撰寫的基本格式

　　甲種寫法的範例，研究者提供 2009 年接受教育部（中教司）委託研究後所撰擬的「2010～2015 新優質師資培育中程計畫——建置學程、國考、實習、任用師資培育體制」及 2012 年國立臺北教育大學「精緻師資培育暨發展學校特色整合計畫」如次：

計畫目標範例 1（2010～2015 新優質師資培育中程計畫）

齊一教育學程科目，發展考用合一系統，爭取優秀學生參與師資培育；強化教育實習內涵，結合領域教學認證，全面提升教師素質與教育品質。

計畫目標範例 2（精緻師資培育暨發展學校特色整合計畫）

> 優化環境資源，活化培育機制，成就新時代責任良師。
>
> 深化教育特色，創化產學合作，形塑新世紀精緻大學。

　　乙種寫法的範例，較不易尋找，研究者提供 2006 年的實習作品「防制學生自我傷害實施方案（綱要）」的計畫目標撰寫內容供參。

計畫目標範例 3（防制學生自我傷害實施方案）

> 喚起學校教育人員愛人助人意願，提升關照學生能量；
>
> 實施積極輔導措施與補救教學，扶助學生面對困境與挫折；
>
> 建構全面預防應變機制，有效舒緩學生自我傷害事件。

　　「經營策略」的撰寫要領概略有六個重點：(1)以三至五個策略最佳；(2)每一個策略要銜接目標設定中的小策略；(3)每一個策略以兩句話完成最具效果；(4)兩句話要有因果關係，通常第一句是因，第二句是果；(5)要注重文字的精練與整齊；(6)策略之間其界面要有清楚的邏輯順序。

　　「經營策略」範例 1（國立臺北教育大學 2002～2005 中程校務發展計畫）

> 一、調整系所單位，蓄積師生多元發展資源。
>
> 二、強化師資陣容，邁向國際綜合大學水準。
>
> 三、建設優質環境，提升師生教學研究效能。
>
> 四、培育卓越學生，增進畢業學生競爭潛力。

「經營策略」範例 2（精緻師資培育暨發展學校特色整合計畫）

一、建置數位教學環境，優化師資培育資源。

二、實踐專業教育標準，活化師資培育系統。

三、布建系所教育特色，深化學校品牌價值。

四、經營教育產學合作，創化精緻大學量能。

「經營策略」範例 3（防制學生自我傷害實施方案）

一、激發教師教育愛與關照能，厚植輔助資源。

二、增進學生成就感與生命力，轉化困境壓力。

三、布建學校支持網與輔導法，整合應變體系。

三、項目選擇與執行內容撰寫要領

「執行項目」是教育計畫真正的「操作點」（工作事項），項目選擇妥適，執行起來事半功倍；反之，項目選擇不當，事倍功半，並且浪費國家資源，反而形成降低教育競爭力的因素之一。優質教育計畫之「執行項目」選擇要領如次：(1)是銜接計畫目標與策略層面的核心工作項目；(2)是經過系統思考（觀照全面→掌握關鍵）後的計畫關鍵事項；(3)是學校（組織）發展上的最需要；(4)是多數同仁認同的可行工作事項；(5)有三至六個項目的群集，能夠有效實現策略面向計畫目標，並呼應預期成效的訴求。

「執行內容」是教育計畫的本文，必須說明清楚計畫中的每一個項目如何實施（怎麼做），是以其總篇幅約占計畫全文的三分之一左右，其撰寫要領約略如次：(1)依據執行項目次序，逐一撰寫執行內容；(2)採段落式

的寫法較佳；(3)依據「單位」→「方法」→「結果」（或目的）敘寫執行內容是有效的系列；(4)每一項目的執行內容不宜太短，至少約四行以上的內容較佳；(5)核心技術或專有名詞可用附加段落加以說明。

　　「標準作業程序」（S.O.P.）是當代行政事務品質保證的基石，計畫重點工作項目與執行內容的敘寫，得參酌標準作業程序的精神，直接反映在方法內容的層面，並以附件方式，呈現重點工作事項（計畫關鍵事務）的標準作業程序，以導引計畫執行人員作為，增益計畫的成果績效。

四、配套措施與管考機制設定要領

　　完整而優質的教育計畫，其計畫本身就應有完備的「配套措施」之設定，唯在計畫中使用的名詞不同，「配套措施」在計畫中常用「行政要領」、「執行配套」、「注意事項」、「行動要領」、「行動步驟」等名稱，近期則因「行動方案」頗為流行，是以大部分的中長期計畫，多以「行動步驟」或「行動要領」來註解計畫的配套措施，此即代表計畫本身就符合行動方案的性質。

　　配套措施（行動要領）主要的內涵有四：(1)設定推動計畫的組織系統，尤其是全國性或全縣市範圍的教育計畫，要有「督導委員會」及「任務小組」的組織系統；(2)設定組織運作方式，確保計畫能夠務實執行；(3)有定期考核評鑑機制，檢討計畫執行進程及回饋改善措施；(4)定期彙報成果，並對計畫績效進行知識管理。

　　配套措施的主要功能有二：一者能增進計畫的可行性，運用任務組織帶動實踐計畫之執行；再者能維護計畫品質，藉由定期管考評鑑，蒐集計畫利害關係人的回饋意見，適時調整計畫作為，維護計畫歷程品質，並即時達成計畫目標。

第三節　計畫執行與歷程品管機制

❧ 一、策定學校十大教育計畫

　　計畫管理策略的實際執行步驟有四：(1)策定學校十大教育計畫；(2)督責處室執行十大計畫；(3)定期彙報計畫成果績效；(4)布建管考品質保證機制。本節將依序說明論述這四個步驟的主要內涵。

　　計畫管理策略顧名思義，就是管理重要計畫來經營學校，帶動學校加速發展。就學校層級組織而言，宜策定學校十大教育計畫，每年運作管控這十大計畫之實施，以計畫的有效實施，帶領師生實現教育目標。這十大教育計畫有下列三個計畫是共同的部分：(1)中長期校務發展計畫；(2)學校本位課程發展計畫；(3)學校特色發展計畫。這三個計畫均是為期三至四年最適當的計畫，配合校長任期撰擬最為合適。

　　其他七個計畫，可概括稱為「主題式教育計畫」，得以一至二年為期或二至三年為期，依各自學校需求考量。其主題名稱的選定與產出，得以下列兩種途徑進行規劃：(1)依處室別，由各單位就主管重點校務，各提報一至二個主題式教育計畫；(2)由校長及主要幹部（主任）會商，系統思考學校發展需求最核心的工作，規劃主題，並分由責任處室擬定具體的實施計畫。

❧ 二、督責處室執行十大計畫

　　學校完成訂定十大教育計畫後，應在行政會議或校務會議中報告，宣導周知，並凝聚師生人氣，由處室指定計畫執行人報告進一步（及近期）的重點工作事項，通知相關人員共同投入，積極展開下列幾個配套事項：(1)將計畫的重要工作事務與時程，立即與處室年度工作計畫結合，設定重

要的活動時間點及檢核點；(2)將重要工作的「標準作業流程」（S.O.P.）再與行事曆結合，系統整合執行計畫；(3)預為協調資源或調整常態事務，有效支援計畫性工作；(4)酌予採行「主題計畫本位」的行政事務統合運作，為師生同仁提供更具「焦點服務」的行政效能；(5)配合主題計畫的推動來布置處室環境，例如：將計畫目標或經營策略文字做為處室標語。

學校重要計畫的執行，分由主管處室負責，但也要處室分工，共同促成；「分工的妥適性」往往是計畫執行成功與否的關鍵，因此校長宜督責處室擬訂「計畫分工表」，除各司其職、人盡其才、物盡其用的基本考量外，其計畫核心工作，應由主要負責處室人員承擔，主要負責單位也要承擔計畫總體工作量的大部分（通常要 50% 以上），避免分配不當、喧賓奪主或相互推諉、權責互斥的現象。

三、定期彙報計畫成果績效

計畫工作的執行最忌虎頭蛇尾，轟轟烈烈的開始，卻草草了事，因此主題式計畫啟動之後，要設定定期的檢核點並貫徹執行檢核。最佳的作法就是配合每週的「主管會報」以及每月的「行政會議」，將學校的十大計畫，排定於「主管會報」及「行政會議」的預定議程中。主管會報由單位主管口頭報告重點計畫之執行進程，並討論核心工作的作法與共同配合事項，讓所有的單位主管了解。行政會議由主辦計畫權責組長彙報計畫成果績效，供行政同仁同步熟悉計畫進程與必須配合的執行事項，凝聚匯集同仁心向，增益計畫的執行能量。定期在「主管會報」與「行政會議」彙報之計畫成果績效，應用數位資訊系統儲存其重要成果，調整改變之作為宜做成摘要，以電子郵件方式通知全校師生，讓教師與學生對計畫內涵有興趣者，得以適時了解核心工作之進程，以便能夠踴躍參與或表達意見，擴增計畫實施價值。

四、布建管考與品質保證機制

計畫管理策略的推動，很忌諱學校同仁因為要配合計畫的實施，又要處理經常性校務，增加工作負擔總量，導致忙成一團、疲於奔命，而整體的校務績效又不見得明顯提高。是以各處室的責任主題式教育計畫必須完全與年度經常性工作計畫融合，最少應做到「核心項目」的融合及「辦理時程」的融合，才得以讓同仁處理校務「一次到位」暨完成計畫性工作項目，也同時能完成原本的經常性事務，自然「事半功倍」，樂於配合計畫的實施與推動。

如何促進同仁「事半功倍」地執行計畫並處理校務，布建「主題式計畫機制」、「管考機制」及「品質保證」是企業界最精密的作法，引進教育領域後亦具有同質效果。「管考機制」即設定檢核點與檢核期程，通常一般學校的主題式計畫宜檢核下列幾個事項：(1)目標達成程度；(2)經費使用情形；(3)核心工作時程；(4)績效成果資料；(5)回饋意見分析。

「品質保證機制」是最新的品質管理訴求，在一般有「產品」的企業公司，品質保證在於產品本身的「精緻度」與「無瑕疵」。行政計畫的品質保證機制指的是下列三項的品質管控：(1)計畫核心工作的「標準作業流程」（S.O.P.）之品管，希望計畫核心工作，一定要同仁依「標準作業流程」為師生提供高品質的服務；(2)計畫核心工作執行後的滿意度品管，希望計畫核心工作都能為全校師生提供高滿意度的服務；(3)計畫成果績效的品管，希望充分實現計畫目標，並有高品質的成果。

第四節　計畫評鑑與績效傳承創新

一、方案評鑑模式的探討

　　評鑑分為自我評鑑與外部評鑑，較為周延而具一定規模以上的學校主題式計畫，以縣市為實施範圍以上的計畫，或者是全國性的計畫方案，除了要有自我評鑑的機制之外，通常要接受主管機關的外部評鑑。本章第三節所述的「管考機制」與「品質保證機制」，就是自我評鑑機制（模式）的建置與執行。本節則以外部評鑑的視野，論述計畫方案評鑑的模式與整體計畫績效管理及傳承創新。

　　「方案評鑑模式」經過教育評鑑學者多人多次的探討之後，約略可分為六種導向模式：實驗導向模式、目標導向模式、歷程導向模式、理論導向模式、決策導向模式，以及顧客導向模式。鄭崇趁（1995，1998）發表的《教育計畫與評鑑》乙書，其中評鑑篇五大章，建置了「整合導向評鑑模式」係以「目標模式」為基礎，結合了「CIPP 模式」（歷程模式）及「理論模式」的優點，並以本土化素材融入評鑑指標的撰寫，係屬國內發展，且以全國性計畫導向的外部評鑑立場所建置的「計畫（方案）評鑑模式」。

　　「整合導向評鑑模式」分五大評鑑面，檢核二十個計畫（方案）的向度，內含七十二個指標，其概要結構如表 9-3 所示。

表 9-3　整合導向評鑑模式（評鑑層面、向度與指標結構）

壹、規劃作業層面	貳、計畫內容層面	參、計畫策略層面	肆、執行過程層面	伍、執行績效層面
一、政策決定歷程 4 個指標	一、方案架構 3 個指標	一、目標策略 5 個指標	一、行政協調 3 個指標	一、量的績效 3 個指標
二、規劃作業程序 4 個指標	二、執行項目 4 個指標	二、方法策略 5 個指標	二、督導考評 5 個指標	二、質的績效 2 個指標
三、年度作業計畫 5 個指標	三、執行內容 4 個指標	三、組織策略 3 個指標	三、專業支援 4 個指標	三、成果績效 3 個指標
四、行政配合措施 5 個指標	四、經費籌措 3 個指標	四、應變策略 4 個指標	四、彈性措施 2 個指標	四、潛在績效 4 個指標

　　研究者曾運用「整合導向評鑑模式」（鄭崇趁，1999，2003），評鑑
「教育部輔導工作六年計畫」以及「建立學生輔導新體制——教學、訓導、
輔導三合一整合實驗方案」，成果頗為務實，既能給予「計畫（方案）」
的綜合評價，也得以明確指出方案計畫的優劣勢與執行上的特質缺失。另
有多位研究生，酌採「整合導向評鑑模式」中的「執行過程層面」以及「執
行績效層面」之向度指標，評鑑「縣級」或「校級」的主題式教育計畫，
也多順利完成博碩士論文。因此，「管考機制」→「品質保證機制」→「整
合導向評鑑模式」的作法，分類與系統指標，可以提供學校主題式計畫「外
部評鑑」的參照基石，由主管機關依據評鑑目的，委請教育評鑑學者專家
「系統重組」之後，頒訂「實施要點」及「評鑑指標」，即可順利執行。

二、主題式教育計畫的後設評鑑

　　後設評鑑指的是「評鑑的評鑑」，主題式教育計畫的後設評鑑指的是，
學校十大主題式教育計畫實施之後，不只要進行計畫本身的「自我評鑑」
及「外部評鑑」，更要跨計畫整體思考，評鑑這十大計畫是否均能務實實
施，評鑑這十大計畫是否確為學校之最需要，評鑑這十大計畫的個別功能

與整合功能併同後，所產生的整體效益或價值，評鑑這十大計畫整合實施後，必須調整與因應的作為如何，最後要評鑑規劃後續的年度十大主題式計畫又應該是什麼？

後設評鑑來自「後設認知」的倡導與廣泛運用，後設認知是各種行為表現之後的「系統知識註解」，後設評鑑也在進行計畫本身的「管考機制」、「品質保證機制」、「自我評鑑」以及「外部評鑑」之反思檢討，對於學校整體發展與計畫選擇執行之系統回饋評鑑，每一個學校平時多已在做（例如：計畫實施檢討會），但深入的程度與名詞上的用語並不一致。

三、優質計畫活化學校（組織）智慧資本

學校組織是一種雙重系統結構，尤其在教師的課程研發與教學品質的提升方面，很難被規範，具有鬆散結構的本質，但又是教育組織的核心技術所在。從「智慧資本理論」的立場來觀察，目前學校組織擁有龐大的「靜態智慧資本」，而非「有效的智慧資本」，也就是說，教育人員核心能力頗強（有能力），但並不一定認同教育政策而積極投入（不願意做）。

在雙重系統的組織結構中，優質教育計畫的實施，可以帶領老師了解計畫的核心事項，進而知道其背後的理論理念，配合執行後對於教師及學生產生的價值與意義，知道為什麼要做，也知道如何來做，得以認同計畫的實施；認同之後參與投入的程度自然增加，而原本的「靜態智慧資本」，在經過計畫的帶動與活化之後，逐漸成為「有效的智慧資本」。

優質計畫也在導引同仁「集中心力」、「做事務的核心工作」，不要浪費時間在龐巨而雜亂無章的瑣碎事務之上，每天在單位時間的工作效率增加，每週與每月的行政效能就增加，增益智慧資本對於學校組織的貢獻程度，創發教育的更大價值。

四、智慧資本的傳承與創新

教育工作日復一日、年復一年，教師每年面對的學生雖然不同，但每年形成一個循環，教學與教育活動在某一個時段都十分相似，就知識與智慧的主體而言，每年都在「傳承」與「創新」，教育人員如果不經意而消極，就容易形成一般性的「文化複製」，「當一天和尚撞一天鐘」，且鐘聲日益低沉，沒有清醒響亮、振奮人心效果。是以教育人員應對自己期許，每一天要扮演好「核心知識」（智慧）的有效傳承，扮演好教育活動表達方式的永續創新角色，人人自我實現，也帶領學生自我實現，活化智慧資本、傳承智慧資本，也創新智慧資本。

優質教育計畫的策訂、執行、評鑑，與知識管理，是活化組織（學校）智慧資本、傳承智慧資本與創新智慧資本的重要策略方法與操作工具。優質的教育計畫融合經常性事務與核心教育事項，帶領教育人員每天著力於關鍵工作，活化智慧資本、增益效能效率。優質教育計畫，將學校的主要教育工作，運用主題式計畫型態呈現，運用主題式計畫的實施，有效傳承教育核心技術與關鍵事項。優質的教育計畫均設定較前瞻性的計畫目標與預期成效，善於計畫管理策略，能夠藉由計畫的貫徹實施，帶領學校突破發展瓶頸，形塑優質組織文化，創新智慧資本。

第十章　實踐篤行策略

把「實踐」與「篤行」融合，並且當作是一種「經營策略」，主要的意涵有三：(1)強調「執行力」在教育單位的應用：企業界非常重視組織運作績效與產業執行力，但在教育界，「執行力」一詞長期以來未被強調，然日益重要；(2)強調領導人「帶頭實踐」的重要：教育事務需「專業能力」與「性向意願」的融合，才得以帶動產出績效成果；(3)典雅名詞的選擇：是「博學、審問、慎思、明辨、篤行」、「敦愛篤行」、「教育執行力」、「教育實踐說」的綜合意涵。

實踐篤行策略係指：「經營者能夠示範帶動組織成員，如期完成教育計畫擬訂、課程方案教學設計、篤行正式與潛在教育課程實踐，留存完整成果績效，提升教育執行品質，帶好每位學生之謂。」其操作型定義偏重下列六項教育核心工作的專業示範：(1)示範擬訂計畫；(2)帶頭認輔學生；(3)發展本位課程及主題教學方案；(4)示範教學觀摩及行動研究；(5)運用教育理念闡述工作價值；(6)留存重要檔案範例。

本章分為四節論述：第一節「政策理念的實踐篤行」，分析教育領導人如何解析政策的核心價值，爭取教育人員認同實踐；第二節「方案課程的實踐篤行」，論述教育人員如何示範策定教育計畫與發展校本課程特色，領導同仁經營學校系統品牌；第三節「輔導學生的實踐篤行」，闡述教育領導人如何發揮關照角色，與如何照顧學生的具體作為；第四節「師道責任的實踐篤行」，論述新時代教育良師應有的責任，以及教育領導人應有的「風格領航」責任。

第一節　政策理念的實踐篤行

一、探討教育執行力不佳的原因

教育政策及其背後依循的教育理念，不容易被教育人員看見，更不容易被了解與認同，是以重要教育政策（例如：十二年國民基本教育、教訓輔三合一整合實驗方案）的推動與實施，均需要長期的宣導，用盡各種方法才能獲致教育人員的理解與認同；教育人員普遍的理解認同之後，才能真正讓一般民眾認同與支持。

造成教育執行力不佳的主要原因有下列幾項：(1)專業而鬆散的組織雙層系統，教學專業受尊重，但教學成果評鑑鬆散未明；(2)教師專業自主受到過度保障，部分不適任教師有恃無恐；(3)績效責任的觀念在教育界尚未普及，部分未具學習績效的學生，未有標的教師負責；(4)教育的核心價值與受教者的核心能力，近期才開始重視，其發展帶動的實質成果，尚不明顯；(5)教育人員的理論連結實務能力較為薄弱，常有「說不清楚、講不明白」的現象；(6)靜態的智慧資本未能活化為有效的智慧資本。

二、闡述教育政策核心價值

要突破教育執行力不佳的窘境，教育領導人宜適度闡述教育政策的核心價值，應是有效著力點。教育人員均是高級知識分子，大家在配合推動教育政策的同時，除了要知道「做什麼」之外，更需要知道「為什麼這樣做」、「這樣做之後，會帶給學生和教師什麼價值」，「意義」和「價值」才是政策宣導的核心內涵。是以教育領導人要有效帶領學校（組織）同仁實踐篤行教育政策，闡述教育政策與措施之核心價值成為首要課題。

以臺北市「教育 111」政策為例，其「一校一特色」、「一生一專

長」、「一個都不少」的教育作為，充分反映了「人文」、「均等」、「適性」、「民主」、「創新」、「永續」、「精緻」、「卓越」之核心價值，並且具有「優勢學習」、「順性揚才」、「普遍卓越」、「理論結合實務」、「交互作用，整合發展」的優點（亮點），教育領導人（行政長官及校長）能多次闡述宣導，讓教師認同支持，各校自然積極申請認證，臺北市整體教育競爭力的提升自可水到渠成（鄭崇趁，2011a：269-276）。

三、躬行政策理念的實踐作為

學校的教育事務主要分為兩類：經常性工作與計畫性工作；教育政策與學校重點措施通常以計畫方案之形式在校推動。如果兩種性質不同的工作，沒有經過統整後再實施，經常會讓學校教師與職工同仁誤以為，除了「經常性工作」要按時執行外，還要撥出時間來做「計畫性工作」，因此教育政策與計畫方案常被誤解為「外加」的工作。

因此，學校領導人在「政策推動」與「計畫實施」上，必須先與學校的「經常性」工作進行系統整合，務必讓同仁感受到，推動計畫性工作，可以把大部分的經常性工作一併執行完竣，且關鍵核心之事務更具效果與效率；計畫方案帶動系統化、結構化地執行經常性工作，計畫性工作的實施讓整體教育事務活化，也相對地減少了處理經常性工作的資源與時間。

強化政策理念的實踐作為，就是運用政策方案本身背後所依循的理念或理論為主軸，思考整合計畫方案本身的核心事務與學校經常性工作的連結，凡是與計畫方案理念一致的經常性工作，一律併入「政策計畫」中執行，例如：推動「教育 111」政策時，為了實踐「一個都不少」的理念訴求，將學校「經常性工作」之中輟生輔導、正向管教、布建輔導機制、強化補救教學措施，移列入方案計畫中加強實施，使之達成方案目標，也有效完成這些經常性事務。

四、實現政策理念的篤行目標

政策理念的實踐篤行，仍要設定篤行目標，茲再以「教育111」政策理念為例，學校之規劃執行需設定下列四個層次之目標：(1)執行方案的擬訂與執行：本項政策理念之實踐，需要擬訂方案向教育局申請認證，方案文本的完成是重點目標之一；(2)設定執行歷程目標：如全校師生均能說出「教育111」三個1的具體內容，也就是「一校一特色」、「一生一專長」、「一個都不少」；每一位教師都知道學校要發展的特色主題名稱及其本身指導學生發展的專長項目，每一位學生都了解自己要爭取認證的專長項目，以及何時需通過認證；(3)設定核心工作檢核時程：擬訂何時完成特色目標、學生專長檢核目標，以及一個都不少的四項檢核點；(4)排訂自我評鑑：確定政策理念實踐篤行之程度與完備度。

政策理念的實踐篤行最容易流於空泛，學校好像有在做，但又好像沒有真正在執行，是以學校教育領導人（校長），要先了解其政策理念執行力不佳的主要原因，要適時論述政策反映的教育核心價值，多次而密集地宣導，爭取同仁了解而後認同支持，也要率領幹部，以政策理念的核心事務，擬訂為學校可行的計畫方案，將經常性工作與計畫性工作統整為篤行目標，並設定實施檢核時程，活化學校同仁智慧資本，共同達成篤行目標，且藉由政策理念的實踐篤行，提升教育品質，也發展學校教育之特色品牌。

第二節　方案課程的實踐篤行

一、探討學校本位經營

政策與理念的實踐篤行，是組織運作的上位概念，較為抽象與空泛。方案與課程的實踐篤行，則與組織（學校）的本位經營攸關，就概念與操

作事務層次而言，有明顯的目標，且較為具體而務實。教育行政單位的重要政策多以計畫方案來推動，學校組織則以本位課程及學校特色方案來實踐篤行。

組織（學校）本身的計畫管理策略，在本書第九章已予以詳細說明，本節僅就其與實踐篤行策略核心事務的連結點，摘述如次：(1)教育領導人要擬訂優質的教育計畫或執行方案，藉由優質主題計畫及中長程發展計畫，導引學校精緻發展；(2)優質教育計畫具有系統結構，蘊含理論理念，且項目是可行的，是組織最需要的；(3)將方案計畫的執行，成為組織（學校）經常性工作的主軸，篤行計畫方案，帶動組織全面發展；(4)將方案計畫的考評機制與例行的品質保證機制結合，一併辦理績效成果發表，蒐集回饋意見與持續改善作為。

組織（學校）的本位經營，通常指「校本課程」及「校本教育活動」，校本課程即學校運作本位管理理念，整全考量學校師資專長分布、學生背景期待、社區資源特質，以及學校現階段的任務目標，所開展的全校性課程設計，以及各年級領域教學之主題教學方案。規劃統整性與個殊性的學校本位課程，在學校組織中務實執行，就是教育內容的實踐篤行。

校本教育活動是指，學校將每年定期要舉辦的重要慶典（如開學典禮、親職教育日、校慶運動會、學生成果展、畢業典禮、教師節、兒童節、母親節）及段考、期末考、才藝專長認證等活動，以學校本位創新、傳承的方式實施，既能滿足學生及家長對於核心教育事務的期待，也能持續改善、帶領師生開創教育新境界，教給學生寬廣的教育視野。

二、發展學校特色主題

發展學校特色可以凸顯學校教育成果，可以行銷學校，吸引社區家長看見學校的優點，也可以突破學校發展瓶頸，逐步邁向精緻、卓越，更可

以凝聚同仁向心力,持續深耕教育,永續經營。是以近年臺灣北部的縣市政府均推出了發展學校特色的政策,來激勵中小學經營學校特色,並申請認證,唯名稱上有所不同,臺北市稱「優質學校」、新北市稱「卓越學校」、桃園縣稱「學校特色認證」、宜蘭縣則稱「噶瑪蘭金質學校」。

「學校特色」必須符合下列四個指標:(1)教育性:特色主題必須直接與學生學習攸關,是教育的主要活動;(2)普遍化:需為學校學生均能普遍參與的教育活動,不是為少數人設計;(3)課程化:特色教育活動有系列的「教」與「學」規劃,能融入年級領域課程實施,可以永續經營;(4)卓越化:普遍化之後選出的精英團隊,具有卓越表現,在縣賽或全國賽中能有傑出名次,或接受各界邀約,有公開展演、媒體廣為報導之事實。

學校經營者(校長)致力於學校特色的主題發展,應掌握下列五大要領:(1)配合政府政策重點:如桃園縣曾頒布閱讀、品格教育、資訊教育白皮書,並資助經費,很多學校順勢發展為學校特色主題;(2)善用教師個殊專長:如臺北市西園國小呂碧霜教師具有踢毽及民俗教育專長,其依年級規劃不同難度的課程教學,並結合社團指導,讓「踢毽」達到前述四大指標要求,成為學校特色;(3)創新在地文化傳承:如宜蘭縣寒溪國小,原為原住民泰雅族學校,莊仁實校長回母校任職校長後,以傳承創新泰雅族文化為己任,編印泰雅讀本,成立泰雅文化中心,發展泰雅校本課程,帶領泰雅舞蹈與才藝社團至各處展演,形成學校特色;(4)結合社區自然資源:以數年前新北市「漁光國小」及「屈尺國小」的遊學教育為例,郭雄軍校長結合社區自然資源,擘建學習步道,配合半日遊、一日遊、兩日遊、三日遊規劃「遊學課程」,吸引中外學子數萬人參與,形成學校特色;(5)提升科技資源效能:如部分學校妥善運用政府對資訊科技的投資,規劃未來教室、雲端教學,全面提升全校學生資訊的基本能力,發展資訊科技特色教學,成為新教育的特色學校。

三、布建校本課程系統

自 2000 年實施「國民中小學九年一貫課程綱要」以來，中小學開始推動「學校本位課程」的觀念與作法，經過十多年的經營，已成為臺灣地區課程統整的特色，每一個中小學均有「學校本位課程」，唯各校深耕的程度，仍有層次上的差異。依據研究者長期參與各級學校校務評鑑（含課程評鑑）的觀察，「校本課程」的發展有下列三個階段：(1)學校教育特色主題規劃階段：學校選用幾個主題，如社團、棒球、讀報、遊學等當作發展特色指標，有的學校就稱之為校本課程；(2)學校特色初步課程化階段：學校的特色主題已發展成「主題式教學方案」，針對參與的師生實施，但還不普遍；(3)校本課程系統化階段：學校發展的特色主題充分課程化與教學化，配合領域及年級，均有二至三種系列的主題統整教學教案。

是以「布建校本課程系統」是發展學校教育特色、行銷學校品牌的最重要基石，也是學校經營者（校長及主任）帶動教師實踐篤行策略的核心事項，唯有校本課程系統建置完備，教師們得以據此務實教學、永續經營之後，學校才得以稱之為有特色、有品牌的學校。學校經營者布建校本課程系統須掌握下列幾項要領：(1)要有課程願景及核心價值，明示校本課程的最大目的；(2)主要授課領域，應配合年級均有二至四個主題教學方案設計，要有主題單元名稱及已發展完成的定型化教案；(3)教學輔具配合單元教學需要，列表備用；(4)學校環境結合社區自然及文史資源，建置校本課程學習步道；(5)定期展示校本課程實施成果。

四、提供多元社團活動

多元社團提供學生自由選擇學習，是學校實踐多元智能理論的重要策略。學生的潛在能量差異性頗大，正式課程常流於制式化，較難以順應個

殊性學生之需求，尤其在才藝與運動項目的學習，社團是輔助正式課程的重要教育活動，也是學生「優勢智能明朗化」的關鍵舞台。也有學校將學生較喜歡、每年都開設的社團稱之為「半正式課程」，並配合學校特色及校本課程的推動進行設計。

社團活動的量與質和學校規模（學生人數）攸關，學校規劃時要注意下列幾項原則：(1)普遍參與：小學三年級以上學生想要參加社團，學校要有足夠的社團讓學生參與；(2)兼容並蓄：多元智能理論中的八種潛能優勢均有合適的社團提供選擇；(3)階層規劃：國小中年級、高年級、國中三年段、高中三年段，均有難度標準不同及銜接性社團規劃，充分誘導優勢智能明朗化；(4)標準認證：與才藝及運動體能攸關之社團，宜設定專長標準，鼓勵學生申請認證，增益成果績效；(5)系統管理：社團活動活絡的學校，其績效成果也是學校的智慧資產之一，需要系統管理（數位儲存）、價值行銷與傳承創新。

第三節　輔導學生的實踐篤行

一、「一個都不少」的教育意涵

「帶好每位學生」是 1996 年「教育改革總諮議報告書」中所強調的中小學教育基本精神，經過 1998 年「教育改革十二行動方案」的帶動，尤其是「建立學生輔導新體制——教學、訓導、輔導三合一整合實驗方案」與「邁向學習社會白皮書」的執行，「帶好每位學生」已逐漸成為臺灣人的共同願景。臺北市於 2009 年起推動的「教育 111」標竿學校認證，更以三個 1：「一校一特色」、「一生一專長」、「一個都不少」，來註解「帶好每位學生」的政策指標。

鄭崇趁（2009b）論述「一個都不少」的教育意涵有三個層次：(1)全民學習；(2)順性揚才；(3)普遍卓越。「全民學習」係指，六至十八歲的國民基本教育機會，縣市地區要能提供完全滿足其需求的就學機會，以及「全民可終身學習」的環境設施與配套機制；「順性揚才」是指，學校教育的課程與活動，能夠均衡照顧到每一位學生的「共同性」與「個殊性」，教與學的歷程能夠滿足多數人的共同需求，也能夠提供少數個殊需求學生發揮的舞台；「普遍卓越」是指，在學校教育中，優秀學生、一般學生以及弱勢族群學生均有「相對優勢」的成就，教育的歷程在幫助每一個人成為社會國家有用的公民，而不變成他人或社會的包袱。

「有效教學」與「輔導學生」是教師的兩大核心能力，就學校組織而言，就是教育的核心技術，兩大核心技術的傳承創新，都需要教育領導人的帶頭示範、實踐篤行，本節即採用「帶好每位學生」的教育精神，以及「一個都不少」的教育意涵為指標，申論輔導學生的三大重點工作：認輔制度、輔導網絡及補救教學的實踐篤行。

二、帶頭認輔弱勢族群學生

弱勢族群學生在教育歷程中常顯現三方面的弱勢：生活支持弱勢、學習成就弱勢，以及心理適應弱勢。有部分學生三者之間糾葛嚴重，尤須師長個別關懷與愛心陪伴，讓教育的功能在這些學生的身上，不因弱勢而抵銷。教育領導人有必要帶頭認輔這些有需要的弱勢族群學生，定期與認輔學生互動，將執行認輔的方法與作為，公開讓學校教師了解，激勵全體教師參與，共同而個別式地關照這些學生，全校教師成為學校輔導網絡中，綿密而具有光亮的網點。

領導人（校長）認輔學生的方法有四：(1)電話關懷：約一個月左右，定期打電話到學生家裡，直接關心學生的生活，與學生本人或其家長聊天，

共同支持學生；(2)定期談話：與受輔導學生約定，每一至二週要與校長談話一次，進行五至十五分鐘的晤談，由晤談歷程，篤行個別關懷與愛心陪伴；(3)行善分享：配合教育部「331 政策」，受輔導學生凡有日行一善的具體事實，均得立即與校長分享，校長本人亦可回饋分享自己的行善經驗，彼此激勵，實踐有質感的認輔機制；(4)摘要記錄：凡與受輔學生互動，均於認輔紀錄冊上簡要摘述，累增績效成果，並提供全校認輔教師參照。

三、活化支持網絡系統

學校的學生輔導工作，除了全校教師參與認輔、強化初級預防工作之外，還要配合學生二級預防及三級預防需求，結合社區輔導資源，布建輔導網絡支持系統。輔導網絡通常分為「支持性網絡」與「矯正性網絡」兩大部分。支持性網絡以學校教師、職工及家長、社區志工資源的串連為主；矯正性網絡則需再結合地區衛生單位、社福機構、諮商心理師及醫院之精神科醫師的資源，學校支持網絡系統布建完備並能靈活運作，才能有效而永續地輔導全校學生「健康成長、快樂學習」。

支持網絡系統是機構及人力資源的結合與串聯，校外社區資源要與校內既有資源綿密互動、有效整合，才能發揮交互作用、整合發展的預期功能，是以教育領導人在完成輔導網絡系統布建之後，必須適時活化組織運作，其活化之具體作為約略有三：(1)適時與支援機構執行者聯繫，相互了解，熟悉彼此的資源狀態；(2)每學期演練網絡運作乙次，預設學校個案事件，提供相關資源，啟動助人服務；(3)學校重要慶典邀約資源機構執行者參與，介紹給學校師生，了解網絡備用資源。

四、實施立即補救教學

芬蘭的基本教育可以行銷全世界，其重要特質有三：(1)碩士化的中小

學師資，所有教師均具有國際觀及研發教材的能力；(2)實施立即補救教學，上午的課程學習經教師觀察及評量之後，一發現有落後學生，下午立即實施替代性的補救教學措施；(3)將教育經費投資在學生狂飆期（十三至十五歲）階段。其中第二個特質尤其值得我國借鏡。如臺灣的中小學，教師除了努力於正常教學之同時，亦能夠布建「立即補救教學」之機制，臺灣整體教育的競爭力，終將有一天會像芬蘭教育般的優質。

　　學校規劃立即補救教學機制，要掌握下列五大要領：(1)補救教學時段與常態教學時段結合，非有必要，不占用教師額外時間進行補救教學；(2)需要正課額外時間的補救教學，激勵志工（尤其是退休教師）擔任，並支給合理待遇；(3)每一教學單元的授課時間總數，規劃四分之一至五分之一的時間進行「形成性評量」與「補救教學」；(4)帶領各領域教學小組教師，運用行動研究方式，發展任教領域科目各單元之替代性「補救教學教材」；(5)逐年調整發展學校最適化「補救教學機制」，以及最適用的「補救教學教材」。

第四節　師道責任的實踐篤行

一、教育愛的傳承與實踐

　　研究者曾發表二十一世紀臺灣教育的四大根基與五大政策[1]（鄭崇趁，2006a），其中以教師為主軸的經營策略為「教育愛的傳承與實踐」以及「關照能的培育與篤行」，此二者乃二十一世紀臺灣教育不可或缺的「師道責任」，特於本節中再次強調。

---

[1] 四大根基為：教育愛、關照能、支持網、競爭力；五大政策為：十二年國民基本教育、學生輔導法、教師分級制、選替性教育普及化、一至十二年級基本學力檢定制度。

　　教育愛是指，師生在教與學互動歷程中展現的個殊教育情懷，建立在「價值的體認」之上，其與父母子女及夫妻男女之愛建立在「血緣的必然」與「尊重的需求」有所不同，是一種超越「等差之愛」的教育情操。教育愛的性質有四：(1)接納包容之愛；(2)積極關照之愛；(3)沒有差別之愛；(4)不求回報之愛。至於實踐教育愛，可從下列工作著力：(1)提升教學效果；(2)擔任認輔教師；(3)關照個殊學生；(4)增益學生能量。

　　永遠帶給學生希望，是教育愛實踐篤行的崇高旨趣。優秀卓越的學生、一般常態的學生、弱勢需要支持的學生，在教師們的「教育愛傳承與實踐」作為之下，都能充滿希望，用正向積極的視角解讀人間事務，坦然面對當前的挫折與困境，相信機會永遠留給有準備的人，對於人生與未來歲月有妥適的抱負與希望。

二、關照能的培育與篤行

　　「關照能」是指，教師或教育人員具備關懷、照顧、協助、幫忙學生處理困難、跳脫困境的素養與技術，也就是「有能力的愛」或者是教師能夠操作（使用得上）的輔導態度與技術。用輔導與諮商的術語，「關照能」的重要內涵應包括教師（輔導員）的基本態度與諮商初階技術。基本態度如溫暖、真誠、接納、尊重、支持等；諮商初階技術如同理心、回饋、引導、自我表露、問題解決等（鄭崇趁，2006a）。

　　「關照能」是一種深層的心理素養，也是師生共同期待、能夠具體表現的專業行為，教育工作是「人」教「人」的性質，施教者的關照能與實際表現，能否符合受教者的需求，一直是教育界長期討論的課題。過去強調普遍增進教師的輔導知能，並藉由輔導計畫之推動，激勵教師參與輔導知能研習、主題輔導工作坊研習、修讀輔導學分班等，以培育提升教師關照能。近期的發展趨勢有三：(1)標準化：一般教師、認輔教師的關照能指

標，正在發展建構中，用標準化的行為能力，檢核教師關照能；(2)認證化：在未來，參與認輔教師及專兼任輔導教師，均須通過認證指標的檢核；(3)系統化：教師關照能的培育、認證，經由系統規劃，篤行實踐歷程也與輔導網絡、三級預防資源系統運作，共同輔助學生快樂學習、健康成長。

三、執行力的開展與實現

教育執行力表現在四大層面：「行政效能」、「課程教學」、「資源統整」及「學生表現」。在「行政效能」方面，有以下四個觀察重點：(1)會議的效率與品質；(2)計畫施政的程度；(3)核心事務「標準作業流程」（S.O.P.）的執行程度；(4)處室幹部之間的交互作用程度。四者均佳，就是具有行政效能的行政團隊，學校的教育執行力必然順勢提升。在「課程教學」方面，有以下五個觀察重點：(1)學校本位課程在領域教學中獲得實踐；(2)教師依專長授課，樂於教人及傳授核心知識；(3)教師自編教材及各項行動研究成果豐碩，達總課程內容的五分之一至四分之一；(4)學校能夠進行知識管理，建置校本課程及領域教學資料庫；(5)學校逐步發展各領域形成性及總結性評量之題庫，並依學生需要開發補救性教學替代性教材。

在「資源統整」方面，教育執行力可從下列三點觀察：(1)學校能夠引進豐沛的多元教育資源，社區人力與政府、自然文史資源願意優先支援學校教育；(2)校內外資源能夠有效統整、互動綿密，共創學校教育新價值；(3)師生各種專業團隊表現優異，多數有家長志工或基金會擔任永續經營後援會。在「學生表現」方面，教育執行力應從下列五點觀察：(1)學生基本能力檢測，能夠在縣市（區域）平均數以上，或維持穩定進步；(2)學生擁有相對專長之學科或藝能表現，一個都不少，大家均有成就感；(3)學生都有優質習慣並樂於服務助人，具有品格力；(4)學校能為學生廣設成果展示或表演舞台，並定期舉辦各類學習成果展示；(5)師生熱心參與各項教育競

賽活動，並能爭取亮麗成績。

🏵 四、責任心的播種與傳揚

　　教育在教「人之所以為人」，「人之所以為人」的最佳註解有二：「自我實現的人」以及「承擔責任的人」。我們的教育，希望能夠教出「責任公民」，每個人都願意承擔工作，願意善盡公民責任，為人類社會服務奉獻，願意繁衍子孫，永續經營人的傳承命脈。「責任公民」的產出並不容易，它的先決條件在學校先要有「責任良師」的示範，每一位教師均能夠把「教人」當作一輩子的職涯志業，善盡每一堂課的「有效教學」責任，也願意發揮教育愛與關照能，帶好每一位學生。就學校組織而言，也先要具備「責任績效」的產能與表現，在正式課程、潛在課程、教育活動常態實施的同時，師生積極參與、用心投入，成果績效豐碩，教師、學生、家長都滿意，得獎激勵無數，充滿自我實現。

　　責任心是教育品質的保證，有責任良師及責任績效的學校，才得以造就責任公民，師道傳承教育，責任實踐品質，教育愛、關照能、執行力、責任心是二十一世紀臺灣教育人員實踐篤行的關鍵課題。

第十一章　資源統整策略

臺灣進入二十一世紀，是一個現代化與後現代交織的世代，現代化的訴求是教育經營要創新卓越，並符合社會公平正義。後現代社會，教育經營要順應多元價值、要順性揚才、要民主永續。教育是可以經營的，但要經營好教育亦非容易，尤其在固定的學校預算與教師編制原則下，往往讓經營者力有未逮。資源統整策略在此一世代中順勢而生，強調學校經營者必須爭取外部資源進入學校，必須有效統整學校的內外部資源，才得以辦好教育，經營一所優質卓越的好學校。

資源統整策略的概念型定義是：「教育經營者能夠在既有的組織員額編制與年度經費預算之上，運作多元方法與途徑，爭取額外資源進入學校，並有效統整為學校教育之用，直接造福教師及學生，提升教育經營品質之謂。」其操作型定義可包括：「資源取得」、「資源分配」、「資源運用」，以及「資源效益」。

本章分為四節論述：第一節「掌握可用教育資源」，概述人力、物力、財力、自然、文史、科技等各類可資運用之校外教育資源；第二節「引進多元資源能量」，推介爭取校外資源進入學校的五種主要方法；第三節「統整教育資源系統」，論述有效統整校內外教育資源的要領，並賦予資源系統名稱；第四節「實現資源教育價值」，從人、事、時、地、物註解資源運用後的教育價值。

第一節　掌握可用教育資源

一、家長志工及人力資源

　　家長志工的人力資源是學校可用教育資源的基本面，目前多數的中小學，皆有三十名至一百名之間的家長志工協助學校，家長志工之人力資源常用在交通導護、圖書室志工、保健室志工、故事媽媽、晨間讀報，以及部分的課後輔導社團後援會、認輔學生等。唯城鄉落差極大，多數都會地區的學校有志工過剩，而偏僻鄉間學校多有找不到志工的情形，亦有組織動員縝密程度不一的問題，部分學校分組、培訓、運作、系統績效卓著，部分學校則人員雖多，亦有鬆散而令工作目標與效能混淆現象。

　　學校掌握家長志工人力資源的要領有五：(1)建立可用人力資源庫：將學生家長及社區志工符合各類專業及半專業人員，建立檔案適時聯絡邀約；(2)擬定培訓計畫：將整年度學校需用之志工人力需求，策定招募及培訓計畫；(3)分組示範演練服務事項：如交通導護、圖書室志工、保健室志工，均要有優質經驗人員的示範帶動，激發志工服務意願；(4)編配組織並指定小隊長：由小組隊長協調執行服務工作；(5)定期表揚激勵優秀志工：由責任處室與志工團體互動，並舉薦表揚優質志工，激勵服務士氣。

二、教育設施與財力資源

　　現代化的發展讓教育活動與教學歷程日益精緻化，教育活動需要相映的基本設備，教學歷程也需要配合的教材教具，教育設施追隨著現代化腳步，愈來愈精巧，也愈來愈多元。然而，政府的「各級學校設備基準」很難與現代化的步調齊一，我們幾乎每一階段均會看到國家實施「發展與改進〇〇教育計畫」，代表著政府提供給學校的教育設施與財力資源與學校

本身的整體需求，永遠存在著「部分落差」。此一落差的程度如果過大，會影響學校社區學子的教育機會均等，也代表「教育歷程品質」尚未達到應有的標準。是以學校經營者平日即應充分掌握校內設施資源的量與質，並與「設備基準」參照，設法引進校外物力及財力資源，充實平衡教育歷程的品質。

學校引進物力及財力資源宜掌握下列幾個要領：(1)發給收據，列冊登錄：校外人士所有的捐助，無論是財力或物力，均給予學校正式收據，並專冊登錄姓名、金額、設施品名、數量、價值及捐贈年月日；(2)公告周知，褒揚尊榮：學校應在慶典會場及學校刊物上，公開捐贈人士之姓名及額度，褒揚感謝善舉，也讓師生知悉有新的教育資源進入學校，得以善加運用；(3)贈物留名，傳承感恩：貴重儀器設備及達到一定標準的捐贈，可直接在實物上留名誌謝，讓使用的師生感恩而盡心傳承；(4)物盡其用，計畫經營：責由合適處室或領域教學教師，納入處室主題教育計畫或班級領域教學中計畫使用，增益財力、物力資源的物盡其用；(5)定期維修，保持堪用：尤其是貴重教學研究儀器與重點教育設施（如史坦威鋼琴）應定期維修，設定實際「使用率」及「品質」標準。

三、自然生態及文史資源

學校本位課程及學校特色發展必須與在地社區資源整合，既能彰顯教育理念，也能激發社區教育價值，是學校課程統整的基本元素，也是教育內涵革新的新里程碑，其中自然領域課程要設法與學校社區附近的自然生態相結合，例如：臺北市文山區的中小學多與仙跡岩親山步道結合，開展生態主題教學步道，而北海岸附近的中小學，多與海洋生態結合，開發水資源以及特殊地質主題教學方案。社會及語文領域課程，則要與社區文史資源結合，例如：新北市的三峽祖師廟、臺北市的行天宮、宜蘭縣的傳藝

中心、噶瑪蘭文化等，均為學校本位課程及特色課程的基礎元素，也是個殊化教育活動的主軸。

學校要運用社區自然生態及文史資源，須掌握下列四大要領：(1)進行社區踏查：登錄可資教育運用的自然生態及文史資料；(2)蒐集文獻：依據登錄之文史生態資料，進行文獻蒐集、整理、閱讀工作；(3)系統註解資料文本：串連文獻之核心知識，系統解讀生態史跡；(4)編入主題教學教案，成為正式領域教學課程之一；(5)實施正式教學活動（配合生態之旅或社區踏查教學）。

四、社福機構及民間資源

除了人力、物力、財力、自然、文史資源可提供教育使用外，也與在地資源攸關者為學校組織附近的社福機構及民間文教基金會資源，它是一種介於單位與人力機制間的資源，包括：衛生單位、警政單位、社會福利機構、村里長、醫院、特教資源中心、輔導諮商資源中心、中大型公司或企業體、文教基金會及其推動的各種教育方案資源，例如：廣達文教基金會的品格教育方案、鴻海文教基金會的希望小學。

這些資源部署在各地區，本身是靜態的，能否引進學校需掌握下列幾個要領：(1)定期拜訪這些單位機構的負責人，促進學校與社福資源熟悉，備而可用；(2)預為準備「請求支援事項」，安排這些單位及人員有管道為學校服務，善用資源；(3)配合學校慶典與大型教育活動，聯合文教基金會及社福單位共同承辦，增益交流互惠；(4)分享教育績效成果，將榮譽部分歸功於輔助單位，激勵永續經營。

五、資訊發展與科技資源

在知識經濟時代，資訊科技發展日新月異，部分學校走在時代的前端，

優先充實資訊科技設備，發展資訊科技課程，運用先進科技軟體辦理教育活動，成為資訊教育或科技教育特色學校。其具體的作為，例如：班班有電子白板、未來教室、校園處處可學習（無線上網）、未來學校、資訊科技教育校本課程、學生通過資訊認證相對普遍、學校師生獲得資訊科技競賽獎項獎勵等。

引進資訊科技資源要注意下列幾項原則：(1)由資訊教育專精教師負責規劃學校整體的教育需求與最適化資源配置；(2)將學校整體需求與配置作為擬定成具體實施方案，依階段逐年引進資源；(3)向主管機關（教育部、教育局處）爭取計畫性資源，也向企業界（如微軟推動未來學校）爭取配合性資源；(4)進行學校教師教育訓練，熟悉使用先進科技及軟體教學；(5)配合領域教學主題，鼓勵教師編製資訊科技融入式教案，運用科技資源提升教育品質。

第二節　引進多元資源能量

本章第一節已將可用的教育資源做分類，並針對各類資源的引進要領與注意事項簡要概述。本節起則針對引進教育資源的具體方法，加強說明介紹，提供教育經營者視學校發展需要，酌予採行，其中包括：照顧弱勢法、競爭計畫法、承擔任務法、策略聯盟法，以及創新特色法。

一、照顧弱勢法

John Rowls 的社會正義論發表之後，先進國家中的弱勢族群，均發展各種福利制度給予優先照顧。依據正義論的主張，社會群體中的弱勢族群，得致最優先的思考與支持，其生活權與基本人權沒有落後平均水準，才符合「均等」及「差異」的雙重原則，才是真正的公平正義。

在教育經營的運用上，優先照顧弱勢族群學生，使原本家庭背景弱勢、文化支持弱勢、學習能力弱勢、生活適應弱勢之學生，獲得社會力量的輔助與資源，能安心就學也是天經地義的事。因此，學校經營者運用弱勢族群學生的需求，向政府單位及民間公益團體或私人企業爭取資源，以優先照顧這些學生的方法途徑，稱為「照顧弱勢法」。運作此一方法宜掌握下列幾項要領：(1)充分掌握弱勢族群學生人數及需要的輔助資源：就一般常態學校而言，弱勢學生約占學生總數的十分之一到五分之一之間，應統計列表呈現；(2)核計弱勢學生類別及輔助的需求總量，如免繳學費、補助午餐、適應輔導、課後輔導類別人數，以及經費需求；(3)規劃爭取輔助對象及目標額度；(4)按月檢討輔助資源的流通運作機制；(5)定期感謝表揚資助單位及奉獻人員。

二、競爭計畫法

當前的政府施政，喜歡採用「計畫徵件」及「競賽擇優」來推動政務，例如：教育部為推動新能源教育政策，在教育部成立專案辦公室，透過「計畫徵件」，補助大學成立各種新能源研發中心，補助各縣市中小學成立縣市能源教育中心，大學或中小學必須按期提送申請計畫，經審核、比較擇優後補助執行；又如：教育部設置「教學卓越獎」及「校長領導卓越獎」，民間單位舉辦學校創新經營獎及優質教學獎，運用競賽評比活動，創造「典範學習」及「優質方案推廣」政策，目前臺北市的「優質學校」、「教育111標竿學校」、新北市的「卓越學校」、桃園縣的「學校特色認證」、宜蘭縣規劃中的「噶瑪蘭金質學校」等方法策略，都近似「計畫徵件」、「競賽擇優」的方式。

因此，學校經營者能夠鼓勵帶動學校師生，參照政府及民間教育單位施政脈絡，積極策定各類主題教育競爭型計畫方案，申請徵件或參與競賽，

運用計畫方案爭取教育資源進入學校，此稱為計畫競爭法。運用計畫競爭法爭取資源，宜注意下列幾個事項：(1)預為準備：政府部門施政及民間單位活動，多有固定期程（如年度、半年期、按季），學校確定目標之後應預為準備；(2)專人負責：計畫方案應由符合專長之教師及其團隊負完整責任；(3)監督演練：競爭計畫均有一定難度，送件前應排練數次，修飾精美後再予送出；(4)知識管理：參賽方案無論得獎與否，均應進行數位儲存、傳承創新、累積績效、永續經營；(5)計畫學習：多數參賽學校不易獲獎，如何突破瓶頸，有賴責任團隊計畫學習，包括計畫方案的系統結構、理念價值的技術表達，逐漸發展為具有競爭力的執行方案。

三、承擔任務法

教育部有很多重要的教育活動要學校承辦，例如：大學運動會、總統教育獎、全國語文競賽、全國音樂比賽等，縣市教育局（處）也有很多教育活動，需要所屬中小學承擔主辦，例如：縣運、全縣語文競賽或音樂比賽、各種藝能競賽活動或政策宣導成果展示之需求，均需要以一個學校為主辦場館，成立任務組織來執行完成。藉由承擔個殊性教育任務，引進教育資源到學校，一方面完成教育使命，另一方面持續延用任務帶來的資源，此稱為承擔任務法，例如：國立臺北教育大學曾經承擔 2009 年聽障奧運的跆拳道比賽場館任務，比賽過後其國際標準的跆拳競技設施，永續成為學校培育跆拳專長學生的教育資源。

學校運用承擔任務法爭取資源，要掌握下列幾個要領：(1)要有能力完成任務，不要承擔學校基礎條件困難配合的工作；(2)要以辦喜事的心情動員同仁為大家服務，帶給參與的貴賓與他校師生歡喜優雅氣氛；(3)要預先設定「標準作業程序」（S.O.P），並確實執行；(4)要計畫總體資源運用方案，增益有限資源最大效益；(5)要管理任務成果績效，傳承資源永續價值

（例如：將得獎作品編入領域教學教材）。

四、策略聯盟法

單位與單位或團體與團體合作，簽訂合約，共同完成某一教育任務，此稱為「策略聯盟」，策略聯盟目前在教育界頗為流行，有校本課程策略聯盟、領域教學策略聯盟、行動研究策略聯盟、遊學教育策略聯盟、特色學校策略聯盟、教師進修策略聯盟、同一校名中小學聯盟、聯合大學系統、國北教大與台大整合方案等，也稱之為「策略聯盟協力機構」。名稱不一而足，是一種共同爭取教育資源、協力開發教育資源，以及合作共享資源，增益資源效益方法的策略行為。

策略聯盟法爭取教育資源，有被濫用與誤用的現象，處處皆在策略聯盟而不一定具有實質效果，有時會成為另一種「資源浪費」（成群結黨、言不及義，浪費時間與人力）。為使策略聯盟法具有創發資源的效果，教育經營者宜掌握下列幾個配套措施：(1)明確揭示任務目標：無論是人的策略聯盟或事的策略聯盟，均應清楚提列具體任務目標，如完成行動研究報告、開發五個單元校本課程的領域教學教案、共同完成三項遊學步道的情境布置與課程編製；(2)策定執行計畫方案：依據任務目標，規劃引進資源實施策略及執行方案；(3)籌組學習社群，帶動執行：由聯盟單位各推派專業核心人員，成立社群，帶動計畫執行目標；(4)檢討資源效益：定期檢討投入資源與獲取效益之程度，如兩者失衡，輸出多而輸入少，或沒有預期之教育價值，則應停止或調整聯盟運作方式。

五、創新特色法

社會教育資源雖然豐沛，事實上不會主動進到學校來，教育經營者必須費心思考資源流動的方法策略，才能爭取到更多資源進入學校，為學校

師生所用。運用創新點子經營學校，展現學校經營的特色品牌，吸引民眾選擇學校就讀的賣點，同時也是有效爭取資源流入學校的途徑。學校發展約可分為三種類型：艱苦經營學校、常態化學校以及優質卓越學校。帶動經營艱苦學校發展為常態化學校，最適合採用「照顧弱勢法」以及「策略聯盟法」；常態化學校邁向優質卓越學校，則適合採用「創新特色法」。

運用創新特色法宜注意下列幾項原則：(1)符合校長理念：學校的教育特色往往是校長主要辦學理念的實踐；(2)多數教師專長：創新教學形成學校教育特色，須由多數具有專長的教師支持，才能永續經營；(3)結合課程規劃：學校特色課程化之後，才得以持續傳承創新，形成系統品牌；(4)擬定實施方案：將創新特色的任務目標、策略項目、資源需求、實施方式，擬定成具體實施方案，備以適時爭取資源；(5)設定行銷時機：運用長官蒞校、校務發展會議或特意拜訪公益機構負責人，行銷學校創新特色方案，爭取支持，引進所需資源。

第三節　統整教育資源系統

學校爭取到的教育資源，通常為外部資源，外部教育資源與校內本身既有的內部資源匯流之後，必須進行有效統整，使之產生交互作用、整合發展，形成直接對學生及教師創發教育意涵與價值，方能展現資源統整的本質與功能。教育經營者將內外部資源整合為可強化教育運作的各種資源系統，最具效果。

一、輔助弱勢及補救教學系統

臺灣社會現代化的進程雖然緩慢，後現代的現象卻頗為顯著，除了意識形態困擾臺灣人之外，經濟成長不如預期、貧富落差加劇、年輕人不找

工作，不願承擔責任、不婚不子比例增加，少子女化潮流之下，學校中的弱勢族群學生比例也相對增加，包括：單親家庭子女、隔代教養子女、低收入戶學生、原住民學生、新移民子女、特殊兒童學生、繳不起午餐學生、適應困難學生、學習嚴重落後學生等，部分學校各類別的弱勢族群學生約占學校學生的25～50%之間，唯有優先建置「輔助弱勢及補救教學系統」，讓弱勢族群學生安定下來，才得以發揮正常教育功能。輔助弱勢及補救教學系統應包括下列三部分：(1)生活適應支持系統：如代繳學費、供應午餐費用、學生家庭生活救助、社福資源的串聯與系統運作支持，使弱勢族群學生基本的食、衣、住、行生活無虞，可以順利就學，避免中輟；(2)心理適應支持系統：弱勢族群學生由於出身背景條件落差及本身可用資源的缺乏，往往造成連帶的心理適應問題，需要學校結合校內外輔導資源，形成網絡系統，支持輔助；(3)補救學習支持系統：弱勢族群學生及適應困難、行為偏差的學生，多數隨著學習落後與欠缺教育成就感問題，學校應將爭取到的外部資源，優先結合教師建置主要知識領域學門的補救教學系統。

建置輔助弱勢及補救教學系統，宜掌握下列幾個要領：(1)弱勢學生的個案管理：充分掌握弱勢學生的基本資料、需求資源，以及輔助資源的最適化；(2)三大輔助資源系統的配置、運作與績效檢核；(3)「公平正義」是輔助資源系統建置的核心價值，過與不及均非爭取資源與資源配置之本意，是以學校經營者一方面要確保支持資源的永續性，另一方面也要節約資源運用，避免違反另一層次的公平正義；(4)轉化人力、物力、財力資源為補救教學系統的軟體資源發展（如補救教學單元教案、教材教具、資訊教學軟體等），較能永續經營。

二、教育情境及特色發展系統

引進的外部資源，第二優先宜用在教育情境的建設以及教育特色發展

的挹注之上，例如：藝文走廊、領域教學步道、天文館、科學館、圖書館、學習角落、主題博物館、星空天堂、表演舞台、故事屋、生態池、迷你農場、玩具工坊、運動遊戲設施、校園八景、社團資源中心等，這些介於軟體和硬體之間的教育情境建設，宜配合學校計畫發展的教育特色，予以調整強化，成為教育情境及特色發展的資源系統。

建置教育情境及特色發展系統，宜掌握下列幾個要領：(1)順應校園空間整體規劃，彰顯空間領導、空間藝術美感以及空間教育價值；(2)精緻環境角落之美：讓校園的角落，充滿具有教育功能的精緻情境；(3)彰顯學校特色教育主題：能夠從整體校園環境中，感受到學校的教育特色與重點；(4)要有定期維護美化計畫：避免一次性的教育資源運用後，而年久失修，失去原有教育功能，宜有定期檢核維修美化及年度實施使用計畫。

三、課程設計與領域教學系統

引進的校外教育資源，第三優先宜用在課程設計與領域教學的系統強化之上，課程與教學本即學校教育的核心技術，也是所有教師的本業，不管有無校外資源均應善盡本分，完備初步的教學系統。然因科技發展日新月異，而部分學校規模太小、教師專長能力孤單，要發展完備的課程設計及領域教學系統確有困難，亟待策略聯盟教育資源及科技軟體資源之挹注，同力促成。

發展課程設計與領域教學系統，要注意下列幾個要領：(1)執行學校特色課程化任務：優先針對學校特色主題，發展領域年級的教學系統；(2)鼓勵領域教師與鄰近學校教師策略聯盟：集合相同專長教師，共同開發領域主題教材及教學方案；(3)充分運用在地自然及文史資源成為特色課程及系統教學內涵；(4)正式課程與補救教學課程的開發同樣重要，如能一併發展領域系列補救教學教材及教案設計，將更能符合全部學生之需要；(5)運用

策略聯盟及國教輔導團資源，共聘領域課程學者專家，指導課程設計與領域教學系統，並建立課程評鑑與品質保證，持續改善機制。

四、社團服務及多元展能系統

社團是學校教育的半正式課程，也是實踐多元智能理論的重要方法策略，學生透過參與社團、投入社團活動，可以獲致「優勢智能明朗化」，可以習得一技之長，才藝專長獲得相對成功的肯定，是「順性揚才」、「普遍卓越」的教育歷程與綜合成果。因此，很多學校善用校外引進的教育資源，強化社團服務及多元展能系統，輔助常態化正式課程的不足，建置能夠提供全人教育的多元環境，順應適性化「教」與「學」的多元需求。

強化社團服務及多元展能系統，應注意下列幾個要領：(1)鼓勵學校教師發揮專長經營社團，社團教師以學校教師為主流，但不以校內教師為限；(2)校長及主任、組長能率先擔任社團指導教師，且以績效帶動各種社團之經營；(3)學校能夠結合課後照顧，發展多元社團服務型態，順應所有學生之需求；(4)學校能夠提供弱勢族群學生免費參與社團及課後照顧名額；(5)開闢多元展能舞台或展演空間，定期辦理社團成果展示；(6)結合才藝或運動認證制度，推展學生專長認證制度，暢旺藝能社團機制；(7)成立優質社團後援會，整合學生家長及社區志工資源，永續經營優質社團。

五、創價方案及追求卓越系統

一般學校的發展與經營策略攸關，發展條件不同的學校也要有不同的經營策略，通常以學校本身之師資基礎、環境條件以及時代文化（組織氣氛）等三者判斷：若三者均弱，學校經營策略首重「正常運作」；若三者條件均為中等，學校經營策略宜重在「開創新局」；若三者條件已屬中上，學校經營策略可重視「邁向優質卓越」。因此，本小節論述如何透過資源

統整，有效運用校內外教育資源，形成創價方案及追求卓越系統，協助學校「開創新局」，進而「邁向優質卓越」。

學校進行創價方案及追求卓越系統的資源統整，要掌握下列幾個要領：(1)系統思考學校發展的瓶頸與關鍵事項，將關鍵事務的強化策定為「創價方案」（對學校具有個殊價值的主題式教育計畫）；(2)將創價方案需求的校外及校內教育資源列表呈現，並公開發表創價方案，讓幹部及教師了解計畫方案價值以及資源需求；(3)優先完備校內資源的蒐集，靜待校外資源的挹注；(4)適時行銷創價方案，向直屬長官或是民間公益團體負責人，爭取相對資源之挹注；(5)將創價方案結合「教育標竿學校」、「卓越學校」以及「學校特色教學卓越獎」、「學校創新經營獎」等認證系統，計畫性經營（二至四年為實踐目標），導引資源統整績效，協助邁向優質卓越。

第四節　實現資源教育價值

資源統整策略的經營訴求有下列四個層次：(1)設法爭取龐大的校外資源進入學校；(2)有效統整校內外教育資源；(3)統整各類教育資源系統，支持強化學校教育功能；(4)實現各類資源教育價值，彰顯「成就人，旺學校」的資源系統目標。

因此，實現資源教育價值為資源統整策略經營的最高旨趣，本節僅用各種資源的「人、事、時、地、物」等層面，申論資源效益創發教育價值的脈絡。

一、人盡其才──自我實現的教育價值

教育的最大價值在幫助人的自我實現，校長的自我實現在經營一所符合自己教育理念的學校，教師的自我實現在發揮專長貢獻志業，學生的自

我實現在學到自己想要的知能，順利成長發展。校外的人力資源進入學校，除了幫助校內的校長、教師、學生增進其自我實現的程度外，這些外來人力本身的自我實現，也是資源統整策略能否成功的關鍵因素，若這些外來人力資源本身也都人盡其才、才盡其用，各個有自我實現的感覺，就是統整策略最大的成功。

　　為了促進外來人力資源的「人盡其才」，創發自我實現的高教育價值，資源統整的運作歷程宜再掌握下列幾個要領：(1)目標導向原則：人力組織最忌成群結黨、言不及義，引進任何人力資源均要設定明確的任務目標，有工作任務的需求，才引進多少人力，避免人浮於事；(2)服務導向原則：學校進用的人力資源最適合規劃在服務性質的工作，服務是奉獻、是教育價值的創發；(3)成長學習原則：部分服務性教育工作仍須半專業素養，一般家長志工需要學習成長後才能提供有效服務；(4)編組實踐原則：「學習社群→行動方案→編組實踐」是善用人力資源的三部曲，也是「人盡其才——創發自我實現的教育價值」的著力焦點。

二、事畢其功──組織效能的教育價值

　　資源統整的成果之一在「圓滿教育工作，事畢其功」，也就是由於校內外資源的統整運用，讓學校的教育事業更加興旺，「教」與「學」的歷程成效更加圓滿。教育事務繁雜而專業，能夠事畢其功的學校，有賴學校行政組織充分發揮效能，學校是雙系統組織的經典代表（行政階層嚴明而教學專業自主鬆散），唯有行政組織積極協助教師發揮教學專業效能，才能真正實踐「人教人」的教育功能，知識傳承迅速，情義陶冶完整，教育事務事畢其功。

　　發揮組織效能的教育價值難度頗高，經營者尚須掌握下列幾項資源統整的原則：(1)計畫原則：校內外資源整合，使用主題式計畫來實施，較能

有系統步驟及鮮明效益；(2)教學優先原則：教學與主要教育活動是教育工作的核心事務，所有外部資源的引進，都要以學校效能的發揮為第一優先；(3)優勢帶動原則：學校處室之間，任務與幹部成員核心能力的交織結果，會有優勢與弱勢表象，資源的運用要符合優勢帶動原則，較能早日見到實質績效；(4)專長支持原則：教師的專長得到普遍性支持，對其個人來說人盡其才、自我實現，對組織事務來說就是事畢其功，增進組織效能的教育價值。

三、時中其機——支持回饋的教育價值

及時支持與回饋獎勵最能激勵師生士氣，撼動內在情懷，彰顯教育的崇高價值，在固定的教育機制中，通常少有支持回饋的資源。是以，運用校外引進的資源，適時支持教師幹部想做的教育事務，給予舞台及表現機會，適時獎勵師生好的成果或在師生培育練習的時候，提供水果餐點給予打氣加油，掌握提供師生「教」與「學」的最佳契機，時中其機，實踐關懷支持、回饋激勵的教育價值。

「時中其機」的要領在於充分規劃時間因素，促進教育活動的時效成果，仍需把握下列幾項原則：(1)最佳時機原則：爭取校外資源有時機問題，要考量何時是申請爭取的最佳時機，以及何時進入校內的最佳時機，如邀請基金會負責人參觀他喜歡看的學生社團展演；(2)及時激勵原則：師生一有好的階段成果表現，就立即給予獎勵，激發其持續經營動力；(3)關照歷程原則：「英雄的志業往往是寂寞的奮鬥」，在師生努力學習耕耘的時候，經常需要關照與有形的支持行為；(4)價值目標原則：如承諾「得到前三名，支持團隊出國展演」，以增進國際視野之價值目標，激勵團隊師生勤奮經營。

四、地盡其利——澤民富國的教育價值

在知識經濟時代尚未來臨之前，「土地」的經濟價值本即四大傳統經濟價值（土地、人民、機具、資本）之首，所謂「有土斯有財」；土地也是萬物之母，所謂「生於斯長於斯」；土地更是社會人類與器物劃定系統的基本元素，所謂「國家、地區及組織單位之所在」。是以土地的充分開發與運用，就具有澤民富國的崇高教育價值。

學校組織（含行政機構）擁有的土地範圍十分有限，經營者除了要善用自己的土地之外，更要運作資源統整策略，統合建設校內外土地資源，為學校師生及社區居民創發更大的教育價值，實踐澤民富國的理想。經營土地資源統整，宜掌握下列幾個要領：(1)校園空間整體規劃使用，促進學校每年提升教育最佳產能；(2)運用主題區位，增益區位土地，發揮個殊教育價值，且有多元增輝效果；(3)協助社區播建教育設施，促進學校社區化、社區學校化，擴大教育資源流通共享；(4)鼓勵各領域授課教師，運用大地自然及文史資源設計單元教學方案，以課程化善用地利資源；(5)學校主動建置土地教育資源資料庫，經由地球科學專長教師定期調查、分類儲存、適時發表分享，建議學校及各領域教師運用。

五、物盡其用——彩繪世界的教育價值

人、事、時、地、物是所有資源的總稱，尤其是以「人」開頭，以「物」收尾，象徵著「人」與「物」是所有資源的主流，而事、時、地三方面資源間具有中介運用的性質。依此面向來討論「資源統整策略」的意涵，亦可如此界定：在某一塊土地上，為了完成教育事務，經營者適時組織了教師與教育人員，善用教育設施與圖儀設備，執行「教」與「學」的教育活動。因此，與教育有關的「物」資源，能否充裕挹注與有效使用，

對於「教育功能」的發揮影響甚大。校園中「物盡其用」，具有提升教育品質、彩繪世界的崇高價值。

　　「物盡其用」的教育資源統整策略，宜掌握下列幾個要領：(1)經常性的文具紙張供應充裕，精緻流通；(2)重要的教育空間及設施訂定年度使用計畫，如視聽教室、音樂館、各類專科教室、學生活動中心及重要教育設施等，並逐年檢討，提高其使用率；(3)公告使用率未及二分之一之空間設施，鼓勵教師開發教育活動及學生新興社團多加運用；(4)匯集使用率未及三分之一之空間及重要教育資源，系統思考「學校有效使用空間及重要設施」的執行方案。每一學校均能物盡其用，全面提升教育品質與競爭力，同時也增加了彩繪世界的教育價值。

第十二章　創新經營策略

知識經濟時代重視「知識」與「產品」的創新，唯有更實用的產品才有真正的競爭力，也唯有更前瞻的知識技能，才能逐步發展成核心能力與核心技術，「創新知識」、「創新能力」、「創新技術」已成為二十一世紀教育的核心價值。「新」是知識基模的系統重組，「創新」也是組織核心技術的傳承創新，以新的觀念與方法經營組織運作，也實際地在教育領域中發展。

創新經營策略係指：「教育經營者鼓勵組織成員從經營理念、行政運作、課程教學、環境設施、學生學習等方面，運用創意點子來增進組織的附加價值，提高教學服務品質，增益學校競爭力之謂。」操作型定義通常包括五大項：經營理念創新、行政運作創新、課程教學創新、環境設施創新，以及學生學習創新等。

本章分為四節論述：第一節「掌握新時代脈絡」，分析教育國際化、在地化、科技化及品格化等四大趨勢；第二節「經營新組織文化」，發展學校活力積極、優勢爭輝、創新共榮、品味獨特的新組織文化；第三節「倡導新方法技術」，從新願景領導、新計畫經營、新課程教學、新競賽活動，創新學校運作模式；第四節「實現新教育境界」，分析精緻教育、品質教育、績效教育、價值教育與創新經營策略的連結。

第一節　掌握新時代脈絡

2010 年，教育部召開第八次全國教育會議，大會在國家圖書館舉行，舞台上公布了三大願景：新世紀、新教育、新承諾。2011 年頒布的「中華

民國教育報告書——黃金十年、百年樹人」，也以這三新作為整個教育政策規劃與實踐的共同願景。此意謂著，進入新世代二十一世紀以後，教育人員要有新的承諾，這一承諾就是大家對於教育事業要有新的作為。

創新經營策略就是實踐三新願景的具體作為，此一作為必須與時代脈絡同步發展，才能符合創新經營的本質與功能，本節從國際化、在地化、科技化、品格化等四大趨勢，說明創新經營策略的基石。

一、世界是平的——國際化教育趨勢

地球本來是圓的，但 Thomas L. Friedman（2005）出版《世界是平的》（*The World is Flat*）一書，主張二十一世紀的地球，人類的溝通互動關係已不再受限於「兩地的距離」，以亞洲和美洲為例，白晝和黑暗雖然各據地球一面，但立即溝通與互動無礙，電傳視訊完全解決了此一問題。地球雖是圓的，但與平的已沒兩樣，是以全球化與國際化變成了二十一世紀世界人類的共同趨勢，任何一個國家、任何一個人均無法自外於全球化與國際化的影響。

教育的發展應掌握全球化與國際化的趨勢，創新經營，讓學校的教育品質與服務模式，達到國際化標準程度，吸引外國學生來臺灣就學，也鼓勵本校學生及教師與國外名校交流互動，讓師生具有全球化與國際化視野；學校能夠結合時代脈動發展，也是實踐新世紀、新教育的具體作為。

經營者創新發展國際化教育，可從下列四項重點工作著力：

1.簽訂國外姐妹學校，計畫推動師生交流活動與各種文化研習梯隊。

2.實施雙聯學制，鼓勵交換學生及招收外國籍學生。

3.推動國際化標準教育，學校教學設施與教育品質引進國際化標準認證。

4.策訂學校國際化教育中長程發展計畫，預為規劃教育資源，並導引

師生計畫性參與國際化教育程度。

二、鄉土最優先——在地化資源統整

「全球在地化、在地全球化」是當前教育的重要使命之一，教育歷程如何有效地結合全世界的文化教材進程，同步教給學生是一大挑戰。相同的，運用自己社區的在地資源，發展本位課程與特色教學，也是學校經營者與所有教師當下的教育任務。2000 年，我國公布的「國民中小學九年一貫課程綱要」，要求學校進行課程統整時，要發展「學校本位課程及特色課程」，亦即「在地化資源運用與統整」的創新經營。

經營者創新「在地化資源統整」時，可使用下列幾項策略方法：

1. 進行社區教育資源調查，充分掌握可用的自然生態資源、文史社會資源、專業人力資源，以及個殊設備資源。
2. 分析教育資源類別，並連結領域課程及分科教學，建立課程教學資源資料庫。
3. 布建生態、文史、自然教學步道，客製化課程及主題教學教案。
4. 鼓勵師生參與「創新經營」及「創新教學方案」的競賽活動，以準備參賽歷程及得獎回饋來實踐創新經營作為。
5. 學校申請優質卓越學校「資源統整」認證，增進「在地化資源運用」的績效成果。

三、知識在雲端——科技化智慧傳承

雲端科技的發達，改變人類的知識探索生態，一台筆記型電腦，即可行遍天下，可以搜尋古今中外的資料，可以直接摘述研究所需的核心知識，可以建置傳遞系統的知識，個人與組織知識的截取、儲存、分享、應用、創新、擴散，均使用雲端平台管理；知識在雲端，雲端扮演了人類科技化

智慧傳承之角色功能。

雲端科技與創新經營策略之結合可從下列四項工作著力：(1)完備學校與師生雲端知識管理系統，方便全校師生運用與創新；(2)開闢校務創新經營綱要，蒐集師生創意點子，並提供學校重點校務討論平台；(3)建構專業平台主持人機制，商請學校領域學門的專長教師主持，定期分享討論專門領域核心知識與技能發展；(4)成立學校知識管理與雲端科技任務小組，策定學校智慧傳承中長程發展計畫，創新經營。

四、品格定未來——責任化公民教育

教育決定國家競爭力，品格決定人的未來發展，教育經營在經營每一個人的知識技能與品格素養，促進人的自我實現與組織（學校）的自我實現。學校興旺，則人盡其才；人人自我實現，則百業興隆。國家社會百業興隆，自然彰顯教育競爭力。當前臺灣教育缺乏競爭力的瓶頸，在於教育出來的公民之「品格素養」偏失，尤其是欠缺「責任感」元素，年輕人不願意「承擔工作」、「承擔家庭」，不願意「結婚生子」、「繁衍後代」，也不知道什麼是「社會責任」，缺乏「理想抱負」與「職涯志業」之規劃。因此，教育部在 2009 年頒布「品格教育實施方案」，商請總統出面代言「有品運動」——做人有品德、做事有品質、生活有品味；各直轄市及縣市政府相繼配合頒布「品格教育白皮書」，積極強化學生品格素養。研究者認為，在諸多品德核心價值中，尤須強調「責任」的深化經營，以「責任公民新教育」為主軸目標，培養新時代責任公民。

「責任公民新教育」與學校創新經營策略之結合，經營者可從下列幾項創新作法著力：(1)將「責任」列為學校願景之一，強調責任公民、責任良師與責任績效的教育；(2)中小學品格教育，將「責任」列為品德核心價值之一，作為中心德目，強化責任的行為規準及學生內在素養；(3)推動產

出型學習，每一領域學科，學生均應依規定完成作業、完成作品、完成產品，完成標準的行為表現，並舉辦成果展示，獎勵創新績優學生；(4)進行品格教育知識管理，傳承創新每年之品格教育實施計畫。

第二節　經營新組織文化

創新經營策略的實施，在掌握新時代脈絡之後，還要經營新組織文化，營造學校師生在教與學的教育歷程中，充滿有利於創新的組織氣氛，而組織氣氛的形塑是創新經營的基礎。學校新組織文化呈現了「活力積極」、「優勢爭輝」、「和諧共榮」以及「品味獨特」的性質，最能孕育創新經營成果，論述說明如下。

一、活力積極──師生喜歡教與學

創意來自積極任事，想要把事情做得完美無缺；創意也來自於活力四射，搶著做事情，勝任愉快、行事開心，充滿著希望與無限可能。教育事業是一種人教人的事業，隨著學生年級的晉升，課業的安排具有年復一年的循環性質，教師雖然每年面對不同的學生，教學的內涵卻年復一年相去不遠。行政人員每年辦理的大事，例如：開學典禮、校慶運動會、班親會、三項競賽、畢業典禮等，也是周而復始。唯有教師喜歡教，致力於活化教學歷程；學生喜歡學，為自己每天的學習成果雀躍不已，樂此不疲；行政人員喜歡服務，刻意經營每一項教育活動，創發活力積極的組織文化，才能為學校奠定創新經營基礎。

孕育活力積極組織文化之要領有四：(1)認同分享承辦事務的工作價值，認為自己的努力與付出即在詮釋其意義與價值，知道為何而做；(2)激勵關懷實踐任務目標的同仁，分享成果的效益，同時也讚賞支持其奉獻價值；

(3)獎賞主動承擔任務及服務同仁師生的行為，助人自助，助人為快樂之本、助人為創新之本；(4)登錄主動服務人員的助人事蹟，按月公開表揚獎勵。

🍀 二、優勢爭輝——師生專長交互輝映

創意來自好上加好，也來自瓶頸的突破與躍升，創新經營策略旨在激勵教育人員的實質表現，能夠好上加好，也激勵從業人員能夠「教學」、「研究」升級，為教育的實質增添貢獻與績效，開創新局。多元智能理論結合創新經營策略激盪著今日教育，「優勢智能明朗化」已成為學校創新經營的重要途徑，教師與學生多能從「優勢本能」著力，營造師生專長交互輝映的組織文化，讓新學校、新教育、新世代的實境早日來臨。

經營「優勢爭輝」的組織文化，宜信守下列四大原則：(1)形優輔弱原則：運用個人的專長優勢奉獻本業職責，追求師生個人價值的最大化；(2)優勢帶動原則：萬事起頭難，由組織的優勢及成員的優勢著力帶動，方能得到飛輪效應，深耕而創新；(3)優勢認證原則：學生的專長、教師的專長以及學校的特色均是優勢的發揮，配套認證也是創新經營的紀錄；(4)優勢助人原則：取得優勢標竿認證之後，應兼具「燈塔」功能，照亮他人、照亮同儕、照亮其他學校，服務助人，幫忙同儕，帶動大家一起創新，一起邁向精緻卓越。

🍀 三、和諧共榮——相互激賞創新作為

「和諧共榮」是教育單位組織文化的最需要，在過去，教育組織競爭力不夠理想的因素之一，即在於教育人員心胸過於狹隘與偏執。由於升學主義長期影響臺灣教育，一般中小學教師易於以升學績效來相互評斷自己的教育績效，易於以學生的間接成果來評比教師的價值，升學成為教育目的，而教育反而成為升學的手段，長此以往，教師與教師之間欠缺「和諧

共榮」的組織文化，彼此之間的潛在「較勁」遮掩了相互激賞，相互的共榮成長。在 2014 年實施十二年國民基本教育之後，客觀環境應有所轉變，競爭態勢面臨轉折重組，是創新經營學校組織文化的最佳契機，創新共榮、相互激賞創新作為大有可為。

經營相互激賞創新作為的組織文化，宜掌握下列幾項要領：(1)創意點子大放送：發現師生在教學活動上有創意，即大幅宣導週知；(2)創意資訊系統：知識管理師生創意點子，提供同仁參照使用；(3)創新經營講座：經常辦理創新經營經驗分享講座，提供創新技術；(4)師生創新成果競賽：定期辦理各種創新成果競賽，觀摩優質創新；(5)創新分享傳播：傳播分享創新文化，實踐創新教育價值。

四、品味獨特——人人享有質感生活

創新在於超越常態，有自己的獨特風格，創新也在實施高品質的教育，師生均過著有品味、有質感的生活，品味獨特的組織文化，必須建立在前述「活力積極」、「優勢爭輝」、「和諧共榮」三者的基礎之上，校長、幹部、教師以及所有職工，每天要覺得對教育有貢獻，有自我實現的感覺，每位學生每天均有實質地學到知識技能，快樂成長，充滿感恩，也有自我實現的感覺，此之謂享有質感的生活，教育的內涵具有獨特的創新品味。

經營「品味獨特」有質感的組織文化，需要深耕且永續的努力，並掌握下列幾項原則：(1)實踐 331 運動：每日讀書三十分鐘以上、運動三十分鐘以上、日行一善，以作為自己品味風格的基礎；(2)個人化願景領導：激勵教師職工策定個人生命志業目標，並以短、中、長程計畫，努力實踐；(3)創新教與學活動：累積創意點子，增益教育生涯的品味與獨特性；(4)倡導核心價值教育：經常論述教育活動主題之核心價值，導引生涯品味的追求與創新獨特教育的發展，過真實而有質感的生活。

第三節　倡導新方法技術

探討學校創新經營的研究，多數將其分類為「行政效能創新」、「課程教學創新」、「學生輔導創新」、「環境資源創新」以及「學生表現創新」等五項，研究者亦予贊同。本書書名為「教育經營學」，更宜在「經營者」之立場論述，本章之主題「創新經營策略」，偏重強調「策略」層次的創新經營作為，是以分四項論述「新願景領導」、「新計畫經營」、「新課程教學」、「新競賽活動」的策略創新。

一、新願景領導

「願景領導策略」在本書第七章已予以詳細說明，本節僅就創新經營策略的運作前提下，如何進行創新的願景領導（稱之為新願景領導）再加以強化論述。所謂「新願景領導」，具有四個層次的意涵與作為：(1)重新形塑學校新願景，以新願景領導學校邁向新的境界；(2)願景文字直接使用「創新」或「新教育」字詞，帶動學校經營與師生教學追求創新；(3)新的「願景領導」運作模式，例如：行政會議、校務會議、重要慶典集會等，都要由專人朗誦學校願景後再進入議程，並按月檢討願景實踐方案的完成程度；(4)領導人依據新願景，策定學校發展所需的新主題式行動方案或實施計畫。

二、新計畫經營

「計畫管理策略」在本書第九章中已予以詳細介紹，本節再配合「創新經營策略」之需求，論述如何透過創新式計畫經營，帶動學校師生創新與學校教育活動，經營組織文化，進而實現新教育境界。經營者運用新計畫經營的技術要領，有五：(1)教育計畫名稱直接加上「創新」或「新」字，

例如：「創新閱讀教育實施計畫」、「新科技教育實施方案」、「責任公民新教育行動方案」等；(2)每年列管的十項主題式教育計畫中，至少有一至三項屬於創新導向的教育計畫，導引學校事務「精緻化」，同時兼顧「創新化」經營；(3)定期蒐集創意新經營點子，研議策定新年度的經營計畫，匯集創意，轉化動能，創新教育；(4)「計畫經營」機制創新，定期宣導、爭取認同、創新篤行，激勵創新成果；(5)獎助新經營計畫，定期定額提供處室、學年及教師個別之創新教學及教育活動方案，協助完成具體的創新實踐作為。

三、新課程教學

　　課程教學是教育的核心技術，當代的教師在「師資養成課程」中，「課程論」、「教學原理」、「學科教材教法」、「教育實習」均列為必修課程，合格教師為學生規劃發展學校本位課程，為任教班級學生執行有效教學，亦已成為基本素養與核心能力。創新經營課程教學，促使學校本位課程設計，符合當下學生的最需要，教師在普遍有效教學之下，學生基本能力及各項行為表現優質卓越，實質提升教育品質，提高國家競爭力，亦已成為學校經營者的重要課題。

　　經營學校新課程教學，可採行下列幾項方法：(1)結合國際化、在地化、科技化、品格化發展校本課程及特色課程，充分反映時代脈絡；(2)每位教師自編的主題教學教案達五分之一至四分之一之間；(3)每位教師均有領域專長教學檔案以及班級經營計畫；(4)每位教師均參加一個以上的專業成長學習社群，致力研發新課程教學；(5)每位教師每年更新授課領域 5～10% 教材，每兩年至少發表一篇創新課程教學行動研究；(6)學校配合課程教學資源資料庫，建置創新課程教學網路平台，鼓勵師生分享討論創意資訊；(7)每年定期舉辦學生創新學習成果展示活動，激勵創新經營績優師生。

四、新競賽活動

教育競賽活動也是激發師生創意的重要途徑，學校除了正式課程之外，各種社團及大型的教育活動均屬半正式課程及潛在課程。這些社團及大型的教育活動，採行適度的「分組比賽」學習，最能激發師生創意。學生因為要參與競賽，教師會在最短時間內，從事最核心知識技能的教學，並且為學生設想如何創新經營，展現核心技術與知能的深度，贏得比賽；學生因為要參與團隊競賽，會彼此激勵支持，強化同儕觀摩學習程度，在教師指導與同儕交互學習之下，能快速掌握核心知能與技術，並交互激盪，創新表達型態與內涵，爭取參賽成績，爭取崇高榮譽。

經營者推動新競賽活動宜把握下列幾項要領：(1)要結合學校總體正式課程規劃，並注意質量的普遍性及學生多元智能發展的均衡；(2)要參照團體動力學及群組學習最適化模式，設計各種競賽方式，發揮活動本身的教育價值；(3)將「創新獎」列為各種競賽活動獎項之一，激勵師生實踐創新、追求創意；(4)將歷年重要競賽活動之創新成果數位系統管理，活動之前請責任幹部預為簡介，說明歷年的重要特色，激發新年度創新種子，帶動萌芽；(5)藉由策略聯盟系統，彼此分享學校的優質卓越績效，創新經營學校各項教育競賽活動。

第四節　實現新教育境界

創新經營策略的運用，主要目的是希望能夠看到新教育境界的出現，希望臺灣教育的品質與競爭力，全世界都看得見，臺灣教育是可以輸出的，就像是第二個芬蘭一樣，國家不一定要很大，但教育辦得很好，各國會競相組團來臺灣參訪教育的經營。臺灣新教育境界是創新經營而來的，它的

具體內涵是精緻教育的實現、品質教育的實現、績效教育的實現，以及價值教育的實現。

一、精緻教育的實現

精緻教育的實現要從人、事、時、地、物等五大面向來觀察：(1)「人」是精緻的，有精緻的教師、學生及教育領導人，是人文主義的終極體現，也就是「人之所以為人」的詮釋，所謂「文質彬彬，然後君子」；(2)「事」是精緻的，有友善、和諧、效率的教與學教育活動；(3)「時」是精緻的，正式課程的時序符合師生共同的最需要，潛在課程的教育活動適時適量，掌握最關鍵時刻，學生能學到最核心知能；(4)「環境空間」是精緻的，校園環境整體規劃，空間運用雅緻而充滿教育性，是師生喜歡長駐的所在；(5)「設施」是精緻的，學習歷程也是精緻的，有精緻的教材教具與實驗操作器材，貨暢其流、物盡其用，學習成果也同樣是精緻的。

創新經營策略實現精緻教育的連結點在以下五項，經營者須加以掌握：(1)經營理念創新：新教育成為師生共同願景，教育的理念與實務日愈精緻發展；(2)行政效能創新：幹部服務師生品質日益提升，高滿意度的新組織文化，實現精緻教育氛圍；(3)課程教學創新：實質提高教與學的教育歷程品質，實踐精緻而有競爭力的教育；(4)環境設施創新：展現優雅、教育化、價值化的精緻教育情境；(5)學生表現創新：讓「順性揚才，普遍卓越」的成果，詮釋精緻教育的亮點。

二、品質教育的實現

品質教育的實現要從下列四個指標觀察：(1)符合既定標準的教育：學制、設備基準、課程綱要、教師授課時數、學生日課表等均是一種既定標準，按既定標準實施的教育，才是具有國家標準品質的教育；(2)學生回饋

滿意的教育：學生是教育的主體，教育活動都在幫助學生成長發展，唯有學生喜歡、回饋滿意，才是有品質的教育；(3)持續改善機制的教育：教與學的歷程要配合教師專業與學生需求而不斷調整改變，學校也建置持續改善，品質保證機制才是有品質的教育；(4)學生多元展能的教育：教育的品質反映在學生的學習成果之上，每位學生都能獲得順性揚才、優勢智能明朗化、多元展能，才是有品質的教育。

　　創新經營策略實現品質教育的連結點在下列四項，經營者須加以把握：(1)創新品質標準：就學校組織的發展進程，調整提升部分國家教育標準，例如：部分學科領域的設施標準；又如：運用彈性節數，增加學校本位課程領域授課時數；(2)設定學生回饋滿意度標準：學生回饋機制是檢討教育品質的重要基礎，學校應明確設定教學及重要教育活動的滿意度標準（如教學意見調查 3.5 分以上，教育活動平均滿意度 80%以上），激勵教師及行政幹部創新經營教育本業；(3)對於尚未符合既定標準品質的教育活動，策訂創新經營主題式計畫，以二至三年為期，持續改善教育品質，達成品質保證標準；(4)開辦多元社團及各種課後照顧、才藝學習機會，鼓勵學生運動專長認證，實施一校一特色、一生一專長、一個都不少的「教育 111 標竿學校」認證，成就學生多元展能，普遍卓越。

🍀 三、績效教育的實現

　　績效教育的實現要從下列四個指標觀察：(1)學生基本能力檢測成績在縣市學生平均水準以上，或呈現穩定進步：學生是教育的主體，教育績效要從學生的行為表現上觀察，具有平均水準以上的教育，才是有績效的教育；(2)學生積極參與校內外各種教育競賽活動，普及率 80%以上：教育競賽活動為所有學生而設，大多數的學生都樂於參與且普遍參與，才能彰顯教育績效；(3)學校師生積極組隊參與鄉鎮級、縣市級、全國性教育競賽活

動，並獲致優良成績：參與校外競賽就是績效的表現，得獎更能鼓舞績效價值；(4)具有特色品牌的學校：績效由品質與成果交織而成，有績效的學校就是有品質且具有特色，能夠看到品牌的學校。

創新經營策略與績效教育的連結點在下列四項，經營者應善加把握：(1)創新觀念的導正：創新不是曇花一現，不是花俏行事，不是放煙火，事過境遷不留下痕跡；創新在於教育產出新的境界，永續經營；(2)創新是可欲的，做得到的：創新的本意在「賦予存在」（to being），也就是發現新的關係或新的連結，它本來就存在，不是無中生有；(3)創新是一種「實→用→巧→妙→化」的歷程：實務深耕是創新的基石，巧思妙用、機緣天成，是創新的啟蒙、知識的融合，系統重組，產生創新；(4)績效教育來自創新經營的成果，沒有績效的創新經營是空的。

四、價值教育的實現

價值教育的實現要從下列四個指標觀察：(1)學校（組織）的教育願景及核心價值是明確的，有明確的核心價值較能帶動組織成員完成階段性任務；(2)學校領導人、幹部及教師均有自己教育的核心價值，用核心價值做為自己經營教育志業的根，自己的教育願景在學校中實踐；(3)學校的組織成員經營者、教師、學生均有自我實現的感覺，經營、授課、學習的教育歷程是有意義、有價值，並且滿意的；(4)教育的成果具有一定的競爭力，能夠培養責任公民，是一群責任良師在具有責任績效的學校中，持續耕耘的具體成果。

創新經營策略與價值教育的連結點有下列四項，經營者及教師應善加把握：(1)宣導核心價值及教育理論：理論是價值的源頭，也是創新經營的基石（根部）；(2)強化價值導向的課程發展及教學方案，為學生提供有價值的學習主題，有價值的學習過程，產出有價值的作品；(3)創新經營學校

價值教育：策定主題式教育計畫，融入核心價值在經營措施中實踐孕育師生價值意識，導引現有價值的自我實現；(4)推動價值教育行動研究，蒐集師生教育價值觀，分析發展趨勢，調整價值教育計畫的實施內涵與實踐方式。

第十三章　價值行銷策略

　　學校行銷隨著教育普及化而日益受到重視，尤其是二十一世紀的臺灣社會，「少子化」伴隨著「民主化」、「國際化」、「科技化」、「市場化」的訴求，共同衝擊著當前的學校教育，學校必須適度的行銷才能存活。學校行銷的主要功能有四：(1)增進了解（學校現況與發展機制）；(2)展現特色（教育特質與績效亮點）；(3)開發資源（生員豐裕與資源統整）；(4)持續發展（暢旺學校與自我實現）。而學校行銷的總目的在「樹立品牌」與「永續經營」。

　　學校行銷的方法策略，通常分為內部行銷與外部行銷。內部行銷主要在增進全校師生對學校現況與發展的了解，提升認同度與凝聚力，例如：新生訓練、新進教師講習、會議文宣、重要計畫研習、成果展示、網頁訊息、校刊通訊等；外部行銷旨在讓社區民眾了解學校辦學特色及教育亮點，願意進入就學或提供教育資源，協助學校教育，例如：親職教育日、班親會、文宣外送、招生資料、校刊分送社區組織機構、媒體廣告、學校特色文宣等。另外，也有用統整的分類方法進行行銷，例如：教育品質法（從學生著手）、媒體宣導法（從工具著手）、家長互動法（從家長著手），以及教育活動法（從特色著手）。

　　本書特別強調「教育價值說」，主張教育是可以經營的，融合「價值說」的核心意涵，進行學校行銷策略的規劃，是頗具效果的「著力焦點」，是以本章取名「價值行銷策略」，其概念型定義為：「經營者運用願景行銷、計畫行銷、個案行銷的價值論述，來爭取校內外人士認同，進而支持學校，選擇就學、就業或把注學校教育資源之謂。」操作型定義則有四個分項：願景價值行銷、計畫價值行銷、特色價值行銷，以及個殊價值行銷。

本章分為四節論述：第一節「願景價值行銷」，從核心價值、師生需求、階段性任務，以及教育價值，連結願景行銷的具體操作事項；第二節「計畫價值行銷」，從時代價值、校本價值、統整價值，以及潛在價值，詮釋計畫行銷的可行作法；第三節「特色價值行銷」，說明特色行銷產生的學校價值，在匯聚專長優勢、突破發展瓶頸、發展系統品牌，以及創新教育價值；第四節「個殊價值行銷」，闡述學校行銷的價值在於創發師生自我實現、組織發展定位、學校邁向卓越，以及社區智慧資本價值。

第一節　願景價值行銷

本書第七章「願景領導策略」，已有部分內容論述說明願景行銷（第四節），包括：實物行銷願景、機會行銷願景、活動行銷願景，以及課程行銷願景，並且在第二節「註解願景」中，亦有「論述願景教育價值」之主張。本節就「願景行銷」再與「價值取向」縝密結合，從「核心價值」、「師生需求」、「階段目標」、「教育價值」等四個方向，說明願景價值行銷可行的操作事項。

一、行銷願景的核心價值

核心價值是人類共同且深層的根，隨著人類組織目標任務的不同，核心價值會有變遷、具有時代性，象徵著某一時代的某一組織特別需要的「當下核心價值」。過去教育界常直接使用「核心價值導向的共同願景」，願景就是核心價值，核心價值本身就是共同願景，行銷學校願景也就是強調願景本身帶給大家的核心價值內涵。當前的學校願景調整為「任務目標導向的共同願景」後，願景本身多為任務目標提示，需要併同核心價值加以論述，大家才得以充分體認「為何而戰」、「此戰的深層意涵為何」，例

如：「臺大八十，世界百大」是一個很清楚的願景（vision），但其核心價值（core value）為何？需再喚醒臺大人共同界定；「世界百大」對臺大及臺灣的重要意涵（即核心價值）為何？或許在對師生及外賓說明時，勢須強調「卓越標準」（世界前百名大學的共同標準）與「領航世界」（世界最先進的國際教育，也是帶領臺灣進入全球化舞台的大學）。

再以福特汽車當年的願景：「福特四輪，轉動全球」為例，這是 vision，其字面的任務目標是：「全球各地都可以看到福特汽車，福特的銷售世界第一」，如能再併同核心價值加以論述，將更能受到顧客的喜愛，例如：「精緻風華，快捷實用」。

二、回應師生的需求與心願

共同願景如能具體回應師生的需求與心願，將能獲致全校師生的認同與支持，具有快速凝聚向心力與匯聚能量的效果，對學校及個人產生最大價值。以國立臺北教育大學為例，2000 年前後，傳統的師範學院面臨空前的挑戰，「師資培育多元化」、「少子化」、「技術學院改名為科技大學」、「大學整併」、「全球化教育」、「法人化大學」等，同時衝擊著這些具有傳承的師範學院，是以「改名為大學」是當時師生的共同需求與心願。當時的校長（張玉成教授）提出「轉型發展，再造北師」的願景，積極帶領同仁擬訂各種轉型發展計畫及配套方案，獲得校內同仁的認同支持，也能結合教育部協助師範學院改名為「教育大學」的政策目標，2004 年終於獲得行政院核定，改名為「國立臺北教育大學」（臺北市立教育大學、國立新竹教育大學、國立臺中教育大學、國立屏東教育大學亦同時改名）。「改大」確為當時師生的需求與心願，「轉型發展，再造北師」具有回應心聲的最大價值。

🍀 三、行銷願景的階段性任務目標

　　階段性發展的任務目標，對學校來說最為重要，如果設定妥適、如期完成，也是最具價值的事務。當前學校欠缺教育競爭力，有一大部分的原因，來自經營者訂不出當下階段的任務目標，有時也根本不清楚「組織發展任務目標」的重要，就跟著大家得過且過，上班、上課、下課、放學、回家，日復一日，學校依舊，學校看起來每天都一樣，差別不大，當然也就沒有競爭力可言。當前的願景呈現方式，之所以將vision（願景）、mission（任務、使命）與 core value（核心價值）並列，即是將階段性任務目標，作為願景形塑的最重要基礎，也就是用「任務目標」來當作「願景」與「核心價值」的中介銜接觸媒。

　　茲以研究者於 2009 年擔任教育經營與管理學系（含教育政策與管理博士班、碩士班）系所主任的最後一年，將「系所中心三合一」的組織發展願景，策定為「愛、希望、著力點——樹立教育經營首選品牌系所」（vision 和 core value），並提列四大任務目標（mission）：

> 教學　　精緻卓越的主題教學。
>
> 研究　　接軌國際的領域研究。
>
> 學習　　績效認證的核心學習。
>
> 服務　　產學整合的教育服務。

　　研究者認為，「主題教學」、「領域研究」、「核心學習」以及「教育服務」等，是系所師生當下發展階段的目標任務，系所師生勤奮耕耘這四大任務目標，並以「愛、希望、著力點」的價值引導，逐年累積成果，成為臺灣學子教育經營首選的品牌系所，指日可待。

四、行銷願景教育價值

教育在「教人之所以為人」，「人之所以為人」對己來說就是「自我實現」，對群體來說就是「責任公民」，此兩者都是教育價值。所謂「自我實現的人」概有下列四個指標：(1)每天生活有質感；(2)學習成就達到自我滿意的標準；(3)擁有適配的志業職涯；(4)自己的理想理念在志業與生活上有所發揮。「責任公民」也有下列四個觀察指標：(1)本身是自我實現的人；(2)願意承擔工作，善盡養家活口責任；(3)願意結婚生子，善盡繁衍後代責任；(4)願意濟弱扶傾，維護社會公平正義，善盡社會責任。

因此，教育部 2012 年擬頒布的「師資培育白皮書」，研究者曾建議以「培育責任良師，實現精緻教育」為願景（vision），其主要用意是在完整實現階段性「師資培育」的教育價值。當下的師資培育，對人的期待是經由「責任良師」教育出「責任公民」，而對組織的期待是經由「優化師培機制」實現「精緻教育」，行銷願景的教育價值才得以讓施政理念內涵充分展現，才能夠真正凝聚共識，才能夠匯聚人氣能量，實現教育目標。

第二節　計畫價值行銷

本書第九章「計畫管理策略」，已分四節析論「計畫原理與優質教育計畫」、「計畫技術與系統元素要領」、「計畫執行與歷程品管機制」，以及「計畫評鑑與績效傳承創新」，本節僅就計畫行銷的價值層面再予以解析論述，期待經營者能夠運用優質教育計畫的價值行銷，為學校帶來更豐沛而永續的教育資源。

一、計畫的時代價值

行銷計畫的價值要與時代脈絡結合，行銷計畫的賣點要符合當代的意

識型態與價值取向，才容易爭取到大家的認同與支持。茲以教育部於 1995 年推動「認輔制度」為例，研究者當時為主辦業務主管，併同輔導工作六年計畫實施（為專案輔導活動項目之一）；研究者為宣導本計畫方案，特撰文〈認輔制度的教育價值與時代意義〉，發表於《學生輔導月刊》，以爭取教育人員的認同參與。認輔制度的教育價值有三：(1)闡揚教師大愛；(2)落實專業助人服務；(3)發揮輔導的教育功能。認輔制度的時代意義亦有三：(1)調合教師教學輔導權責；(2)轉化學校輔導工作內涵；(3)建立輔導專業督導初階模式。

再以 1998 年教育部推動「建立學生輔導新體制——教學、訓導、輔導三合一整合實驗方案」為例，研究者亦陸續發表八篇文章，深層分析教訓輔三合一方案之意涵，其主要精神有四：(1)帶好每位學生：實現帶好每位學生的教改願景；(2)整合訓輔功能：結合社區資源，發揮學校教訓輔功能；(3)孕育最佳互動模式：建構師生最佳互動模式與內涵；(4)闡揚教師大愛：激勵教師善盡教學輔導學生職責，而其時代任務與價值為「經營一個具有輔導文化的學校」（鄭崇趁，2006a）。

二、計畫的校本價值

優質的教育計畫就是有效發展學校的計畫，對於學校本身最具價值。所謂計畫的校本價值約有下列四個意涵：(1)對於本校最有價值的計畫；(2)以本校的需求規劃的計畫；(3)計畫的實施最適合本校；(4)具有學校本位管理的計畫。

因此，行銷學校計畫的校本價值，要從下列幾個事項經營：(1)教師的專長得致充分發揮，經由課程計畫及社團發展計畫，教師能得到最大成就與滿足感；(2)學生的潛在優勢能得到適度喚醒，經由各種主題教育計畫，學生有優勢智能明朗化的機會；(3)學校擁有本位經營特色及系統品牌，且

由於藉助計畫實施，社區家長及行政長官看得見、感受得到；(4)社區教育資源經由計畫的實施，有效引入學校，協助學校精緻教育事務；(5)滿足學校個殊性教育需求的計畫，例如：部分偏鄉中小學的「風雨操場」、「學生活動中心」或「學生宿舍」等的建設計畫。

三、計畫的統整價值

　　優質的教育計畫本身就是「資源統整方案」，計畫的本質與功能之一，就是針對計畫目標設定實施策略與執行項目，這些策略與項目即在進行校內外教育資源的統整，將資源引進到實際教育工作事項，促其發揮應有的教育效果，實現計畫目標。

　　行銷計畫的統整價值可從下列幾個事項著力：(1)計畫本身的系統結構：計畫目標、策略、項目之間關係縝密，系統結構就是統整的象徵與價值；(2)計畫產生的交互作用：計畫的實施，由於策略、項目的帶動，教師與教師之間、教師與學生之間、學生與學生之間，親師生之間產生更為優質的互動效果；(3)計畫歷程強化正式課程的作用：各種主題式計畫的作為，促進課程目標的實現更為明顯；(4)計畫串連正式課程與潛在課程的銜接功能：計畫資源彼此之間發揮統整實踐的效果，例如：各類教學步道與空間藝廊的建置計畫。

四、計畫的潛在價值

　　潛在價值係指一個計畫實施之後，對於教育領域長遠性的影響程度；這些長遠性的影響，包括：教師態度觀念的進步、學生受教環境的改善、教育制度的調整與充實，以及社會國家對於教育事業的認同與支持。觀察教育計畫的潛在價值有下列四個指標：(1)體制的影響程度：計畫實施完竣之後，對於原有的教育體制，實際上調整或改進發展的程度；(2)環境的影

響程度：計畫完成之後，對於學校整體師生教學環境改善的程度；(3)心理的影響程度：計畫實施以後，對於師生關係觀念態度改善的程度；(4)文化的影響程度：計畫執行完成以後，對於整體社會文化可能帶動長遠影響的程度。

行銷計畫的潛在價值，經營者要掌握下列幾個事項及要領：(1)計畫精緻性：計畫本身細微精美，就像藝術品，是精緻教育的典範之一；(2)計畫發展性：計畫本身有問題的解決策略，更兼重新教育機制的形成與發展，超越一次性計畫，有永續深耕價值；(3)計畫的未來性：計畫目標未來化，能以前瞻視野，結合時代脈絡，設定師生未來的基本（核心）能力指標，例如：資訊教育計畫設定雲端科技使用的行為指標；(4)計畫的文化性：計畫的執行能帶動組織成員的交互支持、彼此關照，產生整合發展效果，改善師生觀念態度，形成新的組織文化，也獲致國人更多的認同支持。

第三節　特色價值行銷

曾有部分教育學者認為，基本教育階段的教育目標就是培養德、智、體、群、美五育均衡發展的現代國民，學生的十大基本能力是一致的，學校經營均應以此為軸心運作，不宜有所謂的特色學校或學校特色，特色容易形成獨大偏執，影響德、智、體、群、美均衡發展的教育機制。復因教育的發展與國家經濟發展攸關，在國民所得一萬美元以下的時代，教育普及化及均等化均力有未逮，難以發展成學校特色，是以我國在 1990 年以前，教育的實務少談特色學校及學校特色議題。

當前的臺灣教育，特色學校與學校特色逐漸受到重視約有下列五個因素：(1)臺灣的國民所得已在 2010 年前後突破二萬美元，經濟實力足以支持教育多元化發展；(2)臺灣社會處在後現代需求強烈階段，民主化、市場化、

多元價值觀，促使教育精緻化及特色品牌需求；(3)2000 年「國民中小學九年一貫課程綱要」的實施，對於學校本位課程及特色課程的倡導；(4)教育軟實力的觸媒作用，例如：中小學師資碩士化比例的提高、校長領導卓越獎及教師教學卓越獎的辦理，激勵創意特色經營；(5)教育經營學與校長學的新建構，從經營教育的層面舖建學術基礎。

臺灣特色學校的推動，各直轄市與縣市使用之名稱並不一致；臺北市最先使用「優質學校」，2008 年起更增加「教育 111 標竿學校」，新北市使用「卓越學校」，桃園縣使用「學校特色認證」，彰化縣及澎湖縣使用「典範學校」，宜蘭縣使用「噶瑪蘭金質學校」。這些學校特色建立在學校發展已經達正常化標準之上，且須符合下列四個指標：(1)教育性：學校特色要直接與學生學習有關；(2)普及化：全校大多數的學生均有參與；(3)課程化：融入課程，得以永續傳承深耕；(4)卓越化：精英團隊表現出類拔萃（鄭崇趁，2011a）。本節僅就當前學校經營，行銷學校特色的四個功能價值層面舉實例說明，包括：「匯聚專長優勢」、「突破發展瓶頸」、「發展系統品牌」，以及「創新教育價值」。

一、匯聚師生專長優勢

行銷學校特色，應配合學校師生專長，搭建其表現舞台，使其得致最大的發展空間，可創最高教育價值。以宜蘭縣寒溪國小為例，莊仁實校長本為泰雅族人，有機會返回母校掌舵，即以發揚泰雅族文化為本位課程，匯聚師生專長優勢，營造學校特色，諸如：泰雅文化村、泰雅語課本編製、泰雅語學校環境、泰雅主題教學教案與行動研究、泰雅族舞蹈表演等，均全國知名，到處表演，為偏鄉教育樹立品牌特色，也匯聚師生專長優勢，創發學校教育最大價值。

行銷學校特色價值，在師生專長優勢的經營上要講究下列幾個要領：

(1)亮點管理：學校能夠逐年進行專長優勢調查，建立師生亮點資訊系統；(2)特色伴隨常態課程飛翔：將學校特色融入常態課程實施，大多數教師及學生才能普遍參與，也才得以永續經營；(3)布建交流展現舞台：運用展演，激勵師生展現專長優勢，透過交流學習，持續提升特色教育品質；(4)形成專長分享機制：依處室及領域小組布建各種教師專業學習社群，定期舉辦教師專長與成果分享機制，傳承專長，擴大優勢；(5)激勵產出型專長優勢：設定產出型目標（如參與競賽、公開展演、研究報告或教材教案編製、教具產品開發等），協助其逐步完成，讓專長優勢看得見，也有具體效果。

二、突破學校發展瓶頸

　　行銷學校特色價值的另一重大功能，在協助學校突破發展瓶頸。以顏學復先生主持的新北市有木國小為例，有木國小是三峽深山樂樂谷、大板根森林遊樂區附近的小學，學校規模不大，是一所已經常態且精緻的小學。顏學復先生接任校長後，以其在博士班及校長培育班習得之專長──「系統思考」、「計畫經營」、「實踐篤行」，兩年內獲得新北市卓越學校三項認證、教育部教學卓越獎銀質獎及金質獎，帶動學校突破發展瓶頸，以致於國內外教育團體競相參訪、學習經驗，也驗證了「教育是可以經營的」，只要我們用對了「著力焦點」。

　　突破學校發展瓶頸的特色價值行銷，可從下列幾個事項著力：(1)特色來自自然資源的支持：如有木國小鄰近的山川生態資源經由教育化後，能有豐沛價值產出；(2)特色的價值化在多數教師的能力範圍之內：如有木國小各種方案均能得獎，在於參與教師論述方案價值的能力，經由校長帶動後均呈現在一定水準以上；(3)特色的方向是他校可以學習者：獨占性的教育特色，創造自己學校師生教育價值，值得他校學習的教育特色，創造更大、更普及化的教育價值，才是真正的特色；(4)特色帶動突破瓶頸後，要

形成一種文化機制或習慣態度，才能避免人事更迭、情隨事遷，有如曇花一現，欠缺教育的永續價值。

三、發展教育系統品牌

特色價值行銷的第三個功能在發展學校的系統品牌。以黃三吉先生主持的臺北市文化國小為例，文化國小的特色是「雙語教學」，雙語教學已然成為學校教育的系統品牌，在此一品牌特色的號召下，原本四十八班規模的文化國小，已招收到了六十班學生，且仍有數百名學生登記爭取後補就學。文化國小在黃校長經營下，聘請外師，由外師與導師共同教學英語課程，英語課程的節數與內容，融入校本課程設計，有系統思考的課程綱要及明確的學習目標，師生教與學的成果獨樹一格，形成一所雙語教學品牌特色的學校。

行銷學校特色價值的系統品牌，可從下列幾個事項著力：(1)特色主題是顧客的共同願景：研究者觀察，閱讀教育、雙語教學、電腦科技教育、生態教育最容易發展成系統品牌的特色，因為這些主題是學生及家長的共同願景；(2)特色主題與經營策略是可欲的、做得到的，同時也是學校最需要的、最期待的，例如：雙語教學不適合偏鄉小校、生態教育不易成為都會學校的系統品牌；(3)特色品牌的內涵與學校智慧資本符合度高：也就是教師核心能力及認同程度均佳的特色，較易成為系統品牌；(4)特色品牌需要「卓越獎項」及「課程系統」的支持，卓越獎項呈現品牌亮點，課程系統永續深耕教育價值。

四、創新學校教育價值

特色價值行銷的第四個功能在創新學校價值。以張信務先生經營的新北市新泰國小為例，張校長接掌新泰國小之後，即致力於新泰三寶的經營，

以「新泰農場」、「玩具工坊」、「學習城堡」創新學校教育價值。三寶是特色，凡是有長官、來賓、參訪團隊、校長培育班學員實習，張校長都向參訪者行銷三寶特色，並闡述三寶的運作歷程、對學校師生產生的教育價值，創新經營的特色價值行銷，迅速地為學校開展了嶄新的局面。

創新學校教育價值的行銷作為，可從下列幾個事項著力耕耘：(1)培養幹部論述教育價值的能力，特色教育價值行銷很難單靠校長一人，所有行政幹部均能獨當一面代替校長導引參訪，效果方能全面永續；(2)主題特色之決定，要與主要幹部商議共決，獲致行政幹部的認同，才有助於學校智慧資本的聚焦與開展；(3)結合賦權增能（empowerment）領導行為，賦予核心幹部參與部分特色主體布建的完整權責，將創新的教育價值績效與幹部分享；(4)特色普及化、課程化、卓越化、永續化，是創新學校教育價值必要的核心歷程，需要計畫性的導引全校師生共同參與促成，逐漸形成學校新文化。

第四節　個殊價值行銷

價值行銷策略的主要經營主體是學校，是透過教育價值的開發賦予學校（組織）具有更好競爭力的發展基石，前述三節分別從「願景價值行銷」、「計畫價值行銷」及「特色價值行銷」說明著力焦點，均是以「學校整體面向」為出發點做論述，本節則針對「學校個殊性面向」延伸闡述，希望能更周延地完備「價值行銷策略」的範圍與邊界。

一、師生自我實現價值

教育的最高價值在促進人的自我實現。經營教育，其最大的目的，也就是在經營學校師生都能自我實現，教育的個殊價值行銷，即在指陳此一

「教育投資方案」對於某位教師或學生產生了「自我實現」的價值。以熱愛棒球的師生為例，如果學校能運用多元社團的經營，籌組棒球運動社團，指導教師教授其喜愛的專長，是自我實現的價值；喜歡棒球的學生得到系統棒球知識與技能的學習，優勢智能明朗化，也是一種「自我實現」。從多元智能理論的觀點來看，教師與學生的優勢專長及智能結構均不相同，因此學校教育要搭建多元而細密教與學價值的追求舞台，協助每個人均能自我實現。

　　個殊價值行銷能夠增進師生的自我實現，可以從下列幾個事項著力：(1)80／20原理的運用：80%的課程與時間規劃用於常態性教學，20%的時間彈性支援統整設計；(2)針對學業成就表現後20%的學生，優先設計補救支持方案，方案設計不限於補救教學，各種藝能活動可多元均衡考量；(3)調查弱勢族群學生的性向興趣，結合教師意願與專長，關建教育新舞台，提供多元發揮管道；(4)針對表現最優20%的學生，激勵教師深入耕耘成為卓越團隊，在師生自我實現的同時，形成學校示範標竿，進而成為系統品牌教育價值。

二、組織發展定位價值

　　學校的發展有時興旺，有時疲弱。同樣一所學校，在歷史的歲月中，教育的績效與競爭力表現，均具有階段性，所有學校教育人員都期待，在其任職期間，是學校最興旺的時期，是教育競爭力最盛的階段。但事實的觀察，多數不能盡如人意，學校經營必須配合社會變遷與時代需求而轉變，若校務發展計畫能夠適時地為學校組織產生發展定位價值功能者，即為個殊價值行銷的重要旨趣。

　　茲以國立臺北教育大學「99～103校務發展五年計畫」為例，本計畫係林新發教授選上國立臺北教育大學校長後，帶領幹部花了半年的時間，系

統規劃完成，此一中程發展計畫必須扮演學校「傳承創新」的時代使命，2011 年，國立臺北教育大學接受教育部校務評鑑時，即以「99～103 校務發展五年計畫」的具體內涵，以學校校訓「敦愛篤行」為基石，林校長競選校長時倡議的「傳承創新」為歷程，五年計畫設定的「精緻大學」為具體指標，充分表達在「自我評鑑報告」及「環境整備」上。「敦愛篤行→傳承創新→精緻大學」與「提升教育品質，邁向精緻大學」多次強化論述，校務評鑑結果終獲五項全數通過。「99～103 校務發展五年計畫」中的「精緻大學」確實發揮組織發展定位價值，帶領著學校通過評鑑的時代考驗。

三、學校邁向卓越價值

　　價值行銷策略旨在幫助學校獲得認同支持，爭取資源挹注，創新教育價值，邁向精緻卓越，提升教育品質與競爭力。因此，能夠清楚描繪方案措施，對於學校產生邁向卓越直接價值者，更顯得個殊而珍貴。以林和春先生經營的桃園國小為例，林校長原本經營的西門國小已有相當亮眼的績效，其奉命接掌桃園國小後，在三個月內決定進行「學校十大建設」，該十大建設均是當時桃園國小最需要的方案，也是產生邁向卓越價值的方案建設，二、三年間將桃園國小之經營推上巔峰，獲獎無數，包括：教育部教學卓越獎、教育部校長領導卓越獎、創新經營特優獎、學校特色認證三種以上，是桃園縣最為經典的卓越學校。

　　採行邁向卓越之價值行銷，可從下列幾個事項著力：(1)內部行銷先於外部行銷：爭取校內教師及幹部的支持，匯聚邁向卓越的動能，優先於外部資源的引進；(2)計畫方案建立在學校已經優質化環境及氣氛之上：唯有師生條件、環境設施、學校文化三者均有常態以上水準者，才是邁向卓越的基石；基石不足，卓越難成；(3)系統思考表達方式的創新與亮點：邁向卓越方案往往要接受評比與競爭學校之挑戰，因此師生各類教育活動，呈

現表達方式的創新與亮點，才能持續感動大家，獲致卓越價值；(4)思考邁向卓越方案的時代性與永續性：永續性教育價值優先於時代性教育價值的卓越方案。

四、社區智慧資本價值

學校教育在地化與強調本位經營之後，社區的人力資源與自然文史資源也成為學校重要的教育資源之一，而社區學校化也是另一發展趨勢，如果學校教師能參與社區經營計畫，提升社區智慧資本價值，亦屬學校個殊價值行銷功能之一。以桃園縣羅浮國小及高坡國小的策略聯盟為例，此一策略聯盟方案事實上將高坡國小的師生全數移撥到羅浮國小上課，加蓋學生宿舍收容部分遠道學生，購置交通車接送學生上學，集兩校的經費、師資、資源來擴充原有的教育規模建設，增加與社區各項資源的整合，羅浮國小成為啟動羅浮社區智慧資本的教育中心。此一「策略聯盟方案」，具有拓增社區智慧資本教育價值。

行銷社區智慧資本價值，可從下列幾個事項著力經營：(1)社區資源教育化：將社區人力、自然、文史、生態資源給予教育化的統整，提供學校及社區民眾處處可以學習，到處是教室；(2)資源建設計畫化：學校本身的教師及學生人力亦有限制，能夠協助性的投入地方建設，要有完整的方案規劃，逐步漸進；(3)資源效益課程化：社區教育資源結合領域教學，在實際教育歷程中提供教師帶著學生系統學習，才有真實的資源效益與教育價值；(4)活動執行整合化：運用社區教育資源進行教學活動時，結合社區志工或熱心教育的家長共同參與，分享資源效益，必要時單獨為社區民眾個別開班，提升社區智慧資本價值。

實踐要領篇

著力焦點，臻教育之美

「系統思考」臻「本位經營」之美
「賦權增能」臻「績效責任」之美
「知識管理」臻「優勢學習」之美
「順性揚才」臻「圓融有度」之美

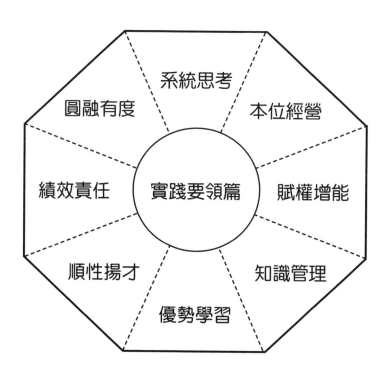

第十四章　系統思考

「系統」原本是機械原理的一種，是物理現象的邏輯系統。自從「學習型組織理論」流行以後，強調「系統思考」為第五項修煉，具有「整合」個人與組織四種修煉之意，是以「系統思考」有了全新而人文的深層意涵。系統思考的概念型定義為：「領導者下決定時能整全考量，針對組織及個人之最需要與價值做最合宜之規劃及運作之謂，具有『觀照全面→掌握關鍵→形優輔弱→實踐目標』之心法歷程。」因此，其操作型定義即為此四大歷程之說明論述。

本章分為四節論述系統思考之要領及其內涵：第一節「觀照全面」，說明全面性系統思考的面向與重點；第二節「掌握關鍵」，運用 80 ／ 20 原理處理人、事、時、地、物；第三節「形優輔弱」，說明如何啟動優勢專長，導引普遍均優的執行歷程；第四節「實踐目標」，回應原有方案作為之目的與價值。

系統思考是一種態度，是一種習慣，是一種能力，同時也是一種修養；運用在計畫擬定、讀書求學、應考作答、做人處事、生活習慣等，都十分貼切。系統思考傾向愈佳的人，在各方面都會有傑出的表現；反之，欠缺系統思考的人，在各方面較不容易看見成果。

第一節　觀照全面

有句俗話說：「做事情不難，該想到的都想到就沒問題了」，此即為觀照全面的最好寫照。用學術上的名詞，所謂「巨觀」、「統觀」、「整體觀」、「統整」、「整合」等都近似觀照全面的意涵，然在不同場合而

有不同的用語。

觀照全面的具體操作面向，包括：考量整體面向、考量完整歷程、考量工作總量、考量可用資源、考量可行作法、考量品質標準、考量風險危機、考量績效價值等面向，分四點說明如次。

一、整體介面與完整歷程

在教育評鑑模式的探討上有 PDCA（Plan、Do、Check、Action）及 CIPP（Content、Input、Process、Product）模式，全世界仿行，PDCA 就是教育評鑑整體介面的縮影，而 CIPP 即完備歷程的評鑑，其之所以全世界仿行、共同實踐，原因在能夠觀照全面，不因化約成四個面向而失去整體面貌，也不因「概述」而遺漏重要元素。

系統思考要「觀照全面」，強調的是先要有整體全面性的覺察或資訊掌握，以「擬定校務發展計畫」為例，觀照全面指的是，經由 SWOT 整體分析，了解學校各個面向的優勢、劣勢，以及可能的機會與威脅，也經由 SWOT 分析的完備歷程，期待產出經營策略與執行項目，以及優質的教育計畫，「觀照全面」更意謂著，領導人以教育理論及自己的辦學理念來進行 SWOT 分析，而不停留在技術及分類介面。

觀照全面的計畫要有「完整的格式」以及「完備的歷程」。完整的格式包括：計畫緣起、計畫目標、經營策略、執行項目、執行內容、經費需求、執行要領，以及預期成效；完整的格式象徵計畫作為的全面性思考。完備的歷程包括：計畫組織、運作模式、定期檢核、回饋歷程、考評機制；完備的歷程確保計畫本身的目標性、本質性與價值性，充分彰顯計畫的教育價值。

二、工作總量與可用資源

觀照全面的第二個面向，在執行任何事物或計畫的開始，要有工作負荷總量及可用資源的考量，並且兩者要適配均衡事才可為；如果兩者失衡，可用資源少於工作總量所需，行事勉強且難成。可用資源充裕，可滿足工作總量需求，則應思考提高標準或擴充原有的方案範圍，為國家社會創發更大的教育價值。

做事或執行計畫方案，都是一種資源能量的轉換，蒐集重組資源效益，達成計畫工作目標，是一種「投入→轉換→產出」的資源運用歷程，凡是要成就某一事務，均應先就「產出」面，思考「整體總目標」，再思考為了達成這些目標，需要由哪些資源轉換而來？進而再思考需要的這些資源如何投入？是否足夠？「投入」與「產出」的兩端就是「工作總量需求」與「可用資源數量」，兩者的平衡思考就是觀照全面的具體實踐。

三、方法作為與品質標準

「做事不難，做好事不易」是先輩的智慧傳承。地球上有數十億人口，大家每天都在生活，也都在做事，這些事的整體就是當前世界的文化與文明；為何各地的文化與文明落差極大，「做事不難，做好事不易」，第三世界國家要晉升為文明國家，成為世界大同，的確遙遙無期。「做好事不易」之「好事」，界定在做事的方法與標準之上，物有物理（系統），事有事理（結構），人有人理（倫理），掌握事務的系統結構，兼顧人倫情意，自然會把事做好。人類的生活品質標準隨著時代社會變遷，不同的世紀、不同的地域均有差異的品質標準，只要組織群體可以接受就是「做好事」，自己的組織群體不能接受，就是「還沒有把事做好」，是一種相對而變遷的品質標準。

　　觀照全面的第三個面向，即需考量事務或計畫方案之方法作為與品質標準。方法作為是一種「資源統整」的運用，也是經營策略著力焦點的選擇，就以學校發展校本課程為例，好的學校本位課程是學校人力資源、物力資源、財力資源、自然資源、文史資源、科技資源、多元資源統整的效益，要有「在地全球化」以及「課程資源個殊化」才是好的、有特色的校本課程。至於校本課程的品質標準，亦可約略劃分成三個層次：(1)學校教育活動層次（每年辦理二、三次）；(2)領域課程發展層次（每一領域均有配合的主題教學）；(3)年級領域主題教學層次（每一領域依低、中、高年級，均有二、三個銜接的主題教學教案）。不同的發展層次代表學校間的校本課程有不同的品質標準。

四、風險危機與績效價值

　　觀照全面要考量的第四個面向，即風險危機與績效價值，任何事務或計畫方案之執行，均有其正面的績效價值及負面的風險危機。觀照全面的意涵即在將這兩個面向的最低風險與最高價值，納入系統思考的一部分。研究者常以諸葛武侯的智慧來說明其所以常打勝仗的原因，在於「資源統整」得最佳，常能「營造相對優勢」，所以立於不敗，也常能「單點突破」，是以能夠累積小勝，終至三分天下而有其一。事實上，此一資源統整策略的實施，也就是系統思考、觀照全面的成果，讓風險危機降至最低，而績效價值滋生擴大。

　　再以引進家長志工，協助學校半專業教育事務為例，對於學校整體而言，有正面的價值，也可能有負面的發展。就以負面而言，家長志工雖多，到校不一定做事，多在聊天、閒話家常，非但沒有參與服務，有時教師與幹部還要花很多時間與之周旋、回應，反客為主，變成學校的包袱與重擔；就正面的價值而言，分組協助交通導護、圖書館借還書服務、晨讀時間說

故事、全校水電環境維修、認輔學生、補救學習等，讓專任教師們有更充裕的時間，從事教學準備及精緻教育的實施。系統思考引進家長志工，就得觀照全面，觀照其風險危機（負面發展）並設法避免；觀照其績效價值（正面成果）並激勵產出。

是以引進家長志工協助校務，應有需求調查實施計畫、目標導向、實施培訓、分組執行，並進行績效管理。

第二節　掌握關鍵

「觀照全面」指的是要有整體觀，該掌握到的訊息不要遺漏，待人處世不要顧此失彼，要識大體且要有整全觀照。「掌握關鍵」係進階的思考，我們要做事、要執行計畫，不可能什麼都做、全部都要，好的計畫方案是找最重要、最關鍵的事情優先來做。因此，掌握關鍵類似經濟學上所說的「80／20原理」，且以蘇軾大文豪的名句「博觀而約取，厚積而薄發」闡述得最為傳神。

「80／20原理」是義大利經濟學家巴雷多（Pareto）發現的經濟學原理，同一家公司的一百種產品，不會是一百種產品都成為均衡的銷售成果，它往往會形成一種現象，顧客最歡迎的約20種產品銷售特別好，而且形成公司總營業額的80%收入；相反的，其他約80種產品，其銷售收入僅占營業總額的20%。因此，掌握關鍵的20%核心產品，等於掌握整個公司營運的80%影響力。

宋朝大文豪蘇軾在〈稼說送張琥〉一文中曾說：「博觀而約取，厚積而薄發」，博是全面、概覽、普及、基本；約是關鍵、重點、核心、精華；厚是廣博、渾厚、深度、廣度；薄是專一、單點、刀刃、題目。「為學之道」與「知識管理」均需要「博→約」及「厚→薄」的實踐要領，「博厚」

是基本，是入手，對人來說十分重要，「約、薄」是專注、是單點突破，對每一個人來說更加重要（鄭崇趁，2009a）。

「80／20 原理」已廣泛運用在人類生活的各個面向，市面上亦有「80／20 法則」的專書流傳，「博觀而約取，厚積而薄發」也已變成「知識管理」、「計畫擬訂」、「為學之道」的系統思考要領之一，兩者均強調「掌握關鍵」，本節針對「帶動核心人物」、「從關鍵事入手」、「掌握精華時段」、「耕深一層結構」（人、事、時、物）等四個層面，舉例說明如次。

一、帶動核心人物

茲以臺北市「教育 111」政策的規劃及實施為例說明。「教育 111」政策的規劃過程，及學校爭取認證過程，最能彰顯「帶動核心人物」（掌握人的關鍵）完成任務目標的重要性。「教育 111」政策（一校一特色、一生一專長、一個都不少），繼「優質學校」認證之後推出，是一種難度更高的政策規劃。當時的教育局吳清山局長商請了多位政策規劃核心學者專家，會同副局長康宗虎先生、教師研習中心吳金盛主任，經過半年努力，才得以發展出與「優質學校」有區隔的「實施要點」及「認證指標」。挑戰高難度的工作，領導者自己要有遠見，更要能「帶動核心人物」參與，協助其完成，核心人物就是人的關鍵。

二、從關鍵事入手

研究者發現，臺北市中小學申請「教育 111 標竿學校」認證成功的學校，多能從下列四個關鍵事務入手：(1)理念領導：校長宣導得法，幹部及教師能充分了解「教育 111」的具體內涵與教育價值；(2)認同實踐：學校教師認同政策價值，願意承諾力行，共同爭取標竿認證；(3)標準明確：尤

其是「一生一專長」部分，每校的五項以上運動及藝文專長標準是明確的；(4)系統執行：認證成功的學校多由幹部領導教師們，共同系統執行，遵守PDCA 程序，完備各項認證指標要求。因此，「理念領導」、「認同實踐」、「標準明確」與「系統執行」是爭取「教育 111 標竿學校」認證最關鍵的事務，這些歷程關鍵事務有績效之後，指標事務規範自然水到渠成。

三、掌握精華時段

掌握關鍵在時間的面向，就是掌握精華時段。現代人都覺得時間不夠用，大家忙忙碌碌，有好多事情要完成，但是時間有限，工作讀書時間的需求量遠遠超過自己每天能夠提供的時間質量。在此一情況下，時間管理的系統思考就格外重要，試想，我們有不少小時候同儕，大家才智能力在伯仲之間，為何長大之後，成就落差極大？時間管理可能是決定性因素之一，如果我們能夠掌握每天精神最專注、效率最好的時段（一至二小時），心無旁騖地處理身邊最重要的事務，依據「80 ／ 20 原理」的效益推論，我們幾乎可以完成核心事物的 80%，剩下未完成的 20%，我們還有其他接近 70～80%的時間（五至六小時）來接續完成，我們就顯得綽有餘裕、勝任愉快，可以再做更多的事。

以研究者親身經驗為例，每天醒來到上班前的一至二小時，是腦筋最清醒最專注、做事效率最佳的精華時段，個人善用此一時段，用來晨讀，準備研究所課業；用來擬訂中長程教育計畫，達成職務上所應完成的責任使命；用來寫書，整理個人最重要的知識資產；也用來處理急要公私事務，適度提升自己的教學、研究、服務品質。掌握精華時段，讓個人的工作效能與效率得以維持在一定的標準之上。

🍀 四、耕深一層結構

除了人、事、時間的關鍵之外，還要掌握事理、邏輯、順序與本質結構的關鍵。在教育界常介紹「新手」與「師傅」的差別，新手只看到「知識技能」的「表象關係」，師傅卻能了解「知識技能」的「深層結構」，師傅教學能以本質結構以及更為精要的邏輯順序，導引學生學習，其教學效能與效率遠比新手教師卓越。

部分的企業公司肯花大錢聘請名家當顧問，部分的大學願意禮聘各種領域的大師為客座教授或名譽教授，實施彈性薪資，現在的中小學校長培育機制，設有師傅校長以及「初任校長輔導計畫」，其原始旨趣，建立在下列三層次的脈絡之上：(1)教育是可以經營的；(2)經營的知識技能具有深層系統結構；(3)優質的資深師傅校長結合專長教授，得以傳承校長經營校務所需的策略與要領。是以「耕深一層結構」是掌握關鍵的第四個面向，也是關鍵中的關鍵。

第三節　形優輔弱

「形優輔弱」從執行的介面著眼，是一種把事情做好的順序法則。「形優」指的是要從有把握的地方先做，要從優勢專長先有表現，也要從容易入手的地方入手，再挑戰更困難的目標；也代表應先營造優勢特色，讓大家看得見，進而欣賞認同。「輔弱」指的是先避開弱點暫不提它，將自身的弱點隱藏在優勢之後，讓大家不馬上看到，也不一定會在意。最後則用優勢的表現輔助弱勢，帶動均優。本節針對教育領導人經營學校教育時，如何啟動組織及人的優勢專長，導引普遍均優的執行歷程，進行介紹說明。

一、正向領導啟動賞識教育

「形優輔弱」的第一個操作要領是領導人（校長）要先行「正向領導」，運用正向、積極、希望、前瞻的觀念態度與領導作為，對待幹部及所有員工，稱讚幹部及員工當前的行事作為與績效表現，合理的詮釋目前的成果與激勵可能的更佳方向，鼓勵同仁相互欣賞，共享彼此的成就與心得，由正向領導的投入，形成交互賞識的學校組織文化，實踐「賞識教育」。

延伸校長的正向領導，啟動教師及職工對學生實施「賞識教育」，平時授課與學校行政服務時，均能欣賞學生的優點，從讚美與賞識學生的表現，激勵學生更加勤學、服務他人、承擔任務、累積專長特色，進而彼此欣賞亮點。正向領導與賞識教育可讓師生的優點普遍存在，在師生的優點趨勢普遍喚醒之後，學校組織的優勢會逐步形成，會讓大家看得見。

二、特色經營激勵人才爭輝

「形優輔弱」的第二個操作要領是，藉由交互賞識的常態化、普遍化，每一個人的正面專才逐漸被看到、被強化，變成一種教育服務上的特色，每位師生的教與學，多多少少有自己的優勢與特色，這些優勢與特色再經領導人及幹部匯集經營強化，也將逐漸形成學校（組織）的教育特色。

是以特色經營得以激勵人才爭輝，教師在教學、研究、服務某一領域主題具有卓越表現，一師一卓越；學生在德、智、體、群、美或某個才藝上具有相對專長的表現，一生一專長。一生一專長、一師一卓越、一校一特色，就是有亮點的學校、有亮點的教師、有亮點的學生，看到亮點逐漸形成優勢，亮點交互輝映，也就是形優輔弱的極致。

三、發展計畫內含固本方案

「形優輔弱」的第三個操作要領，要從「計畫」著力，也就是學校的各種發展計畫要內含固本方案。計畫是行政管理五大核心歷程之首，計畫的本質就是資源的「系統重組」，也代表著「形優輔弱」的實踐。計畫想要完成的任務目標，事實上就是在形塑教育上的「某一優勢」，以閱讀計畫或資訊教育計畫為例，其最終目的在提升學生的閱讀能力及資訊素養，形塑學生學習力的優勢，而對整體教育而言，就是實施更高品質的教育。

教師及學生參與教育上的實施計畫，並非所有的師生均有相同的素養與一致的性向喜好。優質的教育計畫，要能夠針對學生的個別差異及個殊需要的學生而有「固本方案」的彈性設計，例如：閱讀計畫有「小學士」、「小碩士」、「小博士」的「形優」項目；也要有「各年級學生基本冊數與能力」的檢核及固本措施，計畫的推動要兼及「輔弱」固本。

四、標準機制提升教育品質

「形優輔弱」的第四個操作要領是，核心工作應建立「標準作業程序」（S.O.P.），用服務的標準來提升教育工作應有的品質。工作程序與品質的標準化，本身就具有「形優輔弱」的本質，「標準」就是起碼的「優」，標準也在避免不夠周到的「弱」。計畫方案的核心工作有「標準作業程序」，並且執行數量達到定位，就是實現計畫目標，就是滿足了資源統整效益，就是「將資源用在刀口上」，也將滿足顧客的需求，達成以客為尊的歷程品質目標。

教育精緻化是逐步形成的，也是「形優輔弱」而來的，教育品質的標準也要配合整體教育資源環境背景以及組織成員的素養，而有「相對」的、「進階」的標準，學校發展計畫本身就是形優輔弱。標準的設定與實施（做

哪些重點工作與不做哪些經常性工作）、核心工作的標準作業程序，也要符合當下資源提供人力能量的可欲性，才能夠真的讓好的作為更好（標準化），大家看到亮點（績效價值）而認同支持，逐次提升各種教育服務工作的品質。

第四節　實踐目標

「系統思考」的第四個步驟，在「實踐目標」，回應到原有工作的目的與價值，促其充分實現。就教育工作而言，各級學校法均揭示明確的教育目標，各級學校課程綱要也均有「課程教育目標」的規定，學校的中長期發展計畫大多有「學校發展目標」的設定，主題式教育計畫也有計畫（方案）目標，就個人而言也有職責所在的任務目標，以及自己的生命願景與生涯目標。「實踐目標」具體而言，就是在實現教育目標、完成計畫目標、達成階段目標、滿足個人目標、實踐原始目標。

人、事、組織、任務、方法、品質均有各自的目標，系統思考的實踐目標，也要同時觀照組織內人、事、物、方法與品質統合介面，以達成與實現共同目標。因此，本節以學校教育目標為主軸及其他介面目標的實踐，分四項說明如次。

一、組織目標實踐生涯願景

以系統思考的立場看「實踐目標」，首要的操作要領，在如何讓「個人目標」與「組織目標」一致，讓每一個教師及幹部個別的生命願景在學校中實踐。學校組織是教師發展生涯志業的最佳舞台，也是教師奉獻生命價值的最佳出口，每一位教師都對教育有自己的最大貢獻，學校也順利達成國家教育目標，並且充滿著教育競爭力。

學校的組織目標，能夠實踐師生的生涯願景，其具體的成果就是造就了自我實現的師生與百業興隆的社會。對人而言，成就了校長的自我實現、教師職工的自我實現、學生本人的自我實現，由於大多數的學生都能習得自我實現需要的知識技能，就業以後自然得心應手，不但對自己而言能過適配生涯，對其所從事的行業而言更具有競爭力，人才爭輝，百業興隆，過著「人之所以為人」的意義、尊嚴與價值。

二、階段任務彰顯績效責任

「實踐目標」的第二個操作要領在「階段任務」，將分項的事務劃分給某些人負責，也將「重大的事務」畫分成三、四個階段來逐步完成，是以計畫方案目標的實踐，需要有「分項」或「階段任務」的目標設定與執行的累加。對參與這項計畫方案的人而言，階段任務的完成就是個人績效責任的成果。所有參與方案人員都善盡其績效責任，才得以實踐整體的方案目標。

教育領域上有「形成性評量」及「編序教學法」，最能呈現「階段任務」目標完成的重要性。編序教學法將高難度的教材，透過「編序」的技術，由易而難，分成三至四或五至六個步驟教會學生；形成性評量在大單元學習中，階段性的了解學生的學習成果，做為「補救教學」或「深化學習」的基礎。系統思考的「實踐目標」，也需要階段任務的完成，以做為實踐總體目標的基礎，也需要組織中個人績效責任的事實，以做為實踐組織目標的前提。

三、方法策略更新資源效益

「實踐目標」的第三個要領在「方法策略」的堅持與調配。所謂「徒法不足以自行」，「好的法令」要看到預期的目的與功能，仍然要有人來

倡導、來執行，並且要用到正確的（對的）方法策略。一個優質的計畫方案或政策本身，就是「做事」、「方法策略」的重新設定（特別強化那些事物的處理，與個殊化資源的運用），此一方法策略的執行，要達到一定的「強度」，才能夠更新資源效益；持續深耕之後，才得以實踐總體目標。

我國 1992～1997 年之間執行的「教育部輔導工作六年計畫」，其「方法策略」的成功操作是促使計畫方案產生教育實質影響力的重要「亮點」。此一計畫有下列三個特點，迄今仍為教育界人士津津樂道：(1)系統結構：計畫項目與目標策略的有機連結；(2)組織運作：教育部、地方政府與中心學校的串聯執行；(3)標準程序：近似「標準作業流程」（S.O.P.）的計畫、執行、評鑑，每年累積核心計畫績效成果。「方法策略」的堅持與調整更新輔導人力資源效益，為臺灣的學校輔導工作展開新頁，實踐原有的計畫目標。

四、品質標準詮釋尊嚴價值

「實踐目標」的第四個操作要領在於「相對品質與標準」的設定，教育的品質具有相對性，但永遠具有「提升」的可欲性。長期積弱的學校，能夠教育正常化就已提升教育品質，已經常態化的優質學校，也可以設定更優質標準，讓每一個班級參照實現，邁向普遍卓越。服務在教育界的每位教師同仁，將自己教授的領域科目，達到既定的品質標準，將自己經營的班級，達到既定的品質標準，將自己服務的學校，經過校務評鑑，達到既定的品質標準，就是生命尊嚴與價值的重要註解。對個人而言，充分自我實現，對組織（學校）而言能夠完整實踐教育目標。

以臺北市「優質學校」及「教育 111 標竿學校」的認證政策而言，就是「品質標準詮釋尊嚴價值」的最佳範例，優質學校與「教育 111」檢核指標，實際上就是「品質標準」的設定。各校提供計畫方案，實現這些指標

規範，獲得頒證肯定，對學校之校長、幹部、教師職工而言，獲得獎賞激勵，大家的工作充滿意義，增添了生命的光采、尊嚴與價值。對學校而言，形成了一所有品牌特色，具有競爭力的學校，教育當局、學校師生及社區家長不必再為「生員流失」而憂思度日。

第十五章　本位經營

在臺灣的教育史上，「本位管理」與「目標管理」曾經受到重視，1980年代常出現在高普考試題或校務治理的論文與研究上。「教育學」與「管理學」交織之後，「目標」逐漸被「願景」取代，「本位」也逐漸被「系統思考」淡化。2000年起實施「國民中小學九年一貫課程綱要」，由於課程統整與校本課程的需求，「本位」的意涵重新得到正面積極的詮釋與重視。本書使用「本位經營」即順應時代趨勢，賦予「本位」與「經營」深層而積極的教育意涵。

本位經營的概念型定義為：「學校領導人激勵教師幹部善盡本分，帶好每位學生，並結合在地資源，建構學校教育系統品牌特色之謂。」其操作型定義包括四個層次的本位經營：本位即本分（法定職責）、本位即本業（核心績效）、本位即在地（資源統整）、本位即系統（品牌特色）。因此，在本書中本位經營的教育意涵：對人而言，自己做好自己的事，人人投入，個個有貢獻；對事而言，教好自己領域、班級、學校的學生，辦好年度內計畫性的教育工作；對物而言，統整在地資源，協助帶好每位學生；對組織而言，建構學校本位系統，發展教育特色品牌。

本章分為四節論述：第一節「人與組織的本位經營」，就微觀的立場，說明教師、學生、領導人與學校的本位經營要領；第二節「願景目標的本位經營」，從組織巨觀的立場，申論經營本位願景領導的要領；第三節「課程教學的本位經營」，闡述課程統整精神在學校中實踐的具體作為；第四節「運作模式的本位經營」，應用本位經營的指標，註解學校運作方式的潮流趨勢。

第一節　人與組織的本位經營

在本書中，「本位」有四個層次的意涵：「本分」與「本業」係從人的立場出發，強調教育人員要善盡本分職責，深耕本業績效；「在地」與「系統」則從學校組織的立場著眼，強調經營學校教育，要善用在地資源，建構學校系統品牌特色。人與組織的結合，形成表現卓越的教師與學生，營造具有競爭力的學校。本節針對教師、學生、校長及學校，具體說明其本位經營的要領。

一、教師本位經營的要領

從前述四個層次分析教師的本位經營。教師的本分是有效教學與輔導學生；教師的本業是教育工作績效，也就是教學、研究、輔導、服務等四項職責的成果績效。教師的「在地資源」是指，教師必須與學校及其所在的社區融合，運用自然、文史、生態、設施資源，豐厚「教」與「學」的歷程與成果。教師的「系統品牌」則是指，教師須選擇投入個殊性的「專業學習社群」，成就個殊化的卓越品牌系統。綜合四個層次的本位意涵，教師的自我經營要領如次：

- 確認個人生涯目標、願景與最大價值。
- 發展教師個人生涯成長進修計畫。
- 豐厚教師教學檔案及研究著作。
- 逐年策訂班級經營或領域教學規劃。
- 參與專業社群及行動研究（學位進修）。
- 進行個人的知識管理。
- 認同教育政策及學校措施，承諾力行帶好每位學生。

二、學生本位經營的要領

　　學生的本分是學習、成長、發展；學生的本業是邁向成熟人、知識人、社會人、獨特人、價值人及永續人，有適配的核心能力，並且是一位責任公民。學生的「在地資源」指的是，學生本身要順應自己的家庭背景條件，以及在教師的教學引導下，進行資源統整，有效學習，順利成長發展，不自甘墮落，不怨天尤人。學生的「系統品牌」指的是，學習力、知識力、藝能力以及品格力的綜合表現，所形成相對優勢的品牌特色，也就是每一個人都可以讓人看到的「亮點」。因此學生的本位經營，可從下列幾個事項著力：

- 上課專注學習，心無旁鶩，當下學會。
- 動靜分明，有效區隔讀書學習與休閒運動。
- 奠定閱讀、寫作、數學、資訊的基本學習能力。
- 適時策訂學習計畫與生涯規劃。
- 留下學習成果與作品，製作學習檔案。
- 發展知識、藝能、優勢專長，彰顯個人亮點。
- 服務他人，支援輔助同儕，日行一善。

三、校長（教育領導人）本位經營的要領

　　校長是學校教育的領導人，其法定的本分職責是：綜理校務，領導學校常態運作，優質發展，永續經營。校長的本業是教育工作，對學校師生而言，在促成教師與學生的自我實現；對學校組織而言，在暢旺學校教育，增益國家社會的百業興隆。校長的「在地資源」是指，校長應就學校教師、學生的背景條件及在地社區的可用教育資源進行「統整思考」，規劃校本課程與最適化領導運作模式，啟動學校整體智慧資本，增添學校的教育績

效成果與競爭實力。校長的「系統品牌」是指，校長在進行校內外教育資源統整之後，為學校發展出有別於其他學校的教育特色，而成為具有個殊性的「系統品牌學校」。因此校長的本位經營，可從下列幾個事項著力：

- 示範教師角色的本位經營（帶動完成前述七項）。
- 熟悉教育經營學與校長學專業服務知能。
- 適度重建教育的核心價值與自己的辦學理念。
- 有效執行會議領導與計畫經營校務。
- 每天激勵幹部、教師、職工、學生士氣。
- 實施績效責任，從優獎助責任良師與責任公民。
- 發揮專長辦學與服務，形塑學校特色風格。

四、學校本位經營的要領

學校是實際進行「教」與「學」教育工作的組織實體。學校的本分就是有效教育進入學校就學的學生，實現法定的教育目標；學校的本業就是教育事業，教育是可以經營的，經營暢旺學校「教」與「學」的效能效率，讓學校成為具有高品質及競爭力的學校。學校的「在地資源」是指，學校經營必須有效融合既定的預算人力資源及在地社區現有資源，協力共同經營校務。學校的「系統品牌」是指，校務經營達到一定的績效成果之後，會有部分的教育特色，遠超過一般學校的常態標準，成為有別於其他學校的品牌特色。

學校本位經營的要領，在系統思考學校本身的教師專長、學生需求、家長期望、社區資源、課程規範、當前教育政策、校長辦學理念，以及學校當下最重要的發展需求，形成獨特化的：

- 學校願景與發展目標。
- 學校經營策略與計畫。

●學校校本課程與特色。

●學校價值取向與文化。

第二節　願景目標的本位經營

本書第七章「願景領導策略」，曾對於願景形塑、目標、任務的設定技術已予詳述。本節針對本位經營的旨趣，再予以說明個別學校組織，其願景目標形成的歷程，進行必要的脈絡分析，希望能引導教育人員，從本位經營的立場，操作願景領導策略，能更深入了解 Vision、Mission 與 Core Value 三者之間的關係。

一、從行政管理到經營本位

本書書名使用「教育經營學」，不再使用「教育行政學」或「教育管理學」；本章章名則使用「本位經營」，而不再使用「本位管理」及「目標管理」，均代表研究者覺察到的一種時代趨勢：從「行政管理」到「本位經營」。「行政」是如何做事，把事做好；「管理」是管控歷程，完成任務；「經營」是成就目標，賦予價值；「本位」具有本分、本業、在地、系統之意；「本位經營」與「經營本位」就是經營一個組織的「根」，經營一個組織的「當下」，強調從「現有」的人力及「在地」資源出發，經營布建本位系統，是「資源統整辦教育」的實踐，是組織效能運作的系統重組。「經營」與「本位」的意涵，更積極地詮釋「行政」與「管理」的功能，也似乎更符合「教育事業」的需求與本質。

「願景目標」的形成需要經由「本位經營」的歷程，「經營本位」愈深入，愈容易產生學校組織發展上的願景與目標，其內容的妥適性也愈能夠符合當下學校發展階段的需求；不會標的太高，抽象難懂，不易實踐，

也不會庸俗短見，沒有導引發展作用，形同虛設。「本位」是任何組織單位願景與目標的「根」與「起始點」，須要深耕「經營」。

🎯 二、從深層分析到階段使命

在教育領域上，「Objective」與「Mission」都翻成目標，有時混用流通使用，不易區隔；通常教育目標與教學目標多使用「Objective」，而計畫目標、發展目標多使用「Mission」。在本書第七章「願景領導策略」中，已經簡要的分析 Vision、Mission 與 Core Value 之間的關係與發展，本節再予以深化討論，計畫目標及發展目標多用「Mission」，有時也將此一「目標」翻譯成「使命」或「任務」。

在學校策訂中長程發展計畫或方案時，最常使用的方法就是以學校的現況進行 SWOT 分析，分析學校的地理位置、社區環境、教師素養、學生條件、文化傳承、組織發展等核心事項的優勢、劣勢、機會及威脅點。這些深層分析再與「時空脈絡」交織整合（時空脈絡是指法定教育目標、當前教育政策、校長辦學理念，以及學校師生需求），才會形成此一階段最合理的發展任務使命（Mission），是以學校法定的教育目標（Objective）是長遠的、是全國性的，也是比較不必改變的。每一個學校階段性的願景（Vision）與目標（Mission），是適用於學校個殊性需求的，是可以階段性不同的，也是比較容易調整改變的，且階段任務使命（Mission）必須順著教育目標（Objective）及核心價值（Core Value）發展演繹，不跳脫或逾越。

🎯 三、從核心價值到辦學理念

同一階段的學校，小學、國中、高中及大學，其基礎教育核心價值是否應該一致？每一位校長均有自己的辦學理念，其理念所依循的教育核心

價值是否也應該一致？是研究者在博碩士班課堂上師生討論的焦點議題之一。此一議題迄至目前為止，尚無令人滿意的答案，且人云人殊，莫衷一是。研究者認為，在「核心價值」與「辦學理念」中間，放入「本位經營」的元素，兩者的區隔性似乎就得以浮現。

　　教育的核心價值與教育的經營理念具有下列三大共通特質：(1)教育性（是一種人教人的原理）；(2)認同性（被多數的人認同）；(3)適時性（最能引起當時或該區的人共鳴）。這三大共通特質再加入「個別學校」及「學校發展不同階段」的「本位經營」因素來系統思考，每一個學校的本位教育目標雖然一致，但因為發展條件與需求不同，每一個學校進行「本位經營」時，領導人（校長）理應選擇決定該校最適合的「經營理念」，而非堅持自己的「辦學理念」。每一個學校真正實踐的辦學（經營）理念不同，其所反映出來的教育核心價值也不一定要完全一致。教育核心價值與辦學理念，普遍存在於教育人員的身上，不同的學校我們都可以看到不同的辦學理念以及其所彰顯的核心價值，只因為每一個學校均在進行「本位經營」。

四、從能力品質到願景形塑

　　教育是「人經營人」的事業，人活在希望中，有希望的人才有動力，學校師生充滿希望、活力積極，所產生的教育成果也才有意義及價值。本書第二章「能力說」及第六章「品質說」，係就教育的結果而言，師生均有其適配的「核心能力」，「教」與「學」的歷程要維持在一定的品質標準之上。優質的學校經營，在透過「本位經營」，個別化的願景形塑，帶給原本不相同的族群具有個殊性的「希望」，活在當下，實踐不一定相同的「經營策略」，讓師生都有應備的核心能力與品質標準。

　　臺灣的教育有很長的一段時間，高中聯考與大學聯考影響了實質的教

學，升學主義魅力在明確地看到「學生核心能力」與「學校教育品質」。雖然升學主義是怪獸，聯考成績是一種表象的成果，但因為社會大眾認同，它就變成了難以取代的「品質能力」標準。目前在教育經營超越共通性、一致性與升學主義之後，「學校本位經營」、「願景領導」才逐漸被重視，兩者交織的結果，我們可以看到，大多數的學校在不同的發展階段，多在持續「願景形塑」與「願景實踐」，新的願景形塑帶給學校師生新的希望與新的亮點，願景實踐則持續凝聚能量，傳承創新教育實際。臺灣的教育終於找到了新的經營軌跡，呈現了新的希望與亮點。

第三節　課程教學的本位經營

　　課程教學是教育的核心技術，教師課程設計能力及有效教學能力也是教師八大核心能力之一。組織的核心技術及教師的核心能力，在各國不同的學校中均需要本位經營，我國 2000 年頒行「國民中小學九年一貫課程綱要」後，由於「課程統整」以及培養學生「帶得走的基本能力」之訴求，促成課程教學的本位經營型態得以充分發揮，本節即針對其學理與成果，適度描繪說明。

一、課程統整精神在學校中實踐

　　「課程統整」係指，學校對於學生的教育與教學，均要以學生為主體考量，教給學生「經過系統重組」的知識技能，避免零散而不完整的知能。其操作型定義有下列三個層次：(1)領域統整分科；(2)學校本位課程及特色課程；(3)教師自編的主題教學及教案。

　　從當下的臺灣教育觀察，「國民中小學九年一貫課程綱要」的實施成果是成功的，國小及部分國中已全面改以領域排課，實現科目名稱的課程

統整。每一個學校均推動學校本位課程設計，以學生為主體，儘量調配學校最大價值的總體課程。每一位教師執行領域教學時，也都有二至三個或五至六個自編的主題教學教案，為自己的學生進行課程統整，教給他們經過「系統重組」後的知能，而非零碎的知識。「課程統整」的訴求帶動了學校教育的「本位經營」；學校的「本位經營」促成「課程統整」精神在學校中具體實踐。

二、校本課程串聯領域主題教學

學校本位課程必須經由「本位經營」而來，有了「本位化」的深耕，學校本位課程才得以彰顯下列三個層次的意涵：(1)學校的課程總體設計（全校課表及計畫性的教育活動），符合本校學生的最需要，能夠產生學校教育的最大價值；(2)學校能夠運用在地教育資源及師生個殊化的專長優勢，發展學校本位及特色課程的教學；(3)校本課程永續化，能夠融入各領域不同年級主題教學，提供學生系統化及永續化的學習。

課程統整的理念與學校本位課程的實施，在當前臺灣中小學教育而言，約有 20%的學校校長及領導幹部，不知道校本課程有學校總體課程設計最適化的廣義意涵，真正做到第二層次發展出校本課程者約有 75%的學校，有特色課程者約有 60%的學校，至於第三個層次意涵指標，能夠串聯融入領域教學的校本課程者約僅有 25%的學校。研究者認為，「本位經營」要領之強化可以完整實踐校本課程三個層次的意涵標準，激發教師的本分與本業經營，結合校本的在地資源與課程系統建置，三至五年即可經營每一個學校在前述三大指標為檢核點，皆達 85%以上的完成率。

三、建置班級網頁及領域主題教學資料庫

本位經營要領運用在學校課程教學上，可結合當代資訊科技，建置班

級網頁及領域主題教學資料庫。班級網頁可彰顯每一個班級「導師」及「學生」之間本位經營的特質，例如：(1)教師班級經營理念及本班的班級經營計畫；(2)代替家庭聯絡簿角色，提供親師生溝通聯絡平台；(3)提供學生優良作品分享平台，班級同儕能共賞討論，促進知識螺旋作用；(4)扮演補充學習資訊及部分學習作業功能；(5)執行個殊班級主題式學習方案，舖建班級教育特色。

領域主題教學資料庫，由學校課程發展委員會（各領域小組）負責建置，其主要內容包括下列幾項：(1)領域教學主要版本教科書內容；(2)本校選用版本各年級主題教學教案；(3)各種主題教學補充教材；(4)各主題教學形成性評量與總結性評量題庫；(5)蒐集歷年教學卓越獎及創新經營獎得獎作品教學方案；(6)經由策略聯盟或行動研究，開發之領域主題教學方案。每一個學校「本位經營」的層次，會讓領域主題教學資料庫展現不同的風貌，也為教學資料的科技化與系統化，展開新的教育時代。

四、拓增教師自編的領域主題教學教案比例至四分之一

「課程統整」、「教學自主」是國家社會對教師的兩大期望，是以大專以上學校，其教科書的選擇完全由授課教師決定，通常很少使用單一教本，也有多數教授一律使用自編教材授課，充分展現「教學自主」以及「課程統整」的「本位經營」精神。中小學則由學校選定各領域（學科）的固定版本教科書，再由班級授課教師執行「教學自主」與「課程統整」，是以大多數授課教師自編主題教學方案，來因應個殊班級學生需要，實踐課程統整，教給學生完整而系統化的領域核心知能。

自編教材的比例應有多少已形成新的教育議題，過去有單一版本教科書的年代，社會對教師的期望似乎沒有這一問題，只要教師能有效教學，學生學習成果家長滿意，大家不會在意教師有沒有自編教材。2000 年頒布

「國民中小學九年一貫課程綱要」之後，「一綱多本選一本」，後現代社會的多元價值觀，多元智能理論的暢行，少子化與市場化的衝擊，「教師必須使用自編教材」的要求，日益濃烈，也逐漸列為校務評鑑及教師評鑑的評鑑指標之一。依研究者觀察，激勵教師及學校深化「本位經營」，是可以逐次帶動教師有意願自編教材，拓增教師自編教材占總體教材的 20 至 25%以上。大學以上教師，每一門課均應使用自編教材，其中自己的著作至少應有 25%以上。

第四節　運作模式的本位經營

「本位經營」亦可運用在同一個組織學校的運作模式之上。所謂運作模式，係指學校中人員的「結構關係」與做事的「秩序流程」，雖然大部分的學校人員編制相差不大，但彼此之間的關係密切程度與互動模式並不一樣；雖然學校的工作大多雷同，但不同學校處理相同事物的邏輯順序與步驟仍有不同，是以學校的資源條件相去不遠，而辦學績效有時落差也不小。因此，每一個教育組織（學校及行政機構），應將本校人員的「結構關係」及做事的「秩序流程」，調整到最適合自己學校（組織）的發展需求，能夠產生較高的辦學效率，此稱為運作模式的本位經營。

一、組織編配適性化

學校組織編制隨著學校規模大小，而有法定的規範與規定，以確保學校組織運作的基本人力資源標準，維護教育基本品質。學校經營者（校長）的使命就是如何運用這些人力資源，領導他們完成學校教育事務，實現國家教育目標。人力組織編配得宜，人與人的關係互動緊密，大家人盡其才、才盡其用，個別任務及時完成，具有效率，整體校務充滿效能，就有豐厚

的辦學成果。

　　組織編配適性化是「本位經營」的重要指標，所謂「適性化」具有下列四個深遠意涵：(1)職務分配符合幹部、教師及職工專長與意願，活化學校智慧資本；(2)開發半正式課程，闢建師生表現舞台，如多元社團及大型教育活動或競賽，激勵教師和學生發揮專長直接參與；(3)布建任務導向的各類專業學習社群，運作非正式組織，精進教師職工持續提升專業、專長與品質；(4)個殊任務使命與在職進修結合，讓教師職工進修成就，回饋貢獻於學校教育本身。

二、校務發展計畫化

　　「本位經營」的精神若與本書第九章「計畫管理策略」結合，就更能夠彰顯校務發展計畫化的需求與內涵。第九章「計畫管理策略」強調下列五大重點：(1)運用中長程發展計畫及主題式計畫來帶動學校校務發展；(2)學校每年最好有十大計畫，就好像學校的十大建設一樣；(3)優質的教育計畫是有系統結構、理論理念與完備的配套措施；(4)計畫的執行與管理必須務實貫徹，要有定期檢核回饋機制；(5)逐年調整學校十大教育計畫，並實踐原有計畫目標，校務發展必須透過計畫實施，為學校創發更高的教育價值，本節再予以論述，也避免為計畫而計畫。

　　「校務發展計畫化」，其「計畫化」係結合「本位經營」理念要領之後，特別重視下列幾項深層意涵的實踐：(1)計畫主題個殊化：條件弱勢學校、常態經營學校、邁向卓越學校，要有不同的發展計畫主題；(2)計畫資源在地化：每一個主題式計畫均是教育資源的系統重組，各項校務發展方案均以本校師資及社區資源優先考量；(3)方案型態認同化：本校教師、學生及社區家長認同的方案，最具實踐效果，然計畫方案型態的繁簡程度，往往影響教師及家長的理解與認同，是以表達形式要以能夠爭取認同者為

第一優先；(4)實踐作為共鳴化：計畫工作項目的實務作為，要符合當事人的價值觀與行為取向，愈能夠喚起共鳴者，愈能夠徹底實踐；(5)績效獎勵本位化：對於執行計畫有功人員，獎勵機制多元並存，並以當事人最有價值的「本位自主」為原則。

三、會議領導績效化

　　本書第一章「能力說」曾指出，「會議領導」的行為表現，是校長「統整判斷核心能力」的具體指標。研究者認為，學校校長的「會議領導」做得好，幾乎可以完成學校百分之八十以上的事務；「會議領導」做得不理想，就會影響校務的發展，並且增加同仁的工作負擔與自己的工作壓力，對組織與人員而言，均處於相當不利的情境。會議領導績效化係指學校校長（教育領導人）每次主持會議時，均能以「本位經營」為前提，「系統思考」為軸心，發揮自己統整判斷的核心能力，針對同仁的發言與意見表達，做最妥適的決議；會議的決議，幹部與師生同仁容易實踐，充分發揮組織同仁智慧，增益校務發展績效。

　　會議領導是學校組織運作的理想型態，校長主持會議時，要掌握「本位經營」與「系統思考」要領，才能有績效成果的產出。經營者尤需注意下列幾個事項的掌握：(1)定期準時召開各委員會議，多運用會議議決重要校務，適度提高會議的角色功能，激勵同仁熱心參與；(2)系列規劃會議議程，將校務問題與發展議題，列為會議主要議程，導引師生思考，協助解決校務發展事項；(3)會議討論時，尊重同仁專業自主表達意見，並且適度阻止與議題無關的意見表達；(4)決議事項，來自幹部同仁的意見要多於自己的決定，讓處理事務的方法與標準獲致更大的認同與支持；(5)要設法讓不同觀點的非正式組織領導人，在不同的校務發展議題上，有均衡發揮的機會，人才交互爭輝，校務方能蓬勃發展。

四、組織氣氛價值化

組織氣氛形成組織文化，組織文化影響學校長期的辦學績效，具有優質的學校組織文化，是英明的領導人（校長）永續經營的要務。為了形塑優質的組織文化，多數的校長會以「本位經營」的原理，從組織價值化著力，也就是為這個學校，找到新的經營願景與核心價值，並且推出系列的學校發展計畫，讓學校的幹部、教師職工了解學校發展的新使命與價值，知道平時的本分與本業為何而存在，有了那些新的意義與價值，進而認同支持，願意承諾力行。

組織氣氛價值化可從下列幾個事項著手強化：(1)定期反思當前校務推動與個人生命志業的實踐，激勵個人價值取向動能；(2)檢討一般校務服務處理模式，早日策訂核心工作的「標準作業流程」（S.O.P.），並以顧客導向定期的修訂；(3)激勵處室同仁、年級教師間服務助人，增進組織交互作用、整合發展功能；(4)實施績效責任制，優厚獎勵勇於任事積極負責的同仁；(5)重視創意活力價值，帶動同仁探索亮點，發揮亮點，交互爭輝；(6)推行賞識教育，養成同仁師生彼此賞識習慣，樹立賞識文化價值。

第十六章　賦權增能

賦權增能（empowerment）是指：「領導者適度授與部屬做事權力，反而能增進部屬做好事情之行政運作歷程。」其操作型定義，概可分為四個分項：「賦予任務」、「彈性授權」、「增加機會」及「展現能量」。而核心概念在給予權力與機會，增益經驗及能量。empowerment 在國內有諸多譯名，研究者認為「賦權增能」及「增權益能」較能反映其在教育領域使用的積極意涵。

本章分為四節論述：第一節「賦權增能的教育意涵」，說明教育經營歷程運用賦權增能的妥適性與價值性；第二節「賦權增能的策略方法」，分析領導人任務授權與領導授權的方法；第三節「賦權增能的行動要領」，以學校組織的系統結構，描述校長拓增幹部及教師職工能量的有效力點；第四節「賦權增能的潛在限制」，說明賦權增能操作方式在教育經營上可能遇到的瓶頸與限制。

第一節　賦權增能的教育意涵

賦權增能具有下列幾個特性：(1)自主性：提高成員獨立自主決定的能力；(2)自律性：成員具有提升自尊及自我約束能力；(3)解放性：權力由獨享解放，成員享有參與決定權力；(4)參與性：成員透過參與，擴張價值角色功能，增益組織附加價值；(5)責任性：有權亦有責，激勵成員勇於承擔績效責任（吳清山、林天祐，2005）。研究者認為，其運用在教育領域的經營上，更能彰顯下列四大教育意涵。

☘ 一、尊重教育專業自主

　　教育事業的核心技術在課程與教學，學校行政領導僅在帶動組織運作，有效支持各種「教」與「學」的歷程。課程與教學的核心知識技能充滿著「專業化」與「自主性」，教育事業推展「賦權增能」領導，最符合核心技術需求，也最順應教育人員自主的人性特質。教育是可以經營的，教育尤須「賦權增能」（尊重專業自主）方式的領導經營。

　　賦權給予教育幹部及人員「自主決定」與「自主發揮」的舞台，增益成員工作意願與使命感，將任務使命當作自己的事，間接賦予責任績效。增能增益同仁的工作能量與專業程度，由於「是自己要做的事」，勢必會全力施為，就績效成果而言，比「不得不做的事」要好，做事的方法與策略是自己選擇決定的，通常要比一般做事的流程要有創意，增添了「事情做得更好」的契機與體悟。教育領域的賦權增能作為尊重教育人員的「專業自主」，也讓專業自主創新教育，教育事業會更加亮麗。

☘ 二、帶動參與式領導

　　扁平化領導又稱為參與式領導，是學習型組織理論發表後，帶動企業革命的主要趨勢之一。多數的企業組織逐漸揚棄階層式的官僚領導模式，而調整為扁平化組織運作模式，所謂的扁平化，在學校中係指校長直接與主任、組長、教師、職工、學生、家長溝通互動，不一定非藉由「組長」→「主任」→「校長」的組織階層管道不可。扁平化領導讓校長可以直接關照到第一層學生、教師、職工之心聲，也可以加速事務運作的流程與績效，在學理上又稱為參與式領導。

　　賦權增能的作為，讓參與式領導的實踐程度大幅增加，「賦權」就領導行為而言，就是賦予任務使命或交辦新的、必須完成的工作事項，讓原

本沒有準備參與或可能迴避的同仁，不再推託，也就此釐清「法定權責與該不該投入」的渾沌現象。就「增能」而言，讓該優先到位的同仁，能量優先具備到位，可以扮演「形優輔弱」的功能，促使組織同仁積極參與、普遍增能，邁向「普遍卓越」。賦權增能亦可註解為參與式領導的實踐。

三、實踐教導型組織理論

「教導型組織理論」跟隨著「學習型組織理論」進入了企業界及教育界，兩種理論的共同點均在倡導「學習發展」，而教導型組織理論的不同，則在增加強調「培養幹部」，也就是教導幹部如何學習帶動「組織學習的發展與變革」，而「培養幹部」之基本前提即「賦權增能」，讓幹部增加個殊性的學習任務，教導其如何學習處理要領，順勢增能，而圓滿完成任務使命。是以研究者認為，教導型組織理論與學習型組織理論最重要的區隔是：運用「賦權增能」的歷程來「培養幹部」，強化組織學習的實踐效能。

「賦權增能」實踐教導型組織理論的核心工作是「教導而後增能」，領導人交付任務使命給幹部之後，並非只等著幹部把事情做好，坐收績效即可，教育事務的專業性與人際個殊性，往往會讓幹部們遭遇困難及發展瓶頸，如果領導人未予聞問，通常會遲滯經年，難有進展。如果校長能夠適時介入指導，以自身的專業及經驗教導關鍵技術與經營策略，即可加速幹部的增能效果，早日完成任務目標，因此「教導」是「增能」的核心特點。

四、強化績效責任制

在本書中，「賦權增能」與「績效責任」皆列為經營教育的重要實踐要領，第二十章會針對「績效責任」給予深入的說明論述，本節係就兩者

之間的「相輔相成」及「交互依存」關係，舉例串聯，讓讀者了解彼此的影響作用及學理運用上的匯通。

研究者認為，績效責任是從教育經營的結果來看教育，就「百年樹人」特質的事業而言，推動績效責任實有諸多學者與從業人員不予贊同，認為教育沒有「立即績效」，不宜用當前的學生表現，課以教師責任承擔。然如能與「賦權增能」的要領併用，擴增同仁參與決策，幹部同仁願意主動承擔工作責任，則績效責任機制得以獲致強化而普遍法制化。

「賦權增能」可以強化「績效責任」機制，因兩者之間具有下列四個深層關係：(1)因果關係：領導人對於職工「賦權增能」，容易執行績效責任；(2)催化關係：「績效責任」不明顯的組織單位，可藉由「賦權增能」，催化其逐步達成；(3)固本關係：「績效責任」的實施常受到時間與人際關係的轉變而執行困難，擴大調整「賦權增能」與績效責任的對象與任務，可以產生固本作用；(4)乘積效果：「賦權增能」與「績效責任」同時採行運作，對於同仁的激勵與實際表現，會為學校組織帶來最大價值，是一種超越「累加效果」的「乘積效果」。

第二節　賦權增能的策略方法

教育經營在學校中，即帶動學校中的「幹部及教師」把學校的「教育事務」運作完成，產生教育的價值歷程，實現教育目標。「賦權增能」在「教育經營」中運用，就事與組織而言，可從「任務授權」與「領導授權」著力，以增加參與者的經驗；就人而言，則需講究「幹部的賦權增能」以及「教師的賦權增能」。分別說明如次。

一、任務授權

學校事務就是一連串小、中、大任務的連結與系統整合，幹部、教師、職工每天都在職務分配原則下，執行各種工作任務，就「賦權增能」的精神與操作方法而言，「任務授權」是一個可著力焦點。研究者認為，「任務授權」包括下列三個層次的意涵：(1)提高任務權責：如提高核心主任代行校長部分任務，核心組長代行主任部分任務；(2)賦予個殊任務：此一任務並非原本法定職責任務，而是學校有需要而新生的崇高任務；(3)調整組織成員任務編配：以更符合成員專長及意願系統調配任務，增益人盡其才、才盡其用，提升學校總體組職運作能量。

「任務授權」之執行要注意下列四大原則：(1)榮譽原則：就學校而言，任務授權就是增加某些人的某些工作，這些人為何要增加這些工作任務，就要賦予承擔的人有榮譽感，以擔負責任為榮；(2)價值原則：尤其是個殊性任務的承擔，對個人及組織的新（附加）價值為何，要有清楚明確的說明與了解，讓執行者覺得有意義；(3)績效原則：任務授權如善用到各種任務系統的調整，其結果要能擴大產出整體組織績效；(4)亮點原則：任務授權結果要能夠凸顯學校工作特色，成為可欣賞的亮點。

二、領導授權

領導授權的具體操作事項可包括：(1)主持會議：學校主要會議應由校長主持，校長得將部分會議交由主任或課程發展委員會召集人主持，賦權增能；(2)專案報告：由主任或合適的教師主持專案報告的進行與討論，增進其統整判斷能量的培育；(3)行動研究：由主任或課程發展委員會領域小組召集人擔任行動研究召集人，進行研究規劃、研究執行及研究報告之撰擬；(4)代理職務：校長公出或有需要時，責由主任代理校長職務；主任公

出或有需要時，責由組長或教師代理主任職務，對代理當事人而言，代理職務期間必須提升職務角色視野，均可「賦權增能」。

領導授權的實施亦應注意下列幾項原則：(1)依法授權原則：職務代理有法理上的規範順序，校長需要授權代理時，應予遵守；(2)尊重自主原則：職務代理人行使原本校長或主任職權時，其決策的「用」或「不用」，除非緊急危難事件外，應尊重代理人自主原則；(3)任務導向原則：領導授權雖與任務授權有別，唯兩者結合更能有賦權增能效果，如授予代為主持會議，並給予任務，領導討論產生最佳方案；(4)非常態化原則：領導授權不應常態化，常態化會混淆法定職權的運作與規範，也遠離賦權增能的本義。

三、幹部的賦權增能

校長對於主任及組長行政上的賦權增能可以從下列幾個事項著力：(1)指導挑戰高難度計畫：如參加創新經營獎或教學卓越獎；(2)支持關照個殊性任務：如準備接受校務評鑑時，參與優質或特色學校認證時；(3)激勵發展創新性作為：如提案參與縣市中小學能源教育資源中心學校，進行學校本位課程行動研究；(4)獎助承擔績效化成果：如承接全縣市國語文競賽，提供國際性教育活動競賽場館，或規劃示範領域教學步道。

對於幹部的賦權增能，要注意下列幾個原則：(1)職分攸關原則：給予的任務使命要與處室職責及個人本分攸關者為前提，避免跨越處室職能，張冠李戴；(2)專長發揮原則：如主任領導的行動研究要與其本人的授課領域專長符合者優先，再發展更多的專長舞台；(3)交互支援原則：任何任務使命的完成，有主辦處室，也要有其他處室成員的協助，主協辦人員要產生交互支援作用，也要避免喧賓奪主；(4)績效責任原則：完成任務使命之後，獎賞給承擔責任、創造績效的幹部，使「賦權增能」名實相符。

四、教師的賦權增能

學校的主要智慧資本在所有教師身上，教師的賦權增能，對於學校組織競爭力幫助最大。校長及學校幹部對於教師的賦權增能，可從下列幾個事項著力：(1)尊重專業自主教學：教學是教師的專業，其專業知能難以取代，其教學自主應得到完全尊重；(2)鼓勵自編教材教學：自編教材是教師專業能量的展現，領導人應多賦予教師自編教材的權責任務；(3)發展主題教學方案：賦予發展主題教學任務，增益課程調整能量；(4)建置教學網頁資料：促進教與學歷程的系統化與科技化，提升教育品質與效能；(5)支持進修研究計畫：賦予深化學習任務，擴展個人及組織智慧資本能量。

執行教師的「賦權增能」除了前述幹部的賦權增能原則外，仍要注意下列幾項原則：(1)意願優先原則：教育事業專業複雜，領域核心知識多元分歧，對於教師的賦權增能，應以教師個人意願取向優先賦予；(2)個殊價值原則：教師參與教育事務，管道多元，教學、行政、社團、服務各有不同的教育價值，賦權增能主題的選擇，宜以能夠產生教師個人志業願景價值為優先考量；(3)系統經營原則：就全校教師而言，賦權增能的主題規劃，要有系統化主題及課程化深耕，為學校的教育經營耕耘特色；(4)傳承永續原則：學校的智慧資本需要傳承創新、永續累增，賦權增能的歷程要能串連配套主題，綿密銜接。

第三節　賦權增能的行動要領

賦權增能是一種觀念態度，也是一種實踐行動，要有具體的行動要領，「賦權」的事實與「增能」的產出才有可能，是以領導人要有「賦權增能」的理念態度，在經營校務歷程上更要付諸行動，並配合教導型組織理論（培

養幹部的特質）及績效責任（獎勵責任承擔及目標實踐）要領，積極實踐。研究者認為，下列五大事項最需掌握。

一、實施計畫管理機制

賦權增能的行動作為亦需計畫管理，規劃授權的時機與工作事項，而非隨到隨辦，也要管控增能的成果績效，不是有頭沒尾，只講授權，不在意增能。計畫管理的賦權增能重視下列幾項要領的實踐：(1)配合校務規模與發展層次，領導人與幹部宜討論任務授權主題與完成標準；(2)授權任務需有執行策略完成時限及回饋機制；(3)領導授權總量不宜超過25%；(4)增能效果好的事務或人員逐漸增加授權幅度，增能效果不理想者加強教導處理事務要領；(5)逐年計畫授權幅度與事務標準，並按季檢討調整增能績效成果。

二、共同面對發展瓶頸

賦權增能是一系列「賦予任務」→「彈性授權」→「增加機會」→「展現能量」的操作歷程，其主要功能目的在經營學校的校務發展，期待處於劣勢（需要輔助）的學校，由於賦權增能的經營，提升校務發展的各項指標品質，日益常態化；也期待原本已經正常化發展的學校，再經由賦權增能的經營，人與組織能量持續提升，學校校務發展邁向優質卓越。由於領導人（校長）充分掌握賦權增能的要領來經營學校，學校即能早日看到亮點。

學校發展指標的晉升，往往有諸多瓶頸亟待克服，例如：教師專業分布嚴重不均；幹部與教師優勢專長水準尚有距離；學校校本課程的核心知識難以系統整理；學生學習效果沒有明確掌握，表現水準參差不齊等。校長授權給幹部及教師各項任務使命都會遇到這些共同性及個殊性瓶頸，這

些瓶頸在沒有獲得舒緩或明顯改善之前，授權任務就難以完成，或雖完成，其績效價值的完備性仍然有些不足，增能與貢獻名實不符。是以校長與幹部必須與授權的當事人共同面對學校組織的發展瓶頸，設法優先改善瓶頸，或調整其他教育資源，化解瓶頸對授權任務的影響。

三、教導解決問題策略

學校常存在著組織發展瓶頸，每一個任務執行者，也會存在著處理事務本身遇到的問題，例如：關鍵技術選擇偏差，不是用最好的方法完成任務；處理事務的某一階段，因邏輯順序混淆，讓工作能量消耗度變大；或任務已經完成，但偏離了原先授權的目標旨趣。上述這些問題常會發生，雖說遇到問題，就解決問題，對執行者而言，也是一種增加經驗能量的方法，但如果需要組織調整其他能量太大才能協助解決此一問題，即遠離了賦權增能的本義。

是以領導者及幹部在對當事人任務授權之後，宜適度的關照與了解當事人執行任務所採行的方法策略及完成進度，在瓶頸及可能產生問題的階段，應予以適度討論提醒，教導避開及解決問題策略，運用當事人自身產生的能量解決問題，或用組織最少的能量協助解決問題，甚至設法使問題不發生即能完成任務。

四、實踐授權任務目標

賦權增能的主要精神在交付個殊使命，激發人力資源能量，完成任務目標，促進校務發展成長。授權當事人，能否因為接受新的工作權責，啟動智慧資本，圓滿完成任務目標是最大關鍵。如果經由授權，當事人產生的能量與交付的任務目標無關，或落差太大，即非賦權增能的本義。是以學校領導人在進行任務授權或領導授權時，宜有明確任務目標的條列敘述，

提供當事人工作任務執行完竣時，有明確的目標對象以為檢核。

實踐授權任務目標具有下列四個層次的意涵：(1)充分完成授權時設定的工作目標，事務處理完竣，達成目標績效；(2)當事人產生與工作目標一致的知識能量，具有個人產能價值，對組織也有完備的事務價值；(3)完成設定目標任務，也帶動組織發展動能，產生組織邁向優質卓越的潛在能量；(4)完成任務目標後，個人增能、團體增能、組織總體增能，均具有正面積極的意涵。是以實踐授權任務目標是掌握賦權增能重要的操作要領，它與能量變動的趨勢及價值流動攸關，值得領導人操作時深入掌握。

第四節　賦權增能的潛在限制

「賦權增能」具有崇高的學理基礎，也是多數學者專家推崇的領導管理理念，但它也好像柏拉圖的「理想國」，難有明確認為典型成功的案例，最主要的因素在於「人性」×「組織」×「績效」三者交織的限制。人性含有消極的本質，任何組織人力資源要有積極動力者，均須長久經營。教育組織也是人的集合，每一位教育人員均有自己的本分職責，要其增加能量造福他人，部分人的價值觀並不接受。長久追求績效，也造成教育人員拒絕擴能的理由，多數的教育人員自覺已經績效良好（成果達平均水準以上），不用再經營更高績效。這三者的交織，的確讓「賦權增能」的實踐產生限制與瓶頸，是以，其在當代教育領域發展未若預期。研究者系統觀察前述三大因素交互作用的歷程，再從下列四個方向深化論述「賦權增能」的潛在限制。

一、領導人個人特質的限制

賦權增能要不要用，與領導人特質攸關，有部分領導人的領導風格與

個人特質，會在無形中用「賦權增能」，而自己不一定覺察；也有部分的領導人受限於自己個人領導特質取向，雖然每天在倡導「賦權增能」，但事實上事必躬親，沒有授權的實質，也沒有因為授權而增能的事例，談的雖多，並沒有真正實踐。

　　領導人的人格特質具有下列幾個傾向者，較會真正實施「賦權增能」：(1)對於教育事業具有明確藍圖規劃者：因其充分掌握了解校務發展脈絡，而需要授權耕耘，早日達成發展目標；(2)具備高標準教育專業能力者：因其核心事務的專業力，足以領導輔助幹部完成教育高難度使命；(3)相信部屬有為者亦若是者：校長及主任、組長、幹部，皆由優質教師脫穎而出兼任行政幹部，相信部屬能力的校長自會授權；(4)願意與部屬分享辦學績效者：不居功的領導者較會與幹部分享權力，幹部學習機會增加，擴能的機會也會大增；(5)以服務為目的的領導者：既然權力是服務與責任，校長會主動授權幹部及老師，帶動大家一起為學生服務。相對而言，領導人的人格特質具有下列幾個傾向者，則「賦權增能」不容易實現：(1)事必躬親的領導者：只相信自己親自完成的事務，不肯定別人完成的工作使命；(2)專業力不足的領導者：更不願意授權，迴避自己沒能完成本業工作；(3)沒按計畫經營校務的領導者：因為當一天和尚撞一天鐘，雖然每天愈撞愈小聲，亦不敢請別人代為撞鐘；(4)欠缺統整判斷的領導者：因對於核心事務為何，沒有把握，不敢輕易授權；(5)計較功勳的領導者：格外在意功名利祿，不願意授權，與部屬共享權力的滋味。

二、組織成員專業脈絡的限制

　　賦權增能有時亦會產生「難以授權」，大家等著領導人怎麼辦的窘境，其原因多數來自組織成員脈絡的問題，例如：1983 年以前，國民中小學師資定量計畫培育，師範校院培育完成的師資，部分會在職場流失，造成偏

遠山區及海邊學校晉用未經完整師資培育的代課教師，且比例達全校教師總數的50%以上，就學理而言，會嚴重影響學生受教過程均等，未能保證偏鄉學校學生有同樣專業素養的教師進行教學。因為總體本業成員專業程度不足，校長（領導人）運作「賦權增能」的本質及功能即受到挑戰。

又如：目前學校實施領域或學科教學，如教師晉用的領域學科專長分布不夠均衡，在所有教師需承擔全校課程原則下，部分教師必須配課教學，教授其非最專長的領域學科，多多少少會影響部分的教學品質，在此一困境之下的校務運作，限縮了領導人「賦權增能」的使用對象，即使勉強使用，其功能在補偏救弊，而偏離「賦權」而「增能」的原始目的。

還有一明確的例子發生在大專校院。目前大專校院的運作，每校職員（含助教）的總人數約占專任教師總人數的75%，組織成員總數比例已占40%以上，以研究者任職的國立臺北教育大學為例，專任教師有二百一十二位，職員總數有一百五十二位。目前臺灣各大學對於「助教」出缺，多已不再聘用，而改聘「專案計畫人員」，一般職員進用，也不一定非經「高普考」資格不可，亦多以「專案計畫人員」替代，是以國立學校中的職員，經考試及格具有公務人員身分及未具備公務人員身分者約占各半。大學的教學研究工作由教師承擔，行政服務事項多由職員負責，職員的背景素養與薪資待遇「一般化」之後，「賦權增能」的運作，多以「職前培訓」所取代，至為可惜。

組織成員專業脈絡的限制，多數學校已能運用「跨校策略聯盟」成立「專業學習社群」的方式，設法舒緩，讓學校「教師專業不足」及「專長授課失衡」的問題不再擴大，從更寬廣的意涵看「賦權增能」，「策略聯盟」及「專業學習社群」的成立與運作，就是廣義的「賦權增能」作為。教育是可以經營的，本書的六說、七略、八要的綜合運用，真的可以把教育經營得更好。

三、組織文化價值取向的限制

有時候學校領導人熱衷於普遍「授權」，要幹部及同仁做這做那，但是整體組織並沒有「增能」效果，而造成領導人與部屬之間的緊張關係，陷入組織衝突風暴。此一現象，除了領導人本身的「誤判形勢」因素之外，多數來自於組織文化價值取向的限制。臺灣社會進入「現代化」與「後現代」交織世代之後，教育單位（學校及行政機關）的組織文化，也出現了多元價值並存的事實。有部分的價值取向，有助於賦權增能的運作；相反的，有部分的價值取向，並不適合立即實施賦權增能。

學校的組織文化具有下列幾個取向者，較有助於賦權增能的運作：(1)開放性系統的文化：容易接收時代脈絡訊息，容易接收新領導人的理念與領導模式，接受領導人賦權增能的使命及任務；(2)積極性活力的文化：成員多有正向積極思考，願意主動承擔責任的校園文化，有助於領導人擴大賦權、普遍增能；(3)創新性挑戰的文化：學校組織同仁喜歡嘗試創新挑戰的教育事務，有助於領導人個殊性任務的授權，並充滿挑戰性的增能；(4)服務性支援的文化：學校同仁處理事務的習性，有一種交互支援、服務同仁、幫助同仁、共同把事情做圓滿的文化，最適合領導人「賦權增能」的操作，無論把任務交付給哪一個處室、哪一個人，大都能如期完成，並且得到「團體增能」的「超過預期」成果。

學校的組織文化具有下列幾個價值取向者，較不利於賦權增能的運作：(1)封閉性系統的文化：不太願意接受新的知識與訊息，也不願意接受像「賦權增能」領導管理的新思維；(2)被動性保守的文化：學校成員多以自己認定的職責本業辦事，認為新增加的工作使命，就是增加工作負擔，同職同薪原則下的公教系統組織，要大幅度地「賦權增能」，確有阻礙；(3)傳統性僵化的文化：傳統文化的活化，具有時代價值，成為人類珍貴的資產，

傳統文化的僵化往往形成大家依例行事，沉淪而不自覺，變成組織發展的包袱，傳統僵化的成員往往是抵制「賦權增能」作為的同仁；(4)市場性功利的文化：教育事業的成員要是重視功利價值、市場取向時，沒有立即性的報酬，就難有意願承擔的工作，即會遠離教育崇高的本質，領導人操作的賦權增能，也會變調成為「賦權增錢」，頓失原意，也是限制之一。是以「賦權增能」的經營，仍要順勢而為，要與形塑「優質組織文化」併進，才能符合「增能」的本義與成果。

四、鉅觀環境資源發展的限制

賦權增能是領導學的高層藝術，其在大大小小的組織系統均可運用，以國家為主體的系統運作而言，部分的用人（如部會首長）及立法的歷程（如《公民投票法》、證所稅法案、《全民健康保險法》）兩者的結合，就有賦權增能的意涵，找到對的人給予優質法令的使命，讓國家社會（組織）團體增能（合理的資源分配重組）。然而能否順利圓滿完成任務，則與鉅觀環境資源發展的情形攸關，有時是助力，有時形成阻力，助力與阻力交織，即使法令通過，其原意與賦權增能效果往往與預期落差很大。

在臺灣組織發展史上，《公民投票法》的通過與執行，楊志良先生擔任衛生署長與《全民健康保險法》的修訂，劉憶如女士擔任財政部長與證所稅法案的訂定，都由於兩黨政治、意識型態的極端發展，交互杯葛，抑制增能的限制，形成了今日「似有若無」的狀態，是今日臺灣充分民主之弔詭寫照，也是鉅觀環境資源取向產生賦權增能非預期結果的限制。

第十七章　知識管理

知識管理係指：「組織成員能夠運用現代資訊科技，對於組織中的知識進行搜尋、組織、儲存、轉換、擴散、移轉、分享、運用的過程，以促進組織知識的持續創新與再生」（鄭崇趁，2011a：75）。其操作型定義可分成四大步驟：「知識搜尋與組織」→「知識儲存與運用」→「組織分享與轉型」→「知識創新與擴散」。

本書將「知識管理」列為專章論述介紹，乃鑑於其重要性普遍受到關注，教育行政與經營管理相關研究所學生，以知識管理為研究主題的論文，在國內外合計已超過千筆以上資料。其核心技術——「知識螺旋」（knowledge spiral）作用，更適度地解析「學習」與「分享」交織，得以個人及團體增能（empowerment），提高組織競爭力的學習基礎。學習型學校輔以知識管理，方能貫徹學校組織再造運作方式改變的實質內涵。

本章分為四節論述：第一節「知識管理的行動要領」，介紹知識管理的公式及知識管理核心歷程的行動要領；第二節「教育人員的知識管理」，分別論述教師、學生、幹部及領導人的知識管理要務；第三節「教育組織的知識管理」，從中小學、大學、教育館所及行政單位，提列其知識管理的特質及優先管理知識內涵；第四節「知識管理的經營創新」，從核心知識、知識螺旋、心智基模及智慧資本等四個層面，論述知識的經營創新機制。

第一節　知識管理的行動要領

知識管理是一種觀念，也是一種行動。不僅個人的成長發展需要知識

管理，對組織單位的發展變革，更需要知識管理。了解知識的重要性，掌握個人及組織的核心知識（技術），進行有效管理，讓個人的價值及組織的發展能夠永續經營，是知識管理的最大功能與目的。功能指的是前述操作型定義的具體行動步驟「知識的搜索、組織、儲存、運用、分享、轉型、創新與擴散」。目的則為個人與組織的永續經營。

一、知識管理公式與核心意涵

Nonaka 發表了知識管理的公式（如下），此一公式主導了知識管理的探討與發展，聚焦知識管理的關鍵事項，並孕育知識分享的重要性，產出知識螺旋的深層意涵與價值。

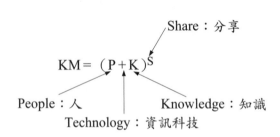

此一公式直譯中文為：知識管理＝「人」用「資訊科技」管理自己組織「知識」的「分享」次方。其核心意涵有五：

1. 人與知識的匯通是管理的基礎。

2. 人用資訊科技進行知識管理。

3. 人與知識是否能有效管理，決定在「分享」的因素。

4. 知識分享占知識管理成果的（累積與乘積）「次方角色」，代表知識分享平台愈暢旺，知識管理成果愈好。

5. 資訊科技是知識管理的工具，而知識分享機制是知識管理的方法策略。

二、知識蒐集儲存的要領

知識的「蒐集了解」與「組織儲存」是知識管理起始的兩大步驟，好的開始是成功的一半，它決定了知識管理是否有效完備與績效價值過半的因素。然而，「萬事起頭難」，當人要進行知識蒐集儲存時，會有下列四項尖銳的挑戰：(1)知識爆炸，浩瀚無涯，有被學海淹沒的挑戰；(2)個人知識素養與組織核心知識明確之邊界，其界定困難；(3)知識更新快速，核心知識基模的系統重組常有時不我予的感覺；(4)組織上的角色職責與知識管理的權責常呈現渾沌現象，有作為程度上的困擾。

研究者認為，每一個人均須生活在組織的系統結構之中，縱使有前述的四大挑戰與困擾，在行動時，講究下列幾個要領，一定會有好的開始：(1)系統思考與「博觀而約取」的運用：全面觀照組織單位和知識系統的總量與分類層面，掌握組織的關鍵核心技術（知能）；(2)研讀經典大師對於核心技術的新近論述：最準確的知識分析來自大師的經典著作與新近說法，大家應直讀原典；(3)主題整理講究系統結構：核心知識的主題與主題之間要有系統結構，每一主題的內容整理也要具系統結構，具有系統結構的知識才方便儲存記憶、運用、創發價值；(4)善用先進資訊科技，建置核心知識檔案與參考資料：資訊科技加速知識的蒐集、分析、儲存與系統建置，活化知識運用價值；(5)定期檢視核心知識的妥適性：適時更新核心知識系統結構內涵。

三、知識螺旋與運用分享

Nonaka 與 Takeuchi（1995）提出了「知識螺旋」（knowledge spiral）的概念，清楚描述個人知識如何與他人知識產生互動，讓個人重組知識基模，進而改變心智模式。知識分為內隱知識及外顯知識，內隱知識存在於

每一個人的身體內在（有的人說在大腦，有的人說在肚子），但是看不到，摸不著，因此我們常說內隱知識豐沛者大腦特別聰明，或肚子墨水多多。外顯知識則指我們看得見的知識，例如：書本、上課講義、教師教學的投影片、口頭說明的內容等，凡是看得見、聽得到、摸得著與探討主題有關的文字、語言、物體、器具、聲響等有關知識說明的註解，均是外顯知識。以研習授課活動為例，對講者而言，是一種內隱知識外部化的歷程，講師將自己對授課主題的內隱知識，變成書籍、文章、教學投影片，系統的說明給學員吸收了解，是一種內隱知識外部化的作為；對聽講的學員來說是一種外顯知識內部化的歷程，學員看了講義，聽取講解內容，將這些外顯知識進一步與原先存在自己內在的內隱知識互動，而產生新的知識基模並內化為自己的新內隱知識，很多課程（如碩博士班）教學時，討論的時間比重相當大，主要是在運用分享（討論）讓探討主題知識的所有成員，內隱知識外部化及外顯知識內部化的作用進一步產生交互作用，增加知識螺旋效果。知識須對話分享才能產生知識螺旋效果，也才能改變個人心智模式，提升知識基模。

因此，知識管理的第三大步驟「知識分享運用與轉移」的實踐要領，在於知識分享平台的建置，增益個人及組織成員的知識螺旋作用，讓組織的所有成員對於組織的核心知識均能與時俱進，達到永續發展的能量。研究者認為，此階段的經營互動，要掌握下列幾個事項的實踐：(1)著書立說：將自己的內隱知識寫成文章或書籍，公開出版發表，形成系統結構的外顯知識，儲備分享素材；(2)札記省思：與重要他人互動及參與研習會議，要養成隨時摘記要點及適度省思習慣，留存核心知識與創意點子；(3)經驗分享：把握任何研討會及課堂討論，主動分享自己的重要經驗與知識心得，確認此一經驗知識的價值性；(4)演講論述：將組織的核心知識安排系列的主題演講，邀請同仁或學者專家，進行演講論述；(5)網頁交流：學校與班

級均建置網頁交流平台，定期展示不同主題核心知識，並鼓勵師生同仁上網分享經驗心得；(6)學習社群：激勵教師同仁參與各類專業學習社群及學位進修計畫，適時提升個人專業素養及組織核心知能。

四、知識創新與擴散的要領

知識管理第四大步驟為「知識創新與擴散」，事實上知識的「創新」與「擴散」屬知識管理較廣義的意涵，持狹義觀點的知識管理，多重視知識的擷取、儲存、分享、運用，促進組織及個人傳承核心知識素養為止，不一定論及創新與擴散。知識的創新與擴散具有下列四個層次的意涵：(1)組織成員改變心智模式，就是知識的創新與擴散；(2)個人在組織運作中具有知識螺旋作用的歷程，以及知識系統重組的現象，即稱為知識的創新與擴散；(3)提高組織核心技術（知識）的新標準即為創新與擴散（開發新產品）；(4)能夠運用新的理論或原理原則，闡述組織核心技術的知識新價值（為本來存在的產品或核心知識尋根探源）。知識的創新與擴展，可以提升個人能量及組織發展突破現狀，邁向優質卓越。

研究者認為，針對知識本身的創新與擴散，應掌握下列事項的經營：(1)核心知識的系統重組：個人及組織的核心知識均須定期系統重組，以做為創新的實踐與基礎；(2)知識螺旋平台的布建：讓學校師生或組織成員均有分享經驗及知識交流常態，成為創新知識的有效機制；(3)心智基模的標準檢核：對於個人及組織核心知能逐年評鑑，輔以獎勵及補救配套；(4)智慧資本的活化創價：活化學校智慧資本，創新組織知識及競爭價值。上述四項經營創新要領，將在本章第四節詳予說明論述。

第二節　教育人員的知識管理

教育事業是人教人處理知識的事業，包括知識的學習與知識的運用，而知識管理本身就是知識學習與運用的一種型態。本節所謂教育人員的知識管理，係指與教育事業有關的人員，如教師、學生、幹部和領導人，如何管理好個人應備的教育知識以及學校教育經營上所需的組織核心知識，其主要目的在於所有教育人員均有夠水準的知識管理實踐，共同經營教育事業，讓教育發展得更好。

一、教師的知識管理要領

教育的主體是學生，而負責教導學生的是教師，是以教師是教育事業的主要經營者，也是學校組織的核心成員，教師的素養影響教育的品質，教師的知識管理，也將實質影響到「教」與「學」歷程的績效成果。研究者認為，教師的知識管理要分為自己本身的教育素養與授課領域專長的知識管理，以及配合學校辦學需要的教育核心知識的知識管理。綜合而言，要有下列具體的知識資料檔案，以做為知識管理的基石。

1. 教學檔案，以中小學教師為例，包含：
   - 教育理念與教學策略。
   - 領域教學計畫。
   - 主題教學教案及補充教材。
   - 教學評量設計。
   - 學生優秀作品範例。
2. 班級經營計畫及教育活動檔案，包含：
   - 班級學生基本資料及特質分析。
   - 班級經營目標、策略、項目及活動設計。

- 班級活動紀錄冊。

- 班級教育成果展示。

3. 班級網頁與教學資料庫。

4. 文章論著與自編教材檔案。

5. 專業進修札記省思及核心資料檔案。

6. 學校教育宣導資料檔案。

二、學生的知識管理要領

學生的知識管理重點與教師不同，教師的知識管理在協助教好學生，提高教育品質，學生的知識管理重點在如何習得知識、固化知識及深化知識。是以學生的知識管理要領與學習態度、習慣、方法均有關聯，研究者以第二章「能力說」對學生核心能力的論述為基礎，主張學生的知識管理要領如次：

1. 儘量常態選課，循序學習。

2. 上課專注學習，當下學會。

3. 按時完成作業習作。

4. 製作學科學習檔案，留存完整學習紀錄。

5. 參與展示學習成果。

6. 建置自己的學習成果網頁（系統整理核心知識）。

7. 主動參與各類教育競賽活動（深化學習成果與知識運用）。

三、幹部的知識管理要領

教育人員的幹部，在學校中指的是主任、組長及課程發展委員會各領域小組召集人；在行政單位中指的是荐任級以上的工作同仁，尤其是領有主管加給的幹部同仁。在學校或行政組織中，幹部係僅次於領導人的核心

人物，幹部知識管理的完備程度，幾乎決定教育組織知識管理 80%左右的比重，十分重要，也是學校及行政單位知識管理成敗的關鍵。

就學校組織而言，幹部（主任、組長）多由優秀教師拔擢兼任，是以一般教師的知識管理要領均應優先做到，並且增加學校運作需要的知識管理要領，研究者認為最重要者有下列五項：(1)教育及學校重要法令彙編；(2)學校校務發展計畫及主管主題式計畫；(3)主管重要業務標準作業程序；(4)學校本位課程教育特色資料管理系統；(5)核心業務教育理論及核心知識論述知識系統（應具備比一般教師更為深層的教育事業知識）。

就行政單位而言，幹部是行政機構組織運作的核心分子，其知識管理要務部分與學校幹部相同，又有部分要超越學校幹部，方符合行政領導專業倫理。研究者認為，行政單位幹部最重要的是自己的教育事業，其核心知識的知識管理，再配合自己職務，因應組織發展需要，進行必要的組織核心知識的知識管理。綜合而論，其要領有六：(1)具備教育事業知識標準認定：教育行政高普考試及格或教育領域學門碩博士學位；(2)教育法令及組織單位法令彙編；(3)主管核心業務有關計畫方案的執行成果知識；(4)核心業務教育理論及核心價值論述知識系統（政策與方案的深層知識）；(5)核心業務的新近研究成果與國際脈絡趨勢（知識視野及創新趨勢）；(6)適時發表主管業務政策解析文章論著（主動分享並系統重組知識基模）。

四、領導人的知識管理要領

本書所指的教育領導人是指，各級學校校長以及行政單位科長級以上的教育主管人員。教育領導人必須具備下列五項條件與特質：(1)具有教育政策或學校措施的決策權責；(2)教育專業導向優先於一般行政知能（因為教育專業的主軸在教人）；(3)高學歷教育人員，至少擁有碩士以上學位；(4)具有法定資歷，係經升遷或遴選機制產生；(5)對於教育事業的經營，具有

強烈的使命感。

　　教育領導人的知識管理，要以教師及行政幹部的知識管理為基礎，並適度超越其層次，研究者認為以下列六項要務需優先建立：(1)領導人自己的辦學理念及教育核心價值；(2)具備教育經營學及校長學核心知識；(3)策定責任組織（學校）十大計畫及執行知識管理系統；(4)掌握組織發展的國際脈絡及新近研究成果，並主動向同仁分享交流；(5)適時擘畫組織（學校）發展藍圖，儲備發展知識能量；(6)督責幹部及同仁做好組織及個人知識管理系統。

第三節　教育組織的知識管理

　　組織單位的知識管理，重在組織核心技術的傳承。教育組織分為學校及教育行政單位，學校的核心技術在課程設計及有效教學；教育行政單位的核心技術在教育政策與教育計畫，然各級學校、教育部（局、處）及教育館所之間，依其設置目的與所在區域，會有重點上差異。本節針對「大學校院」、「中小學」、「行政單位」及「教育館所」等四大類教育組織，說明其知識管理要領。

一、大學校院的知識管理

　　大學是知識傳承的殿堂，凡是大學畢業的公民，大家就尊稱他為「知識分子」，是以學校（尤其是大學）本身就是「知識管理」的組織，聘任教師，由教師負責把核心知識教會學生，由學生傳承知識，貢獻社會。大學校院尚有博士生及碩士生，有時研究生對於知識的重組、創發與貢獻也具有高度的價值，是以大學校院的知識管理擴及部分學生知識成果的傳承。大學校院的知識管理，以下列幾個事項的完成最為優先：

1.校史知識的傳承：設校目的、發展變遷、學校故事、校友貢獻等。

2.課程設計的傳承：每一屆學生的課程發展資料。

3.學生學籍的傳承：有哪些學生在本校念過哪些課程。

4.教師出版品及文章資料庫。

5.學生碩博士論文電子系統。

6.近十年學校行政會議及校務會議紀錄。

7.近十年校務發展中長程計畫及主題式計畫。

8.師生參與教育競賽活動得獎知識傳承。

二、中小學的知識管理

中小學最大的特質是成熟人（教師）教導未成熟人（學生）的知識學習與管理，並且是學習的成分多（了解具備該學到的知識），而管理的成分少（知識在持續增長與發展，學習的本身就是管理）。中小學學校組織的核心技術，也分散在各個任課教師的身上，是以學校的組織知識管理，會變成為統一教育資源的系統提供，便利每一位教師擷取統整為教材，再教給學生學習。研究者認為，中小學教育是基礎教育，每一個學校的知識管理以下列幾個事項最為優先：

1.學校總體課程設計及校本特色課程資訊系統。

2.建置學校領域主題教學資料庫。

3.校史及學校發展記要。

4.十年內學校校務發展計畫及主題式教育計畫。

5.十年內學校行政會議、校務會議及課程發展委員會會議紀錄。

6.教師自編教材及行動研究成果資料系統。

7.學生優秀作品資訊系統。

8.師生參與教育競賽活動成果資料系統。

9. 社區教育資源網絡系統。

三、教育行政單位的知識管理

　　教育行政單位的主要權責在服務與督導各級學校辦好教育，透過政策及教育計畫的實施帶動學校有效辦學。政策是一種實踐的知識（有實踐才可看到知識的傳承），教育計畫及主題方案更是教育理論與教育實際融合型的知識（優質的計畫促進教育理論在學校實現，也導引學校辦學遵循教育的核心理論）。行政單位（如教育部及教育局處）知識管理的重點，除了行政人員本身的教育專業素養之傳承外，重在教育政策的發展脈絡以及教育計畫的接續經營。是以研究者認為，教育行政單位的知識管理，以下列幾個事項最為優先：

1. 機構的教育願景（Vision）、使命（Mission）與核心價值（Core Value）。
2. 教育政策的發展脈絡及執行成果系統。
3. 國際教育政策分析及重要教育計畫研究資料系統。
4. 歷年教育會議報告資訊系統。
5. 近十年部會會議，以及局處務會議紀錄資料系統。
6. 近十年重要教育計畫及執行成果資訊系統。
7. 教育政策與教育計畫研究成果知識系統。
8. 各單位核心業務的標準作業程序。
9. 歷年部長向立法院施政專案報告，局處長向議會教育施政專案報告資料彙編（系統）。

四、教育館所的知識管理

　　教育館所包括：社教館、科學館、博物館、圖書館、海生館、運動中

心、教師中心以及國家教育研究院等，教育館所均負有社會教育及全民教育的法定職責，雖然任務有別，輔助學校經營教育事業，仍是這些館所共同的願景與目的。是以教育館所的知識管理，仍以教育知識的傳承為基石，輔以單位組織職能，主管事務的核心知識傳承為經營標的。研究者認為，宜優先發展下列幾項知識管理系統：

1. 館所設置宗旨與歷史發展。
2. 館所的願景（Vision）、使命（Mission）及核心價值（Core Value）。
3. 館所的中長期發展計畫及近十年主題式計畫或執行方案資訊系統。
4. 館所核心業務的標準作業程序。
5. 館所核心業務的國際發展脈絡及新近研究資訊系統。
6. 近十年核心業務執行成果資訊系統。
7. 設置精緻化、國際化、科技化、未來化的行動研發團隊。
8. 啟動館所內外部價值行銷計畫，建置館所單位及人員榮譽事蹟知識系統。

第四節　知識管理的經營創新

狹義的知識管理在於組織核心技術（知識）的傳承，廣義的知識管理兼及組織核心技術（知識）的創新與擴散。本章第一節曾就「知識創新與擴散」的要領摘要條例，本節再依此條列綱目，詳加舉例說明。

一、核心知識（技術）的系統重組

「知識基模的系統重組」是研究者近年教學研究上的最大心得，每天與研究生教學對話，都是在進行大大小小規模的「知識基模的系統重組」，

每堂課討論的主題，是小規模知識的系統重組，研究報告以及碩博士論文的撰寫，就是大規模而嚴謹度高的知識基模系統重組。就以研究者撰寫本書為例，研究者亦將之界定為「教育學」與「管理學」交織之後，以「教育經營學」知識基模進行時代性的系統重組，而每一章節即為論述主題中小規模的系統重組。「系統重組」將傳承過來的知識以新的方式出現，是孕育創新的基石，個人的知識管理與創新需要知識基模的系統重組，組織的知識（核心技術）管理，則需要定期讓核心技術產生「知識螺旋」作用，而進行「系統重組」。

因此，經營知識管理的創新、擴散創新知識的影響力，其關鍵要領在於「有產出」的「知識系統重組」，對個人如此，對組織單位亦然。以教師教學為例，每一門課經由「教」與「學」歷程的「知識基模系統重組」後，留下了學生的研討紀要以及優質作業習作，就是有產出的「知識管理」。以教育政策的評估為例，行政單位委託學者專家進行專案研究時，要求除了繳交研究報告需完備外，尚須一併擬定政策主題的發展計畫或行動方案（是否執行，由委託單位決定），此之為核心技術（知識）有產出的「系統重組」，是知識創新與擴散的關鍵要領。

二、知識螺旋平台的布建

本書多次強調「知識螺旋」是「知識管理」的核心技術。組織成員彼此之間「內隱知識外部化」以及「外顯知識內部化」產生的交互作用，稱之為知識螺旋，知識螺旋即為知識基模重組的現象，其功能可以改變心智模式，促進個人增能及團體增能。從知識管理的公式中我們可以發現，成員彼此之間的分享（share），是促成知識螺旋的重要方法。教育領域中所有在職進修後的分享與討論、教學觀摩、研討會，每一堂課後半段的交互討論，都是為了要讓參與者產生知識螺旋作用，有效進行知識基模系統重

組，達到知識創新與擴能，增加組織的經營競爭能量。

　　因此，各種知識分享平台的布建，是各行政單位及學校經營必須強化的核心工作。研究者認為，下列幾個事項最需優先完成：(1)為組織（學校）同仁策定整體在職進修計畫，定期將進修心得與同仁分享；(2)規範教師每年至少舉行一次教學觀摩，彼此檢核討論改善有效教學的實施；(3)行政單位闢建教育政策網路論壇，學校開闢課程教學或教育素養網路論壇，要求所有成員每半年至少上網討論一次，並激勵熱心參與同仁；(4)定期出版書籍、期刊，系統重組核心知識，宣導傳承創新與擴散；(5)鼓勵教師及行政幹部設置個人專業網站，主動與同仁及服務對象交流分享，回饋檢核核心知識的表現；(6)定期維修各種分享平台的設施，強化運作交流的豐富性、妥適性以及價值性。

三、心智基模的標準檢核

　　「知識管理」有兩大目的：有效傳承核心知識以及持續創新核心技術，兩者的目的都在維護組織的永續經營。任何組織單位的核心知識都存在其組織成員本身，並透過組織運作產出產品（在教育單位即教出高品質的學生），是以教育單位的核心知識，就存在於每一個教育人員身上，在學校就是存在於每一個教師身上，在行政機構就存在於每一個行政人員身上，每一位教育成員，其內在的心智基模（或稱知識基模系統，或專業核心能力），能否勝任有效教學、輔導學生及行政服務事項，即代表教育單位核心技術的水準，因此，每一時代、每一階段、某一年度的教育人員，是否具備「知識管理」的目的訴求，是否達到組織單位要求的核心知識水準，應有定期的標準檢核機制。

　　研究者認為，建立教育人員的心智基模標準檢定機制並不困難，就如同本書數度強調的「建立一至十二年級學生領域基本能力檢測機制」一樣，

教育行政單位以當前教育政策的發展，跨單位核心事務（知識）為主軸，委請專家學者結合核心幹部，發展三百至五百題題庫，並依容易到困難循序排列，平時發給同仁研讀進修，每半年運用電腦選測五十題，未達八十分以上同仁，必須參加半天到一天的核心知識專業知能研習，研習完竣再次施測檢核，直到通過為止。新進同仁及學校教師亦得比照規劃。

四、智慧資本的活化創價

「智慧資本」在管理學上的定義是組織人力及其結構關係，是屬於靜態智慧資本的描述，運用在教育領域，則強調「核心能力」＋「認同程度」的組織成員，如果有能力又願意做，即稱之為有效的智慧資本；有能力但不願意做，則稱之為靜態的智慧資本。以當前臺灣教育的實況而言，人力素質（教師及教育行政人員）的核心能力頗高，但認同教育政策與學校措施則普遍不足，常陷入「有能力但不願意做」的靜態智慧資本現象，是以整體教育競爭力並未彰顯發揮。從知識管理的立場看此一不利現象，經營者必須活化學校及教育組織的智慧資本，喚醒同仁願意實踐自己組織的知識管理，知識的創新與擴散才有可能。

活化學校智慧資本的要領，可從下列幾個事項著力：(1)領導人普遍論述知識管理的重要性與價值性；(2)獎勵個人及組織知識管理優秀同仁，公開表揚、典範帶動；(3)將知識管理成果列為校務評鑑指標之一；(4)校長辦學績效評鑑及教師評鑑將「對教育及學校的認同程度」列為評鑑指標之一；(5)形塑「交互支援、全力相挺」的優質組織文化，活化智慧資本，啟動組織創發新價值。

第十八章　優勢學習

多元智能理論流行全球後，確實改變了基本教育的經營要領，中國傳統「有教無類，因材施教」的精神得到了更為深層的註解，因其主導的實際作為即在「優勢學習」與「順性揚才」的實踐。「優勢學習」從學生的本質與教育的起始談教育，「順性揚才」則從學生的本位與教育的歷程論教育，而兩者的共同點均在「因材施教」與促進「優勢智能明朗化」，實踐多元智能理論。本書分兩章詳予論述其實踐要領。

優勢學習之概念型定義為：「教育人員能從學生及環境最有利的層面著力，設計出最適合學生發揮及行政運作的教育（教學）方案來經營學校之謂。」其操作型定義則可包括五項優勢的教育意涵：「興趣性向」、「相對專長」、「特色風格」、「環境配備」，以及「資源系統」。前兩項屬於人性的優勢，後兩項屬於組織的優勢，第三項「特色風格」則兼備人性與組織的優勢，學習與組織運作從這五項入手，可以得到立即效果，可以形優輔弱，讓學習者與經營者都看到亮點，教與學的歷程是有價值的教育專業。

本章分為四節論述：第一節「優勢學習的教育意涵」，從操作型定義的興趣性向、相對專長、特色風格、環境配備及資源系統等五個向度，論述優勢學習的教育意涵；第二節「受教者的優勢學習」，從主題閱讀、社團活動、學習成果及競賽展演，論述學生優勢學習的實踐要領；第三節「施教者的優勢學習」，分析從人的優勢到組織優勢可經營的著力點；第四節「教育組織的優勢學習」，從觀摩、分析、統整、行銷等四方面，闡述教育組織優勢學習的實踐要領。

第一節　優勢學習的教育意涵

優勢學習指的是任何學習的開始，都要從最有利、最順手、最大價值的實體著力，這一個教育的實體包括學生「本人」以及其學校所處的環境機制。就教育學習場域而言，優勢的「勢」具有下列五個層次的意涵：(1)興趣性向；(2)相對專長；(3)特色風格；(4)環境配備；(5)資源系統。在此論述其教育意涵如次。

一、符合興趣性向的學習

多元智能理論有下列四大核心主張：(1)人的潛在智能由七至八種因子建構而成，每一個人的結構均不一致；(2)每一個人智能結構中面積最大或最強烈的因子稱為優勢智能；(3)相對優勢智能明朗化運用在學習與教育，可以讓每個學生均有知識及技能的專長；(4)相對優勢智能明朗化運用在職涯發展與職涯經營，則行行可以出狀元，過適配生涯。

從人類歷史的發展脈絡中觀察，「教師」與「家長」最重視學生（孩子）的教育，但並不一定具有「多元智能理論」的觀點與態度，尤其是身為父母角色者，對於子女的教育，在「望子成龍、望女成鳳」與「升學主義」的誤導之下，提供過多的學習，強迫孩子努力於其不見得喜歡的藝能，造成了「學習無趣」、「欠缺教育價值」，並且「父子母女關係緊張」。研究者回母校擔任專任教師初期（2000～2005年），每年均擔任大學部師資生「教育概論」的課程，其中「多元智能理論」是必定要講授的內容。猶記得研究者曾經詢問本校「音樂教育系」與「體育系」修課學生，「音樂因子」是否為音樂教育系學生的優勢智能？而「肢體運動因子」是否為體育系學生的優勢智能？得到的結果是「音教系」有一半學生不是，而體育系有四分之一的學生不是，國立臺北教育大學的音教系與體育系當時在

大學入學考試的排名，都是全國第二志願，招收到的學生素質十分優異，但是有半數到四分之一的學生並非以「最優勢智能因子」接受大學專門知識教育及職涯發展，他們會學習得更辛苦，將來對國家的貢獻度以及自己的幸福指數，也都會不如預期。

　　符合孩子及學生興趣性向的學習，是多元智能理論「優勢學習」的首要意涵，父母親及教師所苦惱的是孩子與學生的興趣性向到底在哪裡，但並不容易觀察得到，研究者認為要從下列三個重點掌控：(1)觀察孩子喜歡的事物，因為喜歡事物的行為蘊含著一個人的興趣性向；(2)提供孩子喜歡的資源，支持其有興趣的學習，覺察其內在性向發展；(3)提供孩子喜歡學習的機會與舞台，讓孩子的興趣性向有優勢明朗化的機會。

二、順應相對專長的學習

　　「相對專長」在本書中有下列四個意涵：(1)在自己的多元智能中，相對最好的專長；(2)自己和同儕參照比對，有比別人優秀的專長；(3)超越組織中平均水準以上的專長；(4)在弱勢族群中，有相對較優的行為表現。前兩者的教育意涵在於針對學生個別化的教育，要順應相對專長的學習，例如：開闢多元社團與發展主題教學單元，讓學生本身的學習亮點，有被點燃與發現的機會。

　　而後兩者的教育意涵，是相對專長延伸到教育組織上的運用，針對學生有平均水準以上專長者，宜籌組為各種精英團隊，邁向卓越表現。針對弱勢族群學生的相對專長，仍要有「弱勢中一樣有亮點」的心態，提供學習機會，激勵學生，持續經營，期待「弱勢中的亮點」經由「優勢學習」歷程後也有可能成為真實的教育亮點。

　　順應相對專長的學習，經營者最需要掌握下列幾個要領：(1)全體教師均要有欣賞學生相對專長的觀念，適時激勵學生，提供學生學習機會，增

加學生對專長的信心與持續經營；(2)可以配合「一生一專長」的政策，實施學生專長認證，且鼓勵學生發展多元專長，運用專長服務同儕，讓專長成為真正的亮點；(3)蒐集分析學校學生專長認證資料，成立各類專長社團及精英團隊深化學習方案，邁向卓越發展，凸顯教育組織亮點；(4)提高弱勢族群學生相對專長成果展示與表演競賽的機會，關照弱勢族群學生的教育機會均等，也讓相對專長的學習落實到每一位學生身上；(5)發展學生專長優勢學習檔案，在教師的指導下，學生記錄接受教育歷程中的重要成果表現，並留下相對專長的作品，以做為學生日後職涯發展的規劃基本材料。

三、發展特色風格的學習

優勢學習第三個特質彰顯在人的特色風格或組織的特色風格。就人而言，特色風格指的是與別人（大多數的人）不一樣的行為表現，或者是行為表現本身形成一種特別的節奏與傾向；特色風格的學習，包括學生特別喜歡的學習主題，也包括了學生個殊的學習方式。就組織而言，特色風格指的是一種趨勢，一種學校個殊化的學習趨勢，這個學校學生在某一個知識主題學習得到最多，成果最好，表現得最特別，是以特色風格的學習，也可以說明學生個人與學校學習的主要類型與熱衷趨勢；學校的課程設計與教育活動，掌握住這主要類型與熱衷趨勢，就是發展特色風格的優勢學習。

就教育內容而言，特色來自於主題學習的成果，也來自於教育活動課程化的結果。就學習方法而言，風格來自於習慣的養成，也來自於學校整體組織文化的影響，是以發展特色風格的學習，經營者可從下列幾個事項著力：(1)布建領域教學的系列學習主題：系列主題規劃，得以導引學生選擇開展，成為學生個人教育內容的特色風格；(2)開發多元學習方法：要求領域教師提供多元教學方法與多元評量方式的同時，也教導學生多元學習

方法，激發學生形塑自己學習方法上的風格特色；(3)深化學校本位課程成為特色課程：特色課程就是學校教育內容的特色風格，也是學生優勢學習之所在；(4)活化學生歷年學習成果展演方式：運用多元創意展演的方式，提供更精緻、更優質之學習方式楷模範例，讓更多數學生模仿學習，形塑自己本身學習方法上的特色風格；(5)創新經營學校及師生既有的特色風格：師生及學校組織特色風格樹立不易，對於個人與學校既有的特色風格不宜輕易停止或放棄，唯應以「創新」的方法與內涵，「永續」經營，讓師生都能夠有優勢學習的事實。

四、善用環境配備的學習

環境設施與資源配備也是學習之「勢」，是優勢學習的第四個意涵，意指學習歷程能夠善用環境配備中的優勢環境或關鍵設備，讓學習更有效果及效率。優勢的環境配備也是整體教育競爭力的重要指標之一，善用環境配備的優勢學習要領，概述如次：(1)善用校園及社區環境，規劃學習步道：給予環境資源充滿各種教育素材，開發優勢學習設備；(2)實施「物盡其用」計畫：尤其是核心重要設施，如視聽室、科學館、專科教室，及重要圖儀設備，有年度最低使用標準計畫，運用優勢器物，導引學生優勢學習；(3)推動創意空間方案及競賽：激勵師生善用校園空間，開發創意學習方案，獎助其實踐力行，營造校園環境優勢；(4)賦予閒置空間教育學習意涵：使用率低的教室以及學校死角、閒置空間，如能系統思考、創新活化運用，也是組織運作優勢之一，可以開創學生優勢學習新天地；(5)適度向師生宣導學校重要儀器設施的使用方法與學習價值：提高學校環境配備訊息與使用意願。

五、統整資源系統的學習

資源系統是指：人力資源、物力資源、財力資源、自然資源、文史資源、科技資源等交互整合之後，成為可以教育、進行學習的資源系統。目前的學校校務評鑑以及臺北市的優質學校認證，已將「資源統整」或「資源整合」列為重要的評鑑向度之一，意謂著教育是可以經營的，而藉由「資源統整」（串聯校內外多元資源，成為有效支持學生學習的教育資源系統）的經營與耕耘，亦是一條重要的管道，也是當前重要的辦學方法之一，是以本書第十一章已專章論述「資源統整策略」。

本節僅就「優勢學習」與「資源統整」的連結與關係加強論述，將「統整資源系統的學習」列為「優勢學習」的深層教育意涵之一，指學校有效資源統整之後，各種教育資源成為方便教學及學生學習的多元學習系統，營造學習上的新優勢，師生從這創新的教育資源系統出發，亦可點亮更多的亮點。統整資源系統的學習，經營者的具體操作事項，可以下列幾項為優先：(1)配合學習社會的趨勢，將學校及鄰近社區，布建為「時時可學習，處處可學習」的教育文化環境，以做為長期規劃發展目標；(2)運用系統化的觀念，串聯整合所有教育資源，成為客製化的教育學習系統，如領域學習步道、主題閱讀角落、藝文學習牆、交通安全模擬設施等；(3)鼓勵教師輔導學生，規劃個別化學習系統；(4)適度分享學生個別化學習系統成功案例，推廣教育資源的有效運用。

第二節　受教者的優勢學習

在教育的「教」與「學」歷程中，以教師為主體者稱「教學」，以學生為主體者稱「學習」，學生的有效學習是教育的主體，但是學生是否能

順利有效學習，與教師主導的教學活動攸關。事實上，高明的教師就能夠因應學生的秉性條件，用最簡便的方法，帶領學生有效學習，達成教育目標，讓每一位學生都學到帶得走的基本能力。本節針對受教者（學生）的立場，論述學生如何掌握優勢學習的契機、方法、策略及資源，讓自己能夠篤行有效學習，找到學習亮點，進而經營亮點。

一、激勵興趣主題閱讀

　　閱讀教育的推展，增加了學生「自主學習」的機會與深度，尤其是從學生借閱的書籍分析，可以看出每位學生的興趣傾向與性向主題，從學生閱讀心得筆記，也可以觀摩到學生對某一主題知識的深耕與系統層次，興趣傾向、性向主題明確化、某一主題知識的深耕層次，逐漸成為學生學習的優勢，善用此一優勢，持續經營，就是學生優勢學習的有效方法途徑。經營者激勵學生（受教者）興趣主題閱讀，可規劃下列幾項措施，輔助學生真實的實踐優勢學習：(1)實施學校及班級主題閱讀教育：學校按月、按班級、按雙週規劃，為學生提供導引性的主題閱讀教育；(2)建置多元主題閱讀學習角落：全校同時規劃約有六至十二個主題角，並按月適時更新；(3)規劃主題閱讀獎勵辦法：如同一主題，閱讀五本以上者，給予認證及獎勵；(4)辦理學生主題閱讀心得筆記展示活動：激勵學生透過閱讀實踐，自主優勢學習。

二、參與專長社團活動

　　社團是學校的半正式課程，也是學生可以自主選擇的學習教育活動，學生願意選擇哪一種藝文及休閒社團，多多少少代表其興趣與性向之所在，也代表學生部分專長的表達。因此，參與專長社團活動是學生自主優勢學習的有效管道，學校除設置多元社團提供學生選擇外，尚需有下列幾項配

套措施，才能落實學生的優勢學習：(1)社團經營計畫化：每一個社團都要有年度實施計畫、活動主題規劃、上課進度、期中學習評量與期末學習評量；(2)社團更新本位化：每一學期均有 5～10%左右的新社團成立，新設或停開的基準以學生的本位需求做考量，從參與學習人數及需求調查做系統思考；(3)社團參與均等化：提供免費名額給弱勢族群學生，增進學生參與社團機會均等；(4)社團成果展演化：定期展演各種社團活動學生的學習成果，系統匯集學生優勢學習成果；(5)社團課程銜接化：運用半正式之社團課程銜接學校的潛在課程與正式課程，協助學生深化學習與課程統整，彌補正式課程之不足。

三、展示主題學習成果

　　主題閱讀可以觀察學生興趣性向的趨勢，主題學習則可以觀察學生核心知識的系統重組方法與知識發展脈絡層次（廣度與深度），學生的個人知識學習優勢及團體知識學習優勢，都可從主題學習成果綜合分析而來。學校定期持續展示學生主題學習成果，可以倡導學生選擇優勢主題學習，也是學生運用優勢學習的具體實踐。學校經營者得據以實施並妥適規劃下列幾項配套措施：(1)學校規劃系列教育主題學習活動：將大型教育活動（如運動會），劃分成學生學習可以操作的主題（如大會操、大會舞、田賽項目、徑賽項目、繞場一週腳步節奏等），運用主題學習機制，輔導學生學會各項主題；(2)學校規劃各領域學習的系列主題學習活動：將各領域知能劃分成各年級學生可以操作學習的主題知能，有主題名稱及具體學習內涵，提供學生依序進行主題學習，觀察學生的主題學習表現；(3)定期進行行動研究：針對各年級各班學生之主題學習表現進行後設分析，回饋檢討，修訂系列主題名稱，也檢核學生個人及班級、學校、組織團隊優勢學習之所在；(4)依班級、年級、年段分散舉辦學生主題學習成果展示活動：並轉化

為常態教育活動之一，教師及行政同仁不致於為了辦理系列工作而疲於奔命，學生也能實踐優勢學習。

四、積極爭取競賽展演

　　參與學校、縣級、國家級的藝文運動競賽或展演活動，本身就是一種優勢學習成果的展現。在教育的意涵上，能夠參與以及準備參與的努力歷程，就是一種追求「優勢智能明朗化」的實踐過程，對每一個學生來說，爭取參與演出的機會，就是「優勢學習」後，邁向卓越表現的證明。教育經營者應廣為開啟多元種類、多元層次的競賽展演舞台與機會，並且公開給所有的學生均能自主爭取參與。

　　規劃辦理多元種類、多元層次的競賽展演活動，要注意下列幾項原則的掌握：(1)系統思考原則：競賽展演活動的總量、核心項目、學校及學生參與比例，要有觀照全面、掌握關鍵的思考；(2)課程融合原則：教育活動是具有價值取向的知識技能探究活動，學生平時融合在正式課程、半正式課程及潛在課程中學習，融合課程規劃的競賽活動項目與方法，成為課程學習成果的實踐；(3)開放自主原則：競賽展演活動本身也是教育方式之一，應對所有的學習者開放，只要有意願、符合參與的標準者，均可自主爭取參與，發表其個人的優勢學習成果；(4)公平公正原則：競賽結果往往伴隨著獎勵績效、賦予榮典，唯有公平公正的歷程，才符合教育的本義與競賽的價值；(5)開放學習原則：任何競賽活動籌辦不易，參與者的實際演出，機會更屬難得，現場應開放同好參觀學習，重要的競賽展演開放電視轉播，錄影建檔，作為傳承學習教材，提供給其他尚未參與者，優勢學習的經典教材。

第三節　施教者的優勢學習

施教者就狹義上來說，專指教師；廣義上來說，包括了經營學校者（校長、主任）、經營教育政策者（教育行政人員）、經營班級者（級任導師）、領域教學者（授課教師）、輔導學生者（輔諮人員）。本書所謂的「施教者」以教師為主軸，有時兼及所有教育人員，介乎狹義到廣義之間。因為經營教育事務之需要，教師及所有教育人員也要學習：學習如何經營教育政策，學習如何經營一所學校，學習如何經營一個班級，學習如何經營領域主題教學，學習如何有效輔導學生，而且對每一個施教者而言，對其本身來說都是一種優勢學習，才能勝任職務，扮演成功的角色任務。

一、取得領域教學認證

教師（教育人員）的尊嚴來自本身的專業表現，教師及教育人員的專業表現大多從兩個向度觀察：「有效教學」與「研究著作」。因此，就大多數之教師而言，能夠透過優勢學習，取得自己任教領域學門的教學認證，即代表這位教師在此一領域的專門知識與專業表現均達國家認定標準之上，是通過評鑑認可的專業教師，是有尊嚴的教育人員。

臺灣的國家領域教學認證機制並未建置完備，中小學教師雖有教師資格檢定考試，頒授教師證書，但是小學並沒有領域教學認證標準，中學的學科證書登錄，也以修業學分來比序，沒有考試或評鑑上的檢核。大學教師雖然專門化，要有博士學位以上的資格素養，然多數沒有修習教育專業學分，也沒有按授課科目核心知識的系統檢核。就中小學教師而言，有必要發展領域教學認證系統，教師資格檢定考試要加考其主授領域（或學科）的專門知識及教材教法。教育部要頒布領域教學認證標準，縣市政府應聯合師資培育大學，統合規劃現有的師資領域認證進修系統機制，再結合教

師評鑑制度，五至十年內讓現有的中小學教師均持有領域（學科）教學認證，之後再透過優勢專長授課，全面提升教育品質，營造學校教育優勢。

二、參與專業行動團隊

　　行動研究、行動團隊、學習社群是當前教師專業進修最常用的流行名詞，也是教育當局倡導「教師評鑑」之後，一連串帶動產出的「專業進修」領域之用語。本書主張教育人員的優勢學習，要從「參與專業行動團隊」著力，主要理由有三：(1)行動研究趨於狹義，只重視研究而不一定追求專業成長；(2)學習社群意義過於廣泛，容易與學生的主題學習社群混用；(3)單用行動團隊類別又似乎稍多，難以聚焦。是以採用了綜合性又有專業取向的「專業行動團隊」，意指這一個學習社群是行動性質的教育專業取向團隊。

　　參與專業行動團隊要注意下列幾項原則，其經營運作才能順暢，才能獲致真實的優勢：(1)專門專業原則：授課領域為教育專門知能，教學原理與教學方法是教育專業知能，教育人員參與行動團隊要以兩者並重為原則；(2)策略聯盟原則：專業行動團隊的社群要跨校、跨縣市，要有專業水準適配度的考量，是以策略聯盟組織是需要的；(3)任務導向原則：要設定專業目標任務，規劃行動步驟，依序行動，完成目標任務，成為有績效的增能團隊；(4)分享增能原則：專業社群就是一種優勢人員的組成運作團隊，即期待強化知識螺旋效果，達到個人增能及組織（團體）增能的目的，是一種「優勢組合」到「創新優勢」的團體動力。唯這團體動力，觸發知識螺旋的關鍵因子在於「分享」（share），是以專業行動團隊的運作型態，要有半強迫成員分享機制，才能達成普遍增能效果。

三、定期發表研發著作

教育專業人員表現的第二種指標就是「研究著作」，研究著作也是教育人員「優勢學習」的成果，從研究著作的數量與品質，也具體代表了教育人員的專業水準，是以有人說「著作」是教師的第二生命，身為教師，都希望用自己的著作來教學、研究、服務，格外充滿著自我實現的感覺，特別具有意義、價值及尊嚴。

廣義的研發著作包含下列五類：(1)專門著作；(2)學術論文；(3)教育文章；(4)研究報告；(5)自編教材。大專校院的教授偏重(1)、(2)、(3)項；中小學教師偏重(3)、(4)、(5)項；教育行政人員則依層級各有表現。定期發表研發著作要注意下列幾項原則：(1)直接參與原則：最好以個人名義發表，直接參與者才聯合發表，避免掛名而產生著作權爭議；(2)公開出版原則：公開發表出版流通本身就是知識分享，讓讀者、同好擴大知識螺旋機制；(3)適時修訂原則：尤其是大學教授的專門著作以及中小學教師的自編教材，需要適時修訂，跟緊時代知識創新步伐；(4)專業合作原則：運用前述的「專業行動團隊」或「策略聯盟機制」，共同合作出版或將自己計畫出版的作品在團隊中分享，取得專業討論歷程；(5)優勢產能原則：部分教育人員才華洋溢、產量驚人，如能集中優勢產能深耕，當更具特色價值。

四、進修碩士博士學位

學位階層是從業人員基本素養及核心能力的重要觀察指標，教育事業是人教人的事業，教人的「人」本就應該有更豐厚與深層的基本素養。目前臺灣的小學教師持有碩士學位者約占 25%，國中教師約占 35%，高中職教師約占 50%，最理想的發展情況是五年內國中小教師有 50%以上碩士化，高中職教師有 70%以上碩士化，十年內中小學教師全面碩士化，持有碩士

學位以上教師占總數的 85%以上。全面碩士化師資才能落實行動研究、自編教材，推動國際化教育，讓臺灣的基本教育進入精緻教育的時代。

　　進修碩士博士學位也是優勢學習的具體表現，碩博士學程主修領域就是個人知識的優勢領域，學校累積的碩博士人才也就成為組織的優勢，是以學校應由校長結合幹部，主動策訂全校的教師進修碩博士學位十年計畫，獎助激勵同仁配合學校規劃程序，積極爭取攻讀學位在職進修，教師從攻讀碩博士學位歷程，學習優勢、優勢學習、營造優勢、優勢服務，唯亦應注意下列幾項原則：(1)計畫進修原則：配合學校總量管制與需求，規劃配套執行、循序擴大、校無遺才；(2)本業優先原則：進修期間遇有學校教育及修課要求的兩難情境，應以本業優先（學校教育），進修學業擺在其次，妥適處理；(3)分享回饋原則：凡是參與學位進修之教師同仁，每學期均應分享其專業學科進修心得，運作「優勢學習」，帶動組織「知識螺旋」；(4)深化優勢原則：撰寫的碩士、博士論文主題，宜與教育本業攸關，是個人專業或專門核心知識的深化研究，讓學位進修成為「優勢學習」到「發揮優勢」。

第四節　教育組織的優勢學習

　　各級學校、教育行政單位以及教育館所也可以透過行政運作及資源調配，進行優勢學習，創新組織優勢價值，其操作的焦點有四：(1)觀摩：觀摩優質學校，學習營造優勢；(2)分析：進行SWOT分析，尋繹優勢策略；(3)統整：統整教育資源，執行優勢方案；(4)行銷：行銷組織優勢，創新經營價值。茲詳加說明如次。

一、觀摩優質學校，學習營造優勢

在臺灣的中小學教育現場，「優質學校」一詞已被廣泛使用，且被認為是有特色、有品牌、有優勢的學校，就是優質學校，它包括了目前臺北市的「優質學校」、新北市的「卓越學校」、桃園縣的「學校特色認證」、彰化縣的「典範學校」，以及宜蘭縣的「噶瑪蘭金質學校」，這些優質學校的共同特質有五：(1)部分的優質就是優質，將學校的辦學向度分成六至十一個，只要其中一個向度（或項目）滿足指標要求，通過審查，即為優質學校；(2)設定向度檢核指標，有明確的檢核點及品質規範；(3)由學校自願申請，並經初審與複審（決審）歷程核定，過程嚴謹；(4)審查委員資歷崇高，由學者專家結合優質資深校長組成；(5)優質表現可以相互學習，政府期待現有的優質學校帶動更多的優質學校。因此優質學校也是學校中優勢辦學成果的展現，它從學校的優勢中點燃亮點，經營此一亮點優先達到指標的要求，就成為一所具有「卓越表現」的學校。

「觀摩優質學校，學習營造優勢」宜掌握下列幾個要領：(1)觀摩學習向度的核心操作事項，向度是共通的，向度的核心價值與操作事項，才是優質指標、檢核的對象；(2)學習方案設計的系統結構，有系統的行動方案，才得以邁向優質成果；(3)分析優質方案的經營策略，學習如何調配優勢資源；(4)歸納通過優質認證的關鍵優勢（含資源、項目、方法、策略），學習營造自己組織的優勢。

二、進行 SWOT 分析，尋繹優勢策略

SWOT 分析是教育界向企業界學習的有效組織運作分析方法，常用在組織發展計畫的擬定或主題行動方案的簡報之上。目前在各級學校的校務評鑑中，課程指標均具體要求學校要有校務中長期發展計畫，而中長期發

展計畫擬定過程必須呈現SWOT分析。所謂SWOT分析是分析學校環境背景、師生條件、社區資源、家長期望、歷史脈絡的內部優劣勢及外部的機會與威脅，以做為擬定經營策略的依據。

教育界的SWOT分析有誤用及濫用的現象：誤用常發生在分析的內涵失焦，也就是欠缺精準度，有分析而沒具體結果；濫用在於篇幅過於龐鉅，而沒有抓住分析要領，也無法明確的導引出發展計畫之「經營策略」。是以研究者認為，SWOT分析是可用的工具方法，但進行SWOT分析時要掌握下列幾個要領：(1)主題焦點原則：以六至八個主題，分析點總共不逾五十個焦點；(2)新近優點原則：新近發生因素優先於存在已久因素；優點優勢分析優先於弱勢威脅分析；(3)形優策略原則：分析結果以歸納經營優勢的具體策略為目的；(4)優勢配套原則：計畫方案通常是整體資源的調配方案，為了實踐形優措施，其配套資源亦應優先調配支援到位。

🌸 三、統整教育資源，執行優勢方案

在教育組織中，優勢學習與資源統整交織，會產生下列四個層次的教育意涵：(1)優勢就是個人或組織的多數或強勢資源，同仁多數的專長或大家喜歡的事務，往往存在著潛在優勢；(2)資源的流動往往是潛在優勢明朗化的跡象，如近期師生特別喜歡的教育活動，或有形的各種教育資源被使用率的統計分析；(3)觀察資源流動趨勢，擬定系統結構方案；(4)統整教育資源，支持執行優勢行動方案，讓學校成為真正有優勢亮點的學校。

統整資源支持優勢學習，在學校組織運作上亦要注意下列幾項原則之掌握：(1)公益優先原則：學校爭取的內外部教育資源，應最優先支持弱勢族群學生，使其生活、學習、適應都能與一般生具有完全均等的教育機會；(2)激勵意願原則：自願性、認知性以及價值性是教育活動的三大規準，資源統整運用在組織優勢學習，亦應關注成員的意願，並可加強價值性與認

知性宣導，強化參與意願；(3)具體方案原則：要將資源流動趨勢策訂為具體的優勢形成方案，讓優勢資源流動明確化、系統化、目標化；(4)實踐篤行原則：教育資源的優勢流動常因人與事的變遷而變化，時有時無，不容易主動成為學校真正的優勢，是以擬定優勢執行方案後，應實踐篤行，依計畫貫徹執行到底，直至圓滿完成計畫目標為止。

四、行銷組織優勢，創新經營價值

學校行銷、組織行銷與政策行銷已日益被教育組織單位所採用，其具體的作法即行銷組織優勢，通常包括下列幾個優勢的行銷：(1)教育組織政策的優點與價值：讓組織成員了解體認價值意義而認同、支持、參與與實踐；(2)行銷計畫方案的具體作為：讓同仁了解方案計畫的具體作法，知道如何走向目標；(3)行銷方案的系統結構：讓同仁了解目標、策略、項目之間的關係，知道各項作為與目標價值的連結，增加計畫的美感藝術；(4)行銷優勢的潛在價值：學校或行政組織的優勢不容易被看到，要由行銷來點明其優勢的未來價值；(5)行銷方案的當下價值：除了揭示優勢方案的目標價值外，也要讓同仁了解當下的價值所在，如運作方法的立即改善、資源調整帶給大家的好處。

「優勢學習」→「行銷優勢」→「創新優勢」是組織行銷的關鍵作為，操作此一運作歷程亦須掌握下列幾項原則：(1)計畫行銷原則：行銷的量與質要系統化、妥適化，不要讓同仁感覺做過了頭或名實不符；(2)內外兼顧原則：外部行銷可引進資源；內部行銷可匯集優勢，內外兼顧的創新經營價值最大；(3)系統結構原則：行銷需要人、需要事、需要物、需要時機，最佳的優勢行銷，就是讓組織內的相關人、事、物、時機以系統結構呈現，用系統結構的圖像、活動與表現行銷組織（學校）優勢；(4)創新文化原則：創新優勢的觀察點有三：①優勢主題明確化，大家認同此一主題與經營方

向；②資源朝向主題優勢積極流動，逐次彰顯優勢亮點；③優勢亮點創新整體組織新價值。因此，行銷優勢就是創新優質的好組織文化，讓同仁認同價值優勢，進而實踐力行，共同創新學校教育。組織創新就從創新經營優質組織文化開始。

第十九章　順性揚才

　　老子《道德經》的「上善若水」，對於教育有深層要領上的啟示。為何「水」是天下至高無上的「善」？因為水可就下，水是向下流的，無論器皿的形狀如何，水總流滿它，滿足它之後，再流到別處去，水從來不會計較器皿型態與需求多寡，是以「因材器使，成就萬物」。「教育若水，順性揚才」是研究者受「上善若水」的體悟與主張，認為「教育也應當像水的善性一般，激發每位學生的潛能，順其秉性而揚其才能，教育可以成就眾生。」至於操作型定義，可從順性的介面探討如何揚才的教育意涵，包括下列五項：「背景習性」、「喜好樂趣」、「潛能性向」、「優勢專長」及「理想抱負」。

　　本章分為四節論述：第一節「順性揚才的教育意涵」，運用教育的相關理念串聯論述，順性揚才具有「學生本位」的教育、「多元智能」的教育、「形優輔弱」的教育，以及「永不放棄」的教育等重要意涵；第二節「順性揚才的主要介面」，深入探討教育順性的旨趣，闡明操作型定義的具體內涵；第三節「順性揚才的經營要領」，綜合說明學校經營上應予以掌握的要務與要領；第四節「順性揚才的教育實踐」，論述教育實踐歷程如何貫串執行順性揚才。

第一節　順性揚才的教育意涵

　　「適性育才」與「順性揚才」兩者的意思接近，都是在傳承中國教育精神：「有教無類，因材施教」。研究者認為，其稍有不同的地方在「適性育才」或「適性教育」強調教育的作為要適合學生秉性，尤其是課程深

度與教學方法是適性教育的主軸，唯「適性」的界定仍然是站在「教師」的立場，來看課程與教學的「適合學生」。「順性」則強調以「學生本位」的立場，且以「水的善性」本質，賦予「因材器使」，絕不放棄任何學生的時代意涵。因此，研究者主張，順性揚才具有四個層次的教育意涵，是一種學生本位的教育，是一種多元智能的教育，是一種形優輔弱的教育，同時也是一種絕不放棄的教育，論述說明如次。

一、學生本位的教育

　　教育的主體是學生，順性揚才的教育，就是以學生本位做規劃的教育。順性即順學生之性，學生之「性」包括：(1)背景習性：包括學生的家長背景、父母教育水準、支持系統強弱、生活習慣傾向，以及人品素養；(2)喜好興趣：包括學生的生活需求、學習需求、藝能需求、運動需求、知識需求與休閒需求；(3)潛能性向：包括語文潛能、數理潛能、繪畫空間潛能、音樂時間潛能、肢體運動潛能、人際關係潛能、自我反省潛能、自然觀察潛能，其結構系統不一，強弱每個人均個殊化；(4)優勢專長：包括生活藝能專長、運動休閒專長、知識基模（取向）專長、行為反應專長等，優勢強弱有別；(5)理想抱負：教育的終極目的在促進每一位學生的自我實現，但每一個人的理想抱負各個不同，生命願景與抱負水準的界定，更是人云人殊，莫衷一是。是以教育若水，順性揚才，教育要像水般的善性，滿足學生本位的各種需求方式與標準，揚其自我實現之本質。

　　學生本位的順性揚才教育，要關照下述幾個要領的掌握：(1)提供學生最大價值的課程：通常是學校本位課程及特色課程；(2)依據學生社區背景及本身需求，選定核心教學方法，補救教學時則一律「個別化教學」；(3)搭建多元化學習與表現舞台，順應學生多元化發展需求；(4)建立學生自主學習機制，激勵教師輔導學生實踐本位自主學習；(5)發行學生綜合學習護

照，規劃知識閱讀、才藝技能、服務品格等三大認證系統，輔助學生順性自主學習，彰顯自己本位的優勢專長。

🌸 二、多元智能的教育

多元智能理論有下列三大核心論點：(1)每個人的七、八種智能因子結構不一；(2)這七、八種智能因子的強弱也不同；(3)相對優勢的智能因子明朗化，則為學與謀生均可得心應手，行行出狀元。因此，順性揚才的教育，用多元智能理論來運作，要順學生智能結構的型態，要順學生個別智能、個別因子的強弱，更要順學生潛在的優勢智能而促其明朗化。

多元智能的順性揚才教育，與前章（第十八章）所述的「優勢學習」教育仍有不同。順性揚才教育偏向以「學生為主體」，考量教育措施的配合規劃，含有「被動而積極」順勢推移之意，學生本身的「智能結構型態」是學生在生活與學習表現上逐漸彰顯的，不是家長與教師的直觀認定。學生個別智能因子的強弱，也是學生本身的行為表現結果，不是教師及家長得以直接增減。學生在學習歷程中逐漸優勢智能明朗化，是順性揚才與優勢學習交織的結果；兩者交互作用愈深，整合發展愈有效能，就愈能實踐多元智能理論。

🌸 三、形優輔弱的教育

順性揚才的教育，從教育的歷程來看，就是一種形優輔弱的教育歷程，形優輔弱具有下列四個層次的意涵：(1)從好的地方開始或容易著力的地方開始；(2)讓近期內即有績效，大家感受得到正面發展的價值；(3)形成真正的優勢，讓大家關注於優勢亮點，不太在意原本不足的地方；(4)由部分優勢亮點的表現，逐步輔助帶動整體表現的品質與標準，達成普遍均優。

形優輔弱的順性揚才教育，要掌握下列幾個要領：(1)順應學生自覺的

優勢開始著力，也就是學生本身喜歡且想學習的知識、才藝或事務；(2)順應學生本就有的意願、認同、力行之價值取向，滿足其自我實現，再做發展突破蛻變的孕育；(3)輔助學生關注於優勢學習，形成真正的學習優勢，學生之間彼此看到亮點，交互欣賞優勢亮點；(4)藉由交互欣賞優勢亮點，促進彼此楷模學習，產生知識螺旋作用，帶動個人及團體潛能，邁向普遍均優。

四、永不放棄的教育

順性揚才的最深層教育意涵，是一種永不放棄的教育。教育具有水的上善道德，永遠不會計較器皿型態與本質，水僅提供萬物眾生需要它的部分，要就多給，不要就少給，流滿此一器皿之後，再向下流到需要它的萬物眾生。因此，只要是具有人性的人，教育就永遠供給他，順性揚才，順著他原本的秉性需求，滋養他、滿足他，配合他的生理與心智成長，教育他、促成他，從未成熟人發展為成熟人，從個人發展為社會人，從沒有知識的人發展成知識人，從群眾傾向發展成獨特人，從大眾價值觀發展成具有個殊價值觀的人，也從生殖上的傳承創化，發展自己成為繁衍後代的永續人。教育是「成人之水──上善之水」，順性揚才具有永不放棄之教育意涵。

從順性揚才的深層教育意涵看今日教育的實務，教育人員（尤其是教師）對於人性與教育的投資，要有下列幾項更積極正向的觀點與作為：(1)沒有不可教的學生：人的秉性雖有差異，人性永遠是珍貴的教育才，順性揚才，面對中上資質者，揚中上之才，面對中下資質者，揚其可以做到之才，教育揚才，讓需要輔助的人，也不致於形成社會包袱；(2)順應學生之性，調整教育目標：部分弱勢族群學生達不到五育均優，可不必苛求與在

意；(3)啟發學生本身相對優勢的秉性，優先於齊頭式教學目標的達成；(4)採用的教學方法要建立在學生的起點行為，以及學生本身喜歡的歷程，順性揚才，包括方法策略上的順性；(5)接受同年級相同領域的學習成果具有個別性：達成程度與標準既然不同，已順學生之性，當然會揚不同結果之才。

第二節　順性揚才的主要介面

　　本章開始的兩段，已對順性揚才的來源以及其概念型定義、操作型定義有所論述：第一節「學生本位的教育」內容，也已將五大介面的核心內容摘要提列，本節即在此五大介面的核心事務，論述其與順性揚才的密切連結，提供有心經營者操作力點的參考與掌握。

一、順應學生的背景習性

　　學生的背景習性就是學生本質秉性的來源，包括：遺傳的聰慧駑鈍、不同的智能結構、父母的教育水準、家庭經濟強勢或弱勢、社區及家庭文化對學生本身的不同影響、學生從小到大的食、衣、住、行、育、樂之基本習性，而進行規劃學生本位的教育、多元智能的教育、形優輔弱的教育，以及永不放棄的教育。

　　在學生本位的教育上，要注重全校學生本位課程的發展，尤其是總體課程的校本設計，要建立在學生背景習性的共同基礎上，特色課程以及補救教學課程，則應建立在弱勢族群學生的背景習性之上。從多元智能的教育上，要依據班級學生的生活習性與價值取向，妥適選擇教材教法，以能夠帶動有效學習為最高旨趣。從形優輔弱的教育上，要依據學生、家庭、社區的優勢文化著力，倡導相關教育活動，發展為校本課程主題，激發共

鳴、認同優勢，實踐形優輔弱，順性揚才。從不放棄的教育上仍然要對弱勢族群學生，以及學習落後、適應困難學生，安排其可以接受的教育方案，順性揚才，一個都不少。

🌸 二、順應學生的喜好興趣

人的喜好是潛在動能的表達，興趣則是此一潛在動能的焦點。喜好興趣的訴求，往往是觀察智能結構關係與優勢潛能之所在。喜好興趣的具體行為表現也代表人性內在的需求，例如：生活上特別喜歡吃素食、喜歡穿襯衫，就是對輕食的需求較為濃烈，對簡易的需求較為殷切；對運動競技有興趣，代表內在的肢體動能需求較高；對音樂的器物有興趣，花很多時間追尋，代表內在的時間藝能格外敏感，表達的需求較為強烈。學生的喜好興趣需求得到滿足，或充分發揮之後，會成為一生的職涯志業與休閒生活習慣。

從學生本位的教育上看，要關注學生的生活需求、學習需求、藝能需求、運動需求、知識需求與休閒需求，提供學生相對的資源及表現的舞台。從多元智能的教育上看，要關照多元教育環境設計以及教育活動設計，讓學生的喜好興趣（多元因子）均有被刺激啟發的機會。從形優輔弱的教育上看，課程與教育活動的設計要優先關照學生的共同喜好興趣，再兼及部分學生的個殊需求，先形優再輔弱。從永不放棄的教育上看，教育無法完全滿足所有學生的喜好興趣與需求，但可以在「教」與「學」的歷程中，運用「課程統整」的原理與技巧，關照到所有個殊需求的學生，為他們實施中介教育方案（另類教育課程）。

🌸 三、順應學生的潛在性向

多元智能理論對於人的潛在性向，有全世界公認最權威的分類：語文、

數學、空間繪畫、肢體運動、音樂時間、人際關係、自省反思，以及自然觀察等八種潛在性向，並且認為這七、八種潛在性向因子，其結構關係每一個人均不一樣，個別與總體因子的強弱每一個人也都有區隔，有時落差頗大。教育的使命在誘發每一個人本身相對優勢的潛在性向因子，促進優勢智能明朗化，讓每個人的為學志業都有相對優勢的成就，行行出狀元。

在學生本位的教育上，要關注七大領域的課程及教學不可偏廢，一個學校的教育活動及課程計畫，要讓七、八種潛在性向因子，均有誘發明朗化的機會。在多元智能的教育上，則依順性揚才的原則，愈多學生選擇的、喜愛的教育活動、社團及正式課程應適度強化，增加優勢明朗化的契機。在形優輔弱的教育上，要促進每位學生優勢潛在性向軌跡化、系統化、明確化，帶著優勢成就感伴著一生的為學之路。在永不放棄的教育上，在學生孩童優勢潛在性向尚不明確前，永不放棄、提供機會、多元誘發，迄至每個人都有自己的相對優勢為止，一個都不少。

四、順應學生的優勢專長

在學生到小學中高年級之後，藝能及運動的優勢專長會逐漸明確化，在中學階段之後，知識的優勢專長也會日益彰顯明確，是以臺北市政府教育局推動的「教育111」政策，在基本教育階段實施「一生一專長」的優勢專長認證制度。大學教育分學院、系科教育學生，理論上就是因應學生知識的優勢專長而設計。教育的順性揚才，期待能早日發現學生生活、藝能、知識的優勢專長傾向，提供學生更好的機會及學習，優勢專長明朗化，進而以優勢專長發展為職涯志業及主要的休閒生活型態，過著充滿意義、價值及尊嚴的一生。

從學生本位的教育上看，學校應加強多元社團的實施，配合學生選擇的優勢專長，成立相關的社團及學校本位課程之教育活動或主題教學規劃。

從多元智能的教育上看，學校教師應著力於學生優勢智能（專長）的發現，並提供其發展表現的機會（例如：學生有繪畫、音樂專長，可指派其代表班級參加學校比賽；在教學過程中，運用提問，讓有優勢專長學生和同學分享）。從形優輔弱的教育上看，學校班級的分組教學是一個頗具理想的經典型態，每組五到八個學生中，鼓勵先學會的組員同學，利用討論練習的方式，帶領教會同組的同學，並舉行組間競賽，形優輔弱，順性揚才。在永不放棄的教育上，不放棄沒有優勢專長的學生，也不放棄尋找個殊學生的優勢專長，已經有優勢專長的學生，不輕易放棄優勢的深耕經營。

🍀 五、順應學生的理想抱負

學生從青少年開始就充滿著自己的理想抱負，有愛情的理想，有知識追求的渴望，有藝能發揮的抱負，也開始建構生命願景與志業期望。學生一面接受教育，持續學習，一面滋長理想抱負，交織前進、交互影響，教育設計與學習的成果，賦予學生自我調整理想抱負的內涵，從階段性的自我實現，邁向生涯生命的自我實現。學生階段性的理想抱負也扮演著教育與學習上的需求，教育的實際應配合學生的需求，調整教育活動內容與課程設計之比重，讓多數學生的理想抱負有著力軌跡。

從學生本位的教育上看，教師教學時要多講述「夢想成真」的故事，啟迪學生編織夢想，建構自己的理想抱負，讓自己的為學歷程，就是學生本位的一本理想抱負驗證的詩篇。從多元智能的教育上看，每位學生的理想抱負，是否就是優勢專長的發揮，是否彼此交互激勵，教師要幫學生檢核，提供反思與實踐機會。從形優輔弱的教育上看，教師要提示學生，將抱負水準訂在 .75 左右，持續努力之後可以達成做為標的，有階段性的理想抱負規劃，先完成第一階段目標（形優），再進行下一階段的努力，累積各階段優質表現，逐步邁向系列而完整的理想抱負（例如：教育經營與

管理學系的學生，立志要當一位具有教育愛的知識長）。從永不放棄的教育上看，學生的為學之路頗為艱辛，但永遠不能放棄學業而輟學，也永遠不能在為學的路上放棄原有的「理想抱負」，理想抱負的方向與標準可以配合學習的成就酌予調整，但接受每一階段「教育的初心」，永不放棄。

第三節　順性揚才的經營要領

順性揚才主要的經營對象，包括：行政幹部、教師及學生。我們要順幹部之性，授權而增能，例如：依專長意願任用，布建個殊任務發揮舞台。我們也要順教師之性，彰顯其卓越價值，例如：依專長授課，指導社團，鼓勵參與專長領域行動研究或教學主題方案競賽。我們要順學生之性，揚其優勢專長之才，例如：「一生一專長」認證系統，提供各類知識及藝能展演舞台。就學校組織整體而言，其共同的經營要領如次。

一、了解環境，順勢推移

順性揚才，其理念步驟，含有先被動再主動之意，在主動作為之前，要掌握學校組織的環境現況，觀察其結構與趨勢，再予以順勢推移。經營者進入一個學校組織中，要優先了解的環境面向有五：(1)師資素養；(2)課程教學；(3)教育資源；(4)學生特質；(5)組織文化。在師資素養方面，要了解一般教師的師培背景、專長分布、教學效能與效率，也要掌握有否不適任教師。在課程教學方面，要了解課程設計與教學水準是否符合課綱的要求標準，以及學校的強勢與弱勢課程趨勢。在教育資源方面，要了解掌握校外可引進校內的教育資源管道及總量，要檢核輔助弱勢族群學生的資源是否足夠，也要了解校內外資源整合的具體成果。在學生特質方面，要了解掌握大多數學生的家庭背景、基本能力發展水準、社區與家長的期望，

以及學生的個殊化需求。在組織文化方面，則要悉心體認學校組織文化的內涵，例如：師生互動的氣氛、教師職工對於教育事業的信念與熱忱程度、師生配合教育政策或學校重大措施的心態與實踐情形、處室同仁是交互支援或是各自為政？

順勢推移指的是，順著師資表現水準，推動固本方案與經營優勢亮點的趨勢。順著課程教學的強弱結構，著力推動校本課程及其主題教學方案。順著教育資源進入學校，整合為學校精緻教育方案。順著學生特質需求，優先滿足其相對教育資源，例如：弱勢族群學生偏多的學校，優先爭取認養輔助資源，達成弱勢照顧百分百指標。順著學校組織文化傾向，介入推移，使其朝向積極正面，活力優質，交互支持，邁向卓越，移動發展。順勢推移的更深入意涵，即系統思考前述五個環境面向，哪一面向具有優先成勢機會，順其秩序，逐一催化之意，例如：某一常態化的學校，在經營者系統思考之後，發現發展校本課程及特色課程得以帶動其他四個面向的連動優質化，即順勢推移，積極介入指導經營校本課程。

二、掌握專長，提供舞台

順性揚才的第二個經營要領，在掌握專長，提供專長表現的舞台，讓師生優勢專長明朗化，達成每一個人恰如其分的自我實現。掌握專長的對象有四：(1)學生的專長；(2)教師的專長；(3)幹部的專長；(4)組織的專長。學生專長發揮的舞台在課程、在社團、在教育活動，也在教學方式上。教師專長發揮的舞台在專業授課、在指導社團、在擬定計畫方案、在執行專業任務。幹部專長發揮的舞台在策訂中長程發展計畫及主題式計畫、在主辦校際教育活動、在帶動學校組織氣氛發展、在賦權增能，營造學校優勢亮點。組織專長發揮的舞台，在經營學校成為一所教師喜愛、學生喜愛及家長喜愛的學校，是一所有特色品牌的學校，是一所具有競爭力的學校，

同時也是一所大家競相參訪學習的學校。

　　提供舞台要注意下列幾項要領與原則：(1)師生優先原則：教育資源有其限度，學校資源要優先用在協助教師和學生的「教」與「學」直接價值上；(2)系統規劃原則：能夠提供的教育資源應針對前述四個對象的需求，系統規劃其主題，按序供給；(3)績效回饋原則：依據系統舞台參與情形與師生滿意度回饋，檢討調整後續的機會及資源供給；(4)永續深耕原則：專長需要舞台，舞台需要永續經營，能否永續需要專長優勢的務實深耕，交互依存。

三、經營亮點，匯聚能量

　　順性揚才的第三個經營要領，在針對組織內核心人力經營亮點，讓核心人力的能量能夠有效匯聚成明確的優勢特色，讓個人的亮點交互輝映，成為整體組織的品牌競爭力。學校的核心人力在校長、幹部、教師及學生，就亮點的經營而言，校長領導人的辦學理念與統整判斷能力最為重要，校長能夠經由決策，帶給學校新希望就是亮點。就幹部而言，能夠凝聚同仁活力，有效執行教育方案計畫，就是亮點。就教師而言，能夠一展長才，指導學生獲取教育殊榮，就是亮點。就學生而言，一生一專長，凡是藝能、運動或知識領域學門，能夠獲得認證或在競賽展演中獲得榮譽，就是亮點。校長、幹部、教師、學生均有亮點，學校組織內亮點爭輝，就是一所具有特色品牌的學校，一所匯聚能量完備，具有教育競爭力的學校。

　　經營亮點要遵守下列幾項要領與原則，才能達到匯聚能量、創新組織特色品牌之成果：(1)學生主體原則：教育的價值從學生身上產生最為直接，經營學校亮點，要以學生為主體，學生光亮最具價值；(2)教育本業原則：教育的亮點一定要與教師的「教」或學生的「學」攸關，對於教育事業具有價值貢獻者才是亮點（如某位教師或行政同仁，投資股票賺了千萬元以

上資產，就不是教育亮點）；(3)交互爭輝原則：校長、幹部、師生之間的亮點，要能同時並存、交互爭輝，共同為照亮學校、提升教育品質與競爭力而邁進；(4)彼此關照原則：亮點優勢一經發現點燃，就是光亮與希望，也是一種榮譽；榮譽可以分享，交互支援，彼此照亮，讓大家都有自己的亮點，也欣賞師生同儕的亮點；(5)永續經營原則：師生個別亮點的集合，就是學校組織的優勢亮點，聚集能量、系統經營，就是學校的特色品牌；組織亮點也需要永續經營，實施學校核心優勢亮點知識管哩，傳承創新，才得以永續經營。

🍀 四、順勢而為，日有所進

順性揚才的第四個經營要領，在順勢而為時，如何日有所進。順勢的「勢」包括：人性（師生）之勢及組織（環境）之勢，在本章第二節及第三節均有主要內涵的分析。日有所進的「進」是本節要加以論述的焦點，其具有下列四個層次的經營意涵：(1)了解發現之意：尤其是人性的潛在基因，興趣性向不容易了解掌握，日有所進就是逐漸地觀察到、發現到、了解到它的存在；(2)聚焦明確之意：人性多元存在，組織（環境）之勢也普遍存有，日有所進也就是逐漸聚焦於亮點優勢，明確地呈現相對優勢化趨勢；(3)持續耕耘之意：日有所進，對於已看到的優勢亮點有持續耕耘之意，唯有不斷的努力耕耘，個人的亮點才能持續發亮，邁向卓越；組織的優勢也才能夠強化到成為真正的優勢，可以經常性地提供他校楷模學習；(4)深化經營之意：順勢而為、日有所進，其最終的目的，仍然在全面提升教育品質，經營學校優勢特色，樹立學校特色品牌，借力使力的同時也要深化經營優勢，讓優勢亮點日益鞏固，讓優勢亮點成為他校不易替代的賣點。

順勢而為、日有所進具有前述四個階層性的教育意涵，在經營實務操作時，更要掌握下列幾個要領與原則，方能確保日有所進：(1)筆記要務原

則：人與組織容易陷入士氣低迷，得過且過，沒有教育競爭力，往往肇因於人與組織單位，每天要做什麼事情不太在意，也不甚清楚；要日有所進，必先實施同仁工作日誌機制，要求處室同仁與教師每天筆記處室要務及教學重點紀錄；(2)分享激勵原則：每週或按月、按季均有推動重要業務，以工作經驗分享平台，鼓勵（指定）當事人做報告分享並公開表揚優質表現，讓教學及行政服務品質日有所進；(3)形塑願景原則：日有所進也具有化被動為主動之意，每日做好例行的教與學事務之後，激勵教師及行政幹部朝教育的理想理念邁進，策動形塑教育願景，形塑歷程的本身也是日有所進的實踐；(4)實踐篤行原則：在前述形塑願景方案之後，要求師生共同實踐篤行，是日有所進的最佳策略，每日記載宣導願景優勢的教育價值，每天執行組織發展攸關的教育計畫，定期分享回饋激勵優質表現同仁，實踐篤行，就能日有所進。

第四節　順性揚才的教育實踐

研究者自 2009 年啟用「順性揚才」一詞之後，迄今日益普及，尤其是國立臺北教育大學教育經營與管理學系的碩博士畢業生，受研究者直接教學的影響，認同使用者較多，至於一般教育人員，並不清楚其真正的來源與意涵，而且容易與「適性教育」、「多元智能理論」及我國傳統重要的教育精神「有教無類、因材施教」匯通混用，而不求甚解。就教育經營的立場與需求而言，順性揚才能更符合二十一世紀「現代化」與「後現代」交織的時代需求，順性揚才能更深入註解教育的本質與功能，順性揚才也將成為教育人員應有的修養與使命。本書將其列為教育經營學的八大實踐要領之一，以萬字內涵論述其意涵與操作要領，樂見其在二十一世紀的時代脈絡中，成為經營教育的關鍵內涵之一。

🌸 一、宣導「教育若水，順性揚才」的教育理念

本文主張以「順性」取代「適性」，除了更加關注以學生為主體、學生為本位來思考教育措施與經營作為之外，更強調其理念的根源，來自「水的善性」。《道德經》第八章上說「上善若水」，如用白話文來註解，是說天底下最高的善，要像水一樣，因為水可就下（向下流動），因材器使（流滿萬物器皿所需，再流往他處），水的善性從不計較需要它的器皿形狀與優劣，也從不停留過長，滿足需求之後就往他處流動供給，是以水的善性，成就萬物（包括人與物、萬物的內在均有水分）。「教育若水，順性揚才」主張，教育本身要符合「水的善性」，只要學生有需要，我們就供給其必要的資源，我們不能計較學生秉性的優劣強弱，不能計較學生背景與條件的差異，我們對學生的基本態度是激發潛能、順性揚才。教育的本質就像水的善性一般，不斷地在發現學生的潛在能量，不斷地帶動激發優勢智能發展，順學生之性，揚其優勢專長之才。

「人性本善」、「正向管教」、「友善校園」的教育經營措施，都是「順性揚才」教育的具體實踐，在人際關係與情意教育上已有明確的教育政策帶動實踐，有必要加強宣導「教育若水，順性揚才」的教育理念，讓教育人員（尤其是教師）普遍了解，因了解而認同，願意調整自己的教育觀點，再從實際的「教」與「學」歷程設計，在各種教育活動中，實踐順性揚才的理想。

🌸 二、實施「學校特色認證」，推動「教育111」政策

桃園縣實施「學校特色認證」，臺北市推動「教育111」政策（一校一特色、一生一專長、一個都不少），研究者認為，此類的教育政策，就是「順性揚才」教育理念的實踐，「學校特色」（一校一特色）可彰顯學校

組織的優勢特色，讓大家看到學校經營上的亮點。每一個學校就其環境背景差異，就其師資專長不同，就其校長幹部辦學理念有別，可以形優輔弱、順性揚才，經營出不同特色品牌的學校；組織本位的順性揚才，可以讓特色亮點布滿臺灣教育的天空。「教育111」政策中的「一生一專長」及「一個都不少」，則從學生本人為主體的「順性揚才」，讓每一個學生找到自己相對的優勢專長，再透過學校專長認證予以明確化、深耕化，每一位學生都會是有專長、有表現的學生，再加上「一個都不少」的訴求，近一步註解了順性揚才「永不放棄教育」的意涵。

　　教育部推動的「特色學校」選拔，臺北市實施的「教育111」與「優質學校」，新北市的「卓越學校」、「新北市之星學校」、桃園縣的「學校特色認證」、彰化縣的「典範學校」，以及宜蘭縣規劃中的「噶瑪蘭金質學校」，其背後的學理依據及主要目的為「多元智能理論」與「資源統整策略」，然就經營學校的運作要領而言，實係本書強調之「優勢學習」與「順性揚才」兩大要領的發揮與實踐。研究者認為，這些政策的推動，在於施政者具有教育經營學的智慧，將理念化做具體的政策加以實踐，也是臺灣基本教育邁向「精緻教育」的催化因子，是臺灣教育政策的亮點。

🍀 三、設計「形優輔弱，順性揚才」的教育歷程

　　教與學是教育活動的核心歷程，在教與學的歷程中，要能夠設計「順性揚才」的操作內容，讓學生一邊接受教育，一邊學習成長中，自然孕育了「順性揚才」的精神與習性，才是高明的實踐作為。研究者認為，「形優輔弱」的教學設計，可以實踐實質的「順性揚才」，參考性的作為有下列幾項：(1)優點大轟炸：在小團體輔導的初期活動設計，常有組員的「優點大轟炸」，來找出彼此的長處，相互激勵，事實上在班級經營與領域學科教學中適度定期採行，也是具體可行的作法；(2)推選班級幹部：給學生

服務大家、表現優質行為的機會；(3)輪流擔任小組長，學習領導，完成學習任務；(4)實施同儕輔導機制：如分組競賽活動，先學會的同學要一併教會同組的其他同學，團體增能，來核算競爭力；(5)遴選優秀學生，負責分組指導不同組員，賦予榮譽，服務學習，形優輔弱；(6)規劃系列多元藝能及知識專長認證標準，鼓勵具有共同性向潛能學生，組成任務學習社群，共同學習挑戰專長認證，並且形優輔弱；先通過者，有責任交互支持，帶領大家完成專長認證。

　　從教育歷程來實踐「順性揚才」理念，與教師觀念典章制度及環境布建等潛在課程攸關，教育經營者要強化下列幾項配套措施：(1)推動賞識教育：讓老師在平日的教學與日常師生對話中，隨時欣賞學生表現，一有優點，即公諸全班一起欣賞，形成賞識教育的組織文化；(2)獎勵正向行為表現：強化形優輔弱制度規範，學校教育仍須依法行政，正向行為表現同學要有明確獎勵辦法，形優輔弱同學更要激勵其體認服務利他之價值與尊嚴，永續經營；(3)布建學生作品系列展示環境：讓學生的個殊領域學習均有優質作品產出，優質學習作品均有展示觀摩、交流學習機會，從作品展示操作形優輔弱，順性揚才；(4)發展學習落後學生之核心知能補救教材及個殊化教學法：順性揚才具有永不放棄的教育本質，也有「一個都不少」的基本教育訴求，對於長期落後的學生，學校應有中介教育課程之設計，並且動員具有使命感的教師，編撰核心知能補救教材，並且結合原本優勢同學，採行客製化教學方法，實踐「形優輔弱，順性揚才」的實質歷程。

四、邁向「順性揚才，普遍卓越」的教育成果

　　「普遍卓越」是人文主義教育的終極目標，也是研究者終身信奉的崇高教育理念，人文主義教育從希臘羅馬時代的博雅通達、人性自主的教育主張，到美國 1982 年的「派迪亞報告」，發展到最巔峰。當代的人文主義

教育強調，只要是人，就有能力接受十二年完整的基本教育，接受十二年基本教育已成為人的基本人權，國家有責任義務實施，基本教育的內涵在教育學生成為卓越的人，並且是一種普遍卓越的現象。

　　普遍卓越有下列四個教育意涵：(1)學生的基本能力均能通過國家級標準（達成率85%以上）；(2)學生的多元智能或才藝，有一項以上達到公認的優質或卓越表現標準；(3)學生的藝能成就，有一項以上能夠參與公開展演，表現優異，獲得觀眾喝采；(4)弱勢族群學生，擁有一項以上自己的相對專長，達到常態學生的平均水準以上。

　　順性揚才的教育，才能教育所有的學生邁向普遍卓越。綜合本章各節的分析論述，摘述其要義如次：(1)教育要像水的善性，順著學生的既有秉性，激發潛能，揚其優勢之才；(2)順性揚才的教育是一種學生本位的教育、多元智能的教育、形優輔弱的教育，也是一種永不放棄的教育；(3)順性揚才的主要介面，在順著學生的背景習性、喜好樂趣、性向潛能、優勢專長以及理想抱負，揚其個殊之才；(4)順性揚才運用到學校組織，除了學生之外，也要順教師、幹部、領導經營者之性，再系統思考，資源整合，揚學校優勢，創發學校教育品牌特色；(5)學校教育組織順性揚才的經營要領，要從教師觀念、課程教學、環境布建、師生互動、組織文化，深層系統連結「順性」與「教育」到「揚才」之間的著力焦點；(6)順性揚才的教育實踐、「普遍卓越」的教育成果，已有「教育111」等教育政策的帶動，但仍須教育學者持續地給予教育原理上的論述推廣，並運用在教學歷程與方法上的形優輔弱，順性揚才，多元展示，才能獲致「普遍卓越」的教育成果。

第二十章　績效責任

　　績效責任係指，組織成員為自己的承辦事務，負完全成敗之責任。以學校為例，校長應負全校整體經營成果的績效責任，處室主任應負其主管事務工作成績的績效責任，組長則應負其承辦事務之績效責任。換言之，即將學校事務成果責任明確化，獎勵或承擔補強作為均由職務權責人員直接負責。

　　因此，績效責任的概念型定義為：「教育領導人經營學校（組織）時，能將組織事務權責，明確分工，賦予同仁承擔事務責任，適時進行單位及個人績效考評，獎勵責任績效績優同仁，並要求尚未完成責任績效同仁者，負責到底，完備自己的責任事務。」其操作型定義，則可包括五個重點操作歷程：「明確分工」、「承擔責任」、「績效考評」、「獎勵績優」，以及「負責到底」。

　　本章分為四節論述：第一節「績效責任的經營要素」，就績效責任操作的五大歷程說明其具體經營內涵；第二節「教育組織的績效責任」，闡述教育行政單位、學校、教育館所可發展的績效責任機制；第三節「教育人員的績效責任」，以人為主體，論述教育領導人、行政幹部、教師及學生本位經營上的績效責任；第四節「績效責任的配套措施」，申論臺灣教育經營缺乏績效責任的因素，以及推動教育績效責任應有的行政配套與作為。

第一節　績效責任的經營要素

　　績效責任的關注與採行，來自於美國 1964 年執行的「初等及中等教育

法案」（Elementary and Secondary Education Act, ESEA），該法案提供文化不利兒童的補償教育，明列「評鑑條款」，以檢核每一補助方案執行之「績效責任」，此一法案對於「績效責任」觀念的推廣與評鑑之必要性發展有深遠影響。美國 2000 年以後陸續推動的「沒有落後孩子法案」（No Child Left Behind）更加貫徹執行「績效責任」機制，完全以學校方案執行績效來決定經費補助額度與是否進行補助的依據。我國近年來也模仿美國績效責任精神，逐漸運用在國家型主題計畫；計畫方案的推動執行採「競爭型計畫」方式，公開公布給所有大學及中小學了解計畫目的，由各學校提擬執行方案，經審核後擇優補助執行，期中及期末定期檢核其績效，績效成果達到目標者則繼續補助下一期計畫，未達績效目標者，停止補助或減項補助。

「績效責任」的操作要領，具有下列五大步驟：(1)明確分工；(2)承擔責任；(3)績效評鑑；(4)獎勵績優；(5)負責到底。以下逐一說明其在教育經營上的意涵與內容如次。

一、明確分工──職務編配系統化

績效責任流行在二十世紀到二十一世紀之間，企業經營主要訴求為「人」與其任職的「組織」，透過「責任」與「績效」兩大因子，密切串聯，為組織承擔更多責任；績效較好的員工，能獲致更大的肯定及更為優厚的待遇，為個人的價值追求與組織的價值擴能，取得一致與平衡。績效責任機制愈健全的企業組織，就愈能夠激勵員工為組織效力，員工個人的產能及公司整體的競爭力也相對提升。為了有效執行「績效責任」運作機制，首要的步驟即「明確分工」，將組織所有成員的職務編配系統化，讓每一位員工都清楚自己的工作事項及完成標準，也做為日後績效考評的參照基準。

明確的職務工作要達成系統化要求，才得以實施績效責任。目前教育行政組織及學校，多數尚未開展，以致於大家共同做事，共同承擔責任，個別權責難以區隔，績效考評結果，權責歸屬模糊，是以教育競爭力，長期不如預期。下列幾項要領的掌握，酌予參照採行，似可做為推動績效責任的基礎：(1)修訂學校（組織）分層負責明細表，化約學校事務工作項目，並擴大授權；四個層級決策最佳比例為 10%：50%：25%：15%；(2)各處室單位的核心業務（五至十項），應發展精要的標準作業程序，並明確分配指定承辦同仁；(3)核心業務設定明確執行時程，由直接承辦同仁定期在處務會議中報告；(4)組織職務與負責人員編制表，由電腦系統建置，並按預定執行時程檢核監控，凡遇落後處理事務，需立即通知當事人、組長及其單位主管（主任）；(5)各單位核心業務執行績效，由單位主管（主任）按月向領導人（校長、副校長）報告並附帶提送獎勵建議；(6)學校處室職務編配與時程管制系統，逐年維修更新。

二、承擔責任──工作任務責任制

績效責任的優點在於「責任制度」的實施，從組織行為與人性論的觀點看「人」在「組織」中的行為表現，賦予同仁責任，由同仁直接承擔的工作任務，多能順利圓滿完成，有些還能提早完成，增加產量與品質。賦予責任、承擔責任，形同賦予個人價值，肯定個人的表現價值，是人類追求自我實現的基準點，也有助於組織（學校）整體目標的實現。

教育組織（學校）工作任務責任制的發展作為，可以從下列幾個事項著手建立：(1)責任職務書面化：領導人、行政幹部、每位職工、教師等，均書面提列自己的權責職務，以卡片製作，置於辦公桌上，隨時提醒自己；(2)主動承擔責任：學校核心工作很難一個人單獨完成，需要動員相關人員參與，是以領導人可規範大家，在執行事務時程的前二週至一個月間，主

辦工作人員應主動承擔責任，主動提報整體事務的工作計畫、計畫開始時間、如何進行、要動員哪些人參與、事務的步驟流程、經費配備等，並且將自己的工作職責放在最核心的事務，承擔責任；(3)定期檢討處室及個人責任職務績效：行政會議的主要功能在工作計畫化及計畫工作績效化，核心事務一經執行完竣，即由主辦同仁提報工作績效及檢討回饋建議，除感謝同仁協力促成之意，更負責策勵未來、傳承創化，增益組織績效能量；(4)獎懲歸屬責任制：獎勵直接頒給直接主辦同仁，績效不濟，有所懲處時，也由直接承辦同仁承擔；唯在教育領域實施正向領導，多獎勵而少懲處，最多以「原責任人員負責補強到達成標準」的方式取代。

三、績效評鑑——成果考評標準化

績效責任的實施，必須伴隨評鑑機制的精緻化，唯有標準化的評估指標，才能針對事務的成果績效進行客觀判讀，給予是否完成任務或達成目標的判定，是以沒有優質的合理評估機制，績效責任即難以實施；有完備的教育評鑑機制，若政府沒有推行績效責任，那這些評鑑方法也是無用武之地。兩者相互依存，相輔而相成。

成果考評標準化通常包括下列六個要項：

1. 檢核完成事務的時間與項目數量（工作有否完成）。
2. 檢核事務經費與參與人員（有否效率效能）。
3. 檢核執行服務事項有否遵循「標準作業流程」（S.O.P.）（提供標準品質的服務行為）。
4. 進行參與者滿意度調查（獲得服務品質回饋資料）。
5. 進行自主檢討報告（賦予績效成果價值，策勵未來）。
6. 進行知識管理（檢核儲存系列計畫、執行、成果評估資料）。

四、獎勵績優──薪資待遇績效制

基層勞工的「按件計酬」制度，也是今日促成「績效責任」被關注運用的因素之一。人需要工作，需要參與組織才能有工作，人必須要用其分配的職務工作，完成任務或產生產品，才能換取薪資待遇，為自己的生存帶來價值與尊嚴。教育組織的教育工作，無論是「教」與「學」或是行政服務事項，均很難按件計酬，是以教育人員按「教師薪級標準」或「公務人員薪級標準」兩個標準敘薪，美其名為同工同酬，大家做的工作雷同，領的待遇相近，只有年資進級及主管加給的不同。

唯近年來參採「績效責任」精神後，強化了獎勵績優機制，朝向薪資待遇績效制邁進，具體的作法有下列幾項：(1)大學實施彈性薪資，研究或特殊貢獻績優大學教授之薪津核增每年三十至五十萬元，可核定一至三年；(2)大學教授爭取國科會研究績效人員，接學校專任教師十分之一之名額，每月獎助研究費一至二萬元，逐年核定；(3)大學教授爭取國科會研究專案可折抵授課時數，一個專案研究折抵一小時；(4)大學教授接受政府委託執行專案計畫，依計畫期程核支主持費，每案每月五千至一萬元之間；(5)中小學教師及大學教授之授課時數超過基本時數者，支領超支鐘點費；(6)各級學校執行競爭型計畫專案，依計畫需求核支相對績效獎金、獎勵或待遇；(7)參與教育部校長領導卓越獎及教學卓越獎得獎人員，核支二十萬元獎金，得獎團隊核支三十萬元（銀質）或六十萬元（金質）獎金；(8)中小學教師準備實施教師評鑑以及教師分級制，提高績優高級教師之薪津級距。

五、負責到底──責任承擔法制化

當前學校教師的敘薪辦法存在著違離「績效責任」精神的現象，各級學校教師只要請事假沒超過兩星期（十四個上課日），考績一律甲等，除

依年資升級外，尚有考績獎金。這一現象變成甲等績優的獎勵浮濫，獎勵了所有教師，而沒有真正檢核其教學表現與整體服務水準，遇有不適任老師或是需要輔導協助的老師，考績仍然甲等，仍然支領進級及考績獎金，對真正績優的責任教師不公，也對受教於他的學生不公，也違離了「負責到底」的績效責任精神。就常態而言，教師的正常服務表現，符合法令規範者，考績應為乙等，可以進級而沒有績效獎金。其表現優越，超過常態標準甚多，且有事實佐證資料者，才可核定考績甲等，支領進級及績效獎金，且甲等人數比照公務人員，不應超過總人數的四分之一。

至於實際工作表現尚未達常態水準者，應有「負責到底」的法令規範約束其承擔責任，例如：修訂《公務人員考績法》，規定每一位公務員連續兩年丙等應即資遣離職。教師是廣義而專業的公務人員，因影響到學生的受教與品質，理應更為嚴謹。研究者認為，教育行政單位或教師會能夠早日實施評鑑制度，為現任教育績效未達常態標準的教育人員，規範法定的增能補強機制，貫徹責任服務機制，約束所有教育人員為自己的權責績效負責到底，完整體現「績效責任」精神。

第二節　教育組織的績效責任

組織的績效要從法令規章、行政機制、環境設施、核心技術（產品）、計畫執行，以及組織文化等面向觀察。本節以教育行政單位、大學、中小學及教育館所等四大教育組織為主體，闡述其可以發展績效責任機制的可行作法，提供經營者採酌。

一、教育行政單位的績效責任

臺灣的教育行政組織主要為教育部以及縣市教育局（處）。教育部的

職能在教育政策規劃及督導管理國立學校（目前包括大學、技職校院、國立高中）以及教育館所；教育局（處）的職能在規劃地方教育自治事項及督導管理中小學學校教育。因此，教育行政單位的績效落在下列五個重點業務上：(1)教育法令的及時修訂頒行，帶動教育政策的發展；(2)全國性教育計畫方案的規劃與推行，運用計畫方案實踐教育政策；(3)督導管理所屬學校教育，促其優質而具教育競爭力的表現；(4)五都及縣市教育局（處）能夠發展縣市本位教育特色；(5)教育人員（尤其是教師）熱愛學生，普遍以教育為終身志業，認同當前教育政策，願意承諾力行帶好每位學生。

　　從重點業務逐步發展績效責任機制，是教育行政組織單位較為可行的作法，具體而言，可從下列幾個事項著力：(1)教育部、局、處逐年規劃立法計畫，每年設定預計完成的法令修頒數量，並分別成立各項法令修撰小組，指定業務主管單位科長及人員為主要承辦人員，賦予責任績效；(2)教育部、局、處計畫施政，教育部管控五十大計畫方案，五都教育局管控三十大計畫方案，縣市教育處管控二十大計畫，每一計畫方案均有明確指定責任績效人員（含主要承辦人、科長、司長及督導局長、次長）；(3)每年頒獎表揚執行計畫有功人員及單位，對於執行計畫績效有功人員，除了獎狀之外，兼重獎金的激勵（得列入計畫考評經費之一）；(4)擴大辦理五都及縣市學校特色認證獎勵計畫：如臺北市「教育111」及優質學校，新北市「卓越學校」及「新北之星」，桃園縣「學校特色認證」等，均係績效責任機制的實務操作，認證通過有績效的學校頒給五至十萬元獎金以為激勵；研究者認為，應擴大至全國各縣市實施，並將獎金的一半，直接核頒給個人（責任績效人員），貫徹績效責任精神；(5)每年特殊優良教師（及優秀教育公務人員）的選拔表揚，甄選標準加強「政策認同」及「實踐篤行」的績效比重，真正獎勵責任績效人員。

❧ 二、大學的績效責任

大學是高等教育的執行單位,其主要職能有四:教學、研究、推廣及服務。教學的功能在培育國家各行業所需人才,大學教育成功,各行各業人才優質適性,則國家百業興隆,國富民強。研究的功能在傳承創化知識的理論與實務,儲備人類智慧資產,活化知識運用與產能。推廣及服務的功能在善盡社會責任,運用大學師生智慧資產及大學設施環境資源,推廣提供民眾進修高等教育,並為其他機構提供學術或教育活動服務。大學的教育績效即要從這四大層面進行檢核,要看學校在這些方面的表現水準,並且要觀察其表現水準在國內的排名與國際間的排名(當前一般民眾僅了解重視大學在國內及國際的排名順序,並非真實的反應其教育績效)。

大學如能強化績效責任機制,可以明顯提升辦學績效,充分實現國家教育目標。當前臺灣的大學經營,在研究方面,已建立了頗為完善的績效責任制,例如:本書第一節「四、獎勵績優──薪資待遇績效制」中的敘述,而教學、推廣、服務方面可再予以強化,具體之作為以下列幾個事項似可參採:(1)專任教師升等,其教學績效的比重應超過 50%;大學不是純研究單位,主要職能仍在教學;(2)教學績效評量標準化、區隔化,其教學績效表現前 20 至 25%的績優教師,給予類似國科會績優研究人員待遇,每月支領一至二萬元的績效獎勵,並逐年核定;(3)學校推廣服務收入盈餘經費,除了上繳 20%校務基金外,全數撥交主辦單位(系所)及參與教師做為績效獎金,直接獎勵責任績效人員;(4)獎勵教師出版的教科書及教材編製:大學教授使用自行出版的教科書為主要教材者,第一年核給每月一萬元獎金,第二年及第三年核給每月五千元獎金,採用自編教材,經審查通過者,第一年核給每月五千元;(5)學校職工依核心業務之「標準作業流程」(S.O.P.),檢核同仁服務品質績效,並選擇最優的 5%人員,每年用校務

基金核給十萬元績效獎金，前 10%的人員核給五萬元績效獎金；(6)運用校務基金，賦予校長彈性獎勵對學校卓越貢獻的師生。

三、中小學的績效責任

中小學是執行基本教育的機構，主要職能在課程、教學、輔導及教育活動。學校績效的表現要評鑑其課程設計的系統結構及本位經營的深度，要適時檢核教師常態教學的品質與效果，也要觀察學生的學習成果與基本能力的表現，亦要檢視學校對弱勢族群學生的支持輔導系統，引進資源總量及統整運用的妥適性，更要觀察年度重要教育活動的規劃辦理情形，以及參與學生、家長、教師的滿意度。而最現實且直接觀察的指標是學校招生的情形、學生選讀的踴躍程度，以及學生的平均素質。

中小學教育是基本教育，學校運作機制的相同性大於差異性，績效責任的精神長期以來沒有被重視，以致於整體的教育成果亦未達預期理想。研究者認為，或許下列幾個措施對學校實施績效責任有幫助：(1)早日實施教師評鑑及教師分級制：教師有評鑑的定期檢核，可以證明自己的績效表現符合國家標準規範，證明自己是一個具有績效的教師，薪資進級、核支績效獎金是合理、公平；實施教師分級制後，中高級教師的待遇薪資級距擴大，代表績效愈大、薪資愈高；(2)教學歷程「標準作業流程」（S.O.P.）化：標準作業程序已經廣泛運用在一般行政服務事務，然教師教學績效的觀察往往被「教學自主」模糊化，如能透過教學觀摩研討，建立各領域教學的標準作業流程系統，提供教師採行檢核，建置教學成果績效評核指標；(3)實施學生一至十二年級基本能力檢測，並依領域能力表現水準，評核教師領域教學績效；(4)規範學生輔導及擔任中介教育班級時數優惠辦法，激勵教師投入協助弱勢族群學生的意願；(5)擴增教師完成個殊任務績效獎金，如小型學校每年五件，中型學校每年八件，大型學校每年十至十二件，

完成主辦的任務同仁，當年每月加薪一萬元（獎金十二萬元的薪津化）；(6)授予校長核處績效獎助責任與權利。

四、教育館所的績效責任

教育館所包括：圖書館、社教館、美術館、文化中心、科學館、自然科學博物館、海洋生態館、各種主題博物館、教育資料館、運動場、競技館、科學工藝博物館等。教育館所之主要職能，在系統整理領域核心知識與文化資產，定期主題展示，扮演適度延伸學校教育的角色，提供民眾社會教育與終身學習場域，研究創新領域核心知識，豐富館藏傳承內涵。評估教育館所的績效表現，應依其性質檢核下列四個面向的表現水準：(1)執行多少業務量；(2)有否達成設館年度工作目標；(3)服務品質達到國家級標準；(4)參與者及顧客是否滿意。

教育館所如能一併強化績效責任機制，將可以明顯提升其服務品質，增益業務產能，充分彰顯設館目的與功能，扮演實質補充學校教育之不足，全面提升國家教育競爭力。下列幾個措施應為可著力之焦點：(1)教育部要求所有國家教育館所均須通過 ISO 認證，讓教育館所的服務績效與品質，具有國家化及國際化的客觀標準；(2)各個單位核心業務之「標準作業流程」（S.O.P.）的建置與執行；(3)單位成員考績，依據核心業務承擔責任數量程度及顧客滿意度綜合評量；(4)負責主題策展人員，依其規模、效益、品質，核支績效獎金，國家級及國際化之策展績效獎金得每一至三年按月支給一至三萬元；(5)部分館所之研究人員，具有特殊貢獻者，得比照大學，核支彈性薪資；(6)實施基本責任績效檢核機制，由人事單位或研考單位，逐年個別檢核所有組織成員，凡未符及格標準者，第一年參與服務講習，第二年再不及格即考績丙等，再參與講習，第三年再不及格者，第二次考績丙等，應予資遣、解聘離職；貫徹當事人為自己的績效成果「負責到底」。

第三節　教育人員的績效責任

　　組織的績效由組織成員的個別績效累積而成，本章第二節說明了教育組織績效責任機制的運作，其主要目的在誘發個人表現的績效責任。組織機制在提供獎勵，強化績效的個人化責任歸屬，激勵個人善盡責任，增加承擔責任，進而增益組織績效，擴能而提高競爭力，此係屬組織為主體，偏鉅觀的論述。本節則再以教育人員「個人」為主體，採微觀的立場，說明教育領導人（校長）、幹部（行政主管）、教師，以及學生應盡的績效責任。研究者深信，組織單位的經營效能，建立在其成員優質的效率之上，教育人員績效責任的提升，永遠是教育競爭力最根本的基石。

一、教育領導人（校長）的績效責任

　　領導人（校長）的法定職能是「綜理校務」，是以領導人依法要負起組織（學校）經營績效優劣成敗的完全責任。學校整體績效不良，法理上應由校長承擔績效責任，如果擔任校長三年以上，學校績效未能改善或明顯倒退，就應更換校長，領導人要為組織承擔績效責任，負責到底。鄭崇趁（2011a：41）曾專文論述當代中小學校長應扮演的六種角色職能：(1)教育理論的實踐家；(2)行政效能的經理人；(3)課程教學的規劃師；(4)輔導學生的示範者；(5)資源統整的工程師；(6)教育風格的領航人。

　　據此六大職能，分析優質校長的具體績效責任如次：(1)專業示範績效：校長要明確宣達自己的教育理念，經營學校的願景、目標、策略；校長要示範論述教育措施的核心價值，示範校本課程的規劃設計，示範主要教育計畫的擬訂，示範有效教學，示範認輔學生，專業示範帶動學校教師經營教育的核心業務；(2)計畫經營績效：教育是可以經營的，校長應帶動幹部及教師每年策定十大發展計畫，運作管控計畫經營，累積實質教育績效；

(3)知人善任績效：教育領導人（校長）有用人處事之權責，知人善任，運作績效獎勵，校務經營必能事半功倍，績效倍增；(4)危機控管績效：校務運作常有危機事件，危機事件影響整體校務績效可大可小，優質校長能夠見微知著，即早溝通處理，不讓危機發生；萬一危機事件事出突然，也能夠立即決策，做最佳的處置管控，使其對組織及師生的傷害降至最低，抵減組織績效的幅度也降至最低；(5)特色發展績效：優質而有績效的領導人（校長），能夠帶動組織（學校）發展特色，或是經營部門的教育特色，完成績效指標。

二、行政幹部（主任、組長）的績效責任

　　教育部分署司處辦公，署司處內再分科執行事務；五都教育局（處）分科辦公，科內有的再分股執行事務；教育處規模較小，不再分股，科長之下即為直接承辦業務同仁。學校分處室辦公，處室設主任為一級主管，中大型學校處室再分組執行事務，唯就學校行政組織編制而言，組長之下很少再有承辦同仁，通常組長以及組員都是直接承辦事務的同仁，本節所述的行政幹部，係指行政單位科長級以上領有主管加給人員，以及學校處室主任及領有主管加給之組長以上人員。行政幹部的主要職能，在行政單位及學校組織規程中均有明確規定，概要而言有五：(1)主管部門法定核心事務，以學校為例，即教務、學務、總務、輔導、人事、會計等；(2)處室核心業務之主題式教育計畫；(3)年度教育活動，如開學典禮、班親會、校慶運動會、畢業典禮、班際教育技藝競賽等；(4)發展學校教育特色執行方案；(5)校長交辦個殊性任務。因此幹部的績效與責任歸屬，亦應從這五方面的成果進行分析評斷。

　　建立幹部績效責任機制，可以加速組織整體績效的提升，更可以連絡教師及基層職工的個別績效，讓組織（學校）的整體績效增值，固定維持

在某一常態水準之上。優秀的行政幹部其績效責任具體事項有五：(1)計畫執行績效：處室年度工作計畫及處室主管主題式教育計畫，應依計畫時程，圓滿執行完竣，績效豐碩；(2)方案規劃績效：核心業務規劃為主題式教育計畫方案，運作計畫型態，圓滿完成處室核心業務，並擴增其教育價值；(3)交互支援績效：能率領處室同仁，交互支援其他單位，共同完成組織重大任務及執行重要計畫；(4)善盡言責績效：各層級會議及與領導人的溝通互動，均能提供關鍵意見，善盡言責，協助正確決策，擴大學校經營能量績效；(5)實踐篤行績效：能夠扮演專業示範，帶動教師職工實踐篤行，按時完成任務，持續經營教育事業績效；(6)知識管理績效：教育組織（學校）的核心技術傳承在行政幹部身上，行政幹部負有知識管理責任，應將處室核心業務「標準作業流程」（S.O.P.）化，併用電腦系統建檔，適時與同仁分享，傳承創化核心技術（知識）。

三、教師的績效責任

教師的主要職能在帶好每一位學生，並擔負「教」與「學」為主軸的教育工作，分析而言，表現在課程設計、班級經營、有效教學、輔導學生及研究服務等五大層面之上：教師要能掌握課程統整精神，執行學校本位課程，並為授課學生安排最佳的課程設計；教師要能實施班級經營計畫，帶領學生班級學習，實現教育目標；教師要能有效授課，教會學生領域學科核心知能之學習，獲得應有的基本能力；教師也要能輔助關懷學生，支持其生活適應、學習適應與心理適應，順利成長發展；教師也要能研究發展，適時發表研究著作及編撰教材。

從前述教師的職能訴求，轉換為績效責任，將可增益教師善盡職責意願，投入更多能量，發揮更大教育績效，大幅提升學校教育組織的效能與效率：(1)課程設計績效：能夠每年為任教班級排定最佳學習課表，以及參

與學校主要教育活動表現，能銜接學校本位課程，設計自己授課領域之主題教學方案，實踐課程統整；(2)班級經營績效：教師能夠逐年頒布班級經營計畫，指導學生順利學習成長，學生及家長對於學習歷程滿意；(3)有效教學績效：任教領域學科擁有自編主題教材 10～20%；受教學生領域基本能力檢測有 80%以上的通過率，或達到校級（縣級）平均數以上（或基本平均成績能夠呈現穩定的進步）；(4)輔導學生績效：教師每年均能參與認輔一至二位需要協助的學生，實施個別關懷，愛心陪伴；對於一般學生亦能進行積極正向的班級輔導與適時的補救教學，順性揚才，一個都不少；(5)研究服務績效：教師每六年均有專門著作發表，或每兩年均至少參與一項行動研究，完成研究報告，另每年至少有五場以上的專長學術服務事蹟。

四、學習者的績效責任

教育的對象是學生，教育的績效有部分需要由學生學習成果與行為表現來評斷。學習者本身是受教者，能否扮演「績效責任」的角色與精神，確實有待釐清與討論。本節將教育人員的績效責任納入討論，也一併論述「學習者的績效責任」，主要用意在：「如顧客（學生）也願意承擔教與學活動之部分滿意成果績效」，則能夠實質提升教學品質與階段效率，在永續深耕之後，個人與組織績效必能因學習者也善進責任而大幅精進。

增進學習者的績效責任，可從下列措施著力：(1)階段學習績效：教師使用多元評量與形成性評量，檢核學生的階段學習情形，激勵學生承擔階段學習目標責任，專注學習，增益學習績效；(2)專長認證績效：學校推動學生專長認證護照，激勵學生承擔至少完成部分專長認證，或藝文學習認證，以專長認證提升教育績效；(3)習作完備績效：學生的學習績效可以從每天的習作完成率及品質觀察，激勵要求學生每天按時完成指定的習作作業，並且養成在習作中發現問題時，宜立即尋求諮詢解決；(4)學習習慣績

效：有時候學生的學習績效不佳，是來自不好的學習習慣，學習習慣一經改善，學習績效應能立即提升，是以學校教師應輔導學生養成良好的學習習慣，如動靜分明、專注學習、立即作業，都可以從學生學習習慣，提高教與學的教育績效；(5)作品展示績效：提供機會並要求學生都要將各領域學科的學習作品，參與公開展示，作品展示績效激勵學生為自己的作品負責，增益學習效果；(6)競賽表演績效：安排學生普遍參與各種競賽表演，以準備演出及臨場競技，擔負起責任績效及績效責任。

第四節　績效責任的配套措施

　　績效責任的機制最先是使用在工廠生產線的「按件計酬」，後來流行於私人企業，按服務績效支領不同的待遇薪津，服務績效愈高者，待遇愈高；相同的，在同一家公司服務，如果支領愈高的待遇，也要負起更大的生產責任或服務績效。公部門要推動績效責任機制較為不易，尤其是教育領域具有「百年樹人」長遠績效觀察的特質，績效責任精神更容易被「集體組織行為」模糊化，責任的個人歸屬較難明確區隔。

　　然而，績效責任機制確可激發教育人員承擔教好每位學生的責任績效，是提升教育服務品質，提高教育競爭力的重要法門，亟待逐步規範配套措施，系統布建，完備其機制。研究者認為，教育人員的評鑑制度、學生的基本能力檢測、教師分級制，以及擴大教育人員薪級差距和實施短期彈性薪資，是落實績效責任精神的關鍵配套，簡要說明如次。

一、實施教育人員（尤其是教師）的評鑑制度

　　評鑑是更周延的績效考核，有評鑑的實施，才能完整的檢核從業人員或組織單位在重要業務層面的績效表現水準。目前教育組織單位中的「組

織」評鑑制度較為完備，而「人」的評鑑制度尚未完整，有待發展完備，才能協助績效責任的實施。教育「組織」的績效評鑑有大學及中小學的校務評鑑、系所單位評鑑、教育主題業務評鑑、課程評鑑等，要再強化的是單位組織內的自我評鑑機制，以及外部評鑑結果，加強績效責任的深化銜接（如獎助與責任訴求的落實）。

教育人員的評鑑制度，目前僅大學實施「教師評鑑」，大部分學校五年評鑑教師乙次，教師評鑑未通過者得兩年內申請複評，複評再未通過者應予不續聘，負完整的績效責任。同時，各校均有細部規範，教師申請升等均要先通過教師評鑑，國內頂尖的國立大學亦多有六或七年條款，也就是新進專任教師六年或七年未能順利升等者，即不再續聘。凡此，即為教師評鑑結合教師分級制的績效責任機制。

我國中小學教師以及教育行政人員，如亦能實施「教師評鑑」及「教育行政人員評鑑」，則能針對每一位教育從業人員進行四至五年一週期的更周延績效表現考核，賦予「教師」及「教育行政人員」通過評鑑的尊嚴，合理爭取每一年度的績效獎金，與定期檢核階段表現與法定責任的符合度，肯定其生命職涯的意義與價值，則教育的服務品質可以全面提升，教育的競爭力定可呈現積極活力的流動趨勢。

二、實施一至十二年級學生的基本學力檢測制度

教育的績效要看學生基本能力的學習結果，每一位教師的教學績效也可以從其授課學生的學習效果（基本學力），當成觀察判準的指標，是以研究者長久以來即主張實施一至十二年級學生的基本學力檢測制度（鄭崇趁，2006a：310-311）。政府宜運用當代電腦科技，結合國家教育研究院研發題庫的功能，敦請具有碩博士學位的各級學校教師，會同領域學者專家，每年研發各年級領域學習基本學力題庫，提供全國各級學校每年期末定期

實施各年級領域的基本學力檢測，以班級學生參加檢測的成績，參照評量領域任教教師的年度教學績效，承擔相對的績效責任。

以學生的基本學力成績來衡量教師的績效責任，要參考學生的背景與起點行為，給予任教階段教師公平的基礎。學生的領域成績表現，達到縣級或鄉級學生的平均水準，或呈現穩定成長進步，均應視同任課本年度教學教師已善盡教學績效責任。就教師的教學績效責任訴求，宜專指其任教班級學生的領域基本學力與上一年度比較，若大幅滑落，且落後縣、鄉及本校常模的平均值，則授課教師應負補救教學之責，也應負教學專業成長進修之責。

三、實施中小學教師分級制

職務分級本即績效責任的精神實踐，有等級劃分與不同待遇的支給，才可獎勵績優人員，績效優秀人員也才可獲致升級加薪的實質價值與名譽價值；人往高處爬，高級教師及特級教師的尊榮，會全面帶動一般教師平時的教學服務績效。大學專任教師已明確分級為講師、助理教授、副教授及教授，就分級之體制功能而言，已能明顯的伸張績效責任的優點。

研究者頗為期待，中小學教師能夠及早實施教師評鑑及教師分級制，中小學教師評鑑入法之後，中小學教師依法四至五年評鑑乙次，由評鑑確認教師的教學、服務、輔導與研究之績效標準，如能再配合教師分級制的實施，將通過教師評鑑做為教師升級的基本條件，則評鑑與績效密切結合，責任實踐績效，績效通過評鑑，評鑑肯定責任，實質的績效責任機制，自此完備。

四、擴大教師薪級待遇差距及實施短期彈性薪資

績效責任的核心技術，在於獎優超常，也就是酬賞具有績效表現的組

織同仁，讓同仁感受到，只要努力、有好的績效表現，回饋的價值是值得的。目前公教人員的薪級制度採年資累進，委任、荐任、簡任的差距平順，晉級的價值感沒有「績效區隔」的感受，大學教師四級制（講師、助理教授、副教授及教授）之薪級差距也不甚明顯。而中小學教師更沒有級別的差距，一律以年資考績晉升，做得愈久領得愈多，不一定與績效有關，整體公教薪級標準並沒有適度彰顯績效責任之精神。

　　研究者認為，政府應擴大公教人員級別之間的薪水待遇區隔，委任到荐任之間，荐任到簡任之間，講師到助理教授之間，助理教授到副教授之間，副教授到教授之間，均要有一萬元左右的區隔，中小學教師相對委任、荐任及簡任級數，也應給予五千至八千元左右的大階（為分級制預作準備），並對於年度績效最績優人員（1～3%），核給短期（一至三年）彈性薪資（每年三十至五十萬元），以為激勵，則績效責任機制得以落實。

第二十一章　圓融有度

　　教育人員在經營「人教人」的教育事業，教育事業最崇高的旨趣在「教人之所以為人」，人之所以為人的最佳註解在於充分自我實現，也在於擁有適配的職涯志業，每個人都對國家社會具有貢獻與價值，受到他人的認同與尊敬，生命充滿意義價值，活得精彩、有尊嚴。「圓融有度」逐漸成為教育人員共同實踐的要領之一，因為每一個教育人員都必須與學生接觸，學生是一個從未成熟邁向成熟的個體，教師必須圓融有度，示範成熟的楷模行為。教育歷程是各種核心知識的學習轉化，學習者秉性才氣個殊發展，教師必須圓融有度，順性揚才。教育事業經緯萬端，教育人員必須形塑共同願景、規劃政策、執行計畫，經營者必須圓融有度，才能匯聚能量，協力實踐。

　　本章分為四節論述：第一節「圓融有度的教育意涵」，教育人員均為高級知識分子，知識分子的專業堅持最難溝通，經營者勢須圓融有度，才能協調歧異，智慧生新；第二節「圓融的人際關係」，從教育人員特質，闡述圓融的人際關係經營要領；第三節「有度的處事要領」，依據有度的內容指標，剖析處事有度的經營要領；第四節「圓融有度的教育實踐」，從教育組織與教育人員的核心關係，論述圓融有度的實踐要領。

第一節　圓融有度的教育意涵

　　圓融有度的最原始涵義，來自「大肚能容」，係指古代的權威領導者，往往具有超於常人的肚量與氣度，能夠包容反對他的人，也能夠留同存異，對於組織團隊中，持不同意見的反對派人士、競爭對手，均能適度尊重。

大肚能容,就像歌頌彌勒佛的對句:「大肚能容,容天容地,於人何所不容;開口便笑,笑古笑今,萬事付諸一笑。」本書將圓融有度列為專章論述,係從教育行政學及教育管理學的視角,賦予圓融有度在教育經營上的時代意涵。

一、圓融有度的經營要義

圓融有度如被偏激的運用,「圓融」會流於「滑頭」、「好好先生」、「四平八穩」、「不做事沒關係,誰也不得罪」;「有度」會變成「有肚量」、「反對不在乎」、「鬧場也沒關係」、「息事寧人」又有何妨;「圓融有度」也會流為消極行事、處世無為,遠離了「積極入世」、「邁向精緻」、「經營卓越」之本義。教育是可以經營的,圓融有度的經營要義有四:(1)包容對立意見:任何組織群體,人才爭輝,每一個成員只要有能力,都會想表現,想自我實現,想出人頭地,想當領導經營者,是以學校校長或領導幹部,其經營學校的決策歷程,都會面臨挑戰,有實力的成員會提出對立的意見或反對的立場,領導經營者必須包容異己對立的意見,在帶動組織往前發展的同時,讓它留同存異;(2)積極價值溝通:圓融有度的積極意涵,在留同存異之後,仍有積極持續與對手溝通之意,諒解其立場,同理其當下主張,然而以組織最大價值為論點,請其認同,請其不要再強烈堅持,採取激化對抗行為,讓學校空轉而耗能;(3)尋覓共同原則:任何對立的主張與反對勢力存在於組織之內總是不好,高明的經營者宜持續會商溝通,尋覓雙方均可接受的共同原則,或以第三條途徑,有效解決內在而長期的對立;(4)實踐基本規範:尋找組織衝突或對立的共同原則需要領導人處理事務的超人視野,要有深度與廣度的見解,才能找到高一層次的共同原則,而教育事務的本質,有一定的理論及核心價值,部分的矛盾與對立反而是選用理論與不同專業的堅持,不易再有更高的共同原則,是以

仍要有最低限度的設定，要求不同意見的同仁在留同存異的同時，仍然要依照基本規範運作實踐，此一基本規範仍為組織運作最低基本標準的要求。

二、圓融的操作指標

圓融的積極經營意涵，在不同意見與主張同時存在組織內部時，原本持反對意見者，可以不再強烈堅持杯葛，或者客觀形勢讓其不便再反對，然而要讓具有相對能力，但不同主張的教育人員「不便反對」，此並非易事，領導經營者仍須竭力操作下列幾個指標事項，組織（學校）的人際關係才能維護在圓融情境中發展：(1)找到共原則：如自由與民主是當代人類的雙重需求，但是兩者之間具有本質上的矛盾與衝突，有智慧的人類就為他們找到了新的共同原則——法治，法治規範確保人的基本自由與民主生活型態的常軌；相同的，學校是否要實施教師評鑑？大家意見尚不一致時，我們就等評鑑入法（共原則）或經校務會議表決通過（也是共原則）；(2)找到平衡點：如學校主任、組長、幹部的授課時數可以在高標及低標中選擇，但是學校教師會與行政同仁的意見不一致，甚至對立，經營者的溝通協商，就要建議平均標左右時數，且以任務調節方式，找到彼此均可接受的平衡點；(3)找到接受度：如學校推動創新經營計畫，原計畫一學期要辦理六次的創新教育主題競賽活動，但部分同仁不表贊同，強烈表達反對意見，最後由主管與不同意見教師進行價值溝通，認為創新經營教育主題競賽確可創新學校師生價值，值得推動實施，但一學期舉辦的次數不宜太多，以三次為可以接受的次數，學校就可挑較核心的事務舉辦三次；(4)找到新途徑：如國內教育大學要不要參加臺灣教育大學系統，各校的師長有不同的意見，無法整合，無法通過校務會議的表決，後來教育部與師培大學推出了新途徑——「師資培用聯盟」，而且可以不必經各校校務會議同意，因而順利找到策略聯盟的新途徑；(5)找到舊軌跡：古調雖自愛，今人多不

彈，有時老調重彈往往是解決當前作法不同意見的有效策略；最明顯的例子是在歌唱比賽或入學考試時，其指定曲的設定常會有師承派別的衝突，因而決定困難，此時主辦單位往往以傳統經典老歌做為指定曲，解決新歌選擇的不同意見；因此找到舊軌跡，是圓融的指標之一。

三、有度的操作指標

圓融而有度，指人須圓融但也要有度。圓融運用在人際處世的變通，不一定要稜稜角角，圓滿順暢通達即是目的；有度運用在決策事務的拿捏，反而是此一名詞的關鍵。「有度」超越最原始的「大肚能容」之上，尚有下列五大深層而積極作為的意涵指標：(1)有深度：指經營者遇到衝突事件或矛盾事務時，能夠指出事物本質的深層結構，或深層結構的共同知識，排解矛盾對立，也就是有深度的領導作為；(2)有廣度：有時候組織之內的衝突對立，產生於同仁利益（價值）的分享不公，雖然多數為主觀認定的不公，而非客觀事實的不公；有智慧的領導人，常會用更寬廣而普遍性、價值高的理由或方式解析，說明事務的核心價值與經營作為的廣度範圍，運作知識事理的廣度，解決看似矛盾與衝突的事件；(3)有高度：如大學校院為何要推動國際教育，校內教師常有不同意見，「安內攘外」孰先，論戰頻仍；教育領導者會以「世界是平的」（資訊無國界）、教育設施標準化與國際化、國內教育生員短缺、美國、英國、澳洲經營國際教育獲利總值（美國六千億元、英國五千億元、澳洲三千億元），以及陸生來台就學的可行性等，運用國際視野的高度、時代脈動的高度，帶領同仁尋求學校發展的共識；(4)有角度：深度是深層結構，廣度是多元融通，高度為前瞻視野，角度則為原則典範；教育經營者在解決組織內的衝突或對立事件時，常要形成新的原則或規範來做為繼續走下去的參照視角之一，猶如司法判例一般，司法本就在仲裁解決人與事彼此之間的衝突與矛盾，是社會公平

正義的維護者，任何訴訟一經判決，就會形成判例，也是提供下次同類案件的參照基石，但教育事務的衝突矛盾不會像司法案件的極端與偏失，卻也永遠需要衝突之後新形成的原則規範，以協助教育人員永續經營；(5)有限度：限度係指最低標準，如大學教授要留多少時間在學校內「本業經營」，學校教師常有不同的立場與主張，但總可依最低標準執行：教授授課至少八小時，副教授至少九小時，助理教授及講師最少十小時，兼任導師至少每週要加二小時，每位教師每週至少提供四至六小時 office hour 時間給學生，是以部分私立大學就明確規範專任教師，每週至少要有四個半天，或三天以上的到校時間，並要於每學期期末填寫自評量表。

四、圓融有度的實踐面向

本書將「圓融有度」列為實踐要領的第八個要領，也是最末一章，具有統整、串聯及總結等三個意涵。「統整」希望能統整下列三大面向：(1)本書「原理學說」、「經營策略」與「實踐要領」三篇章之間的統整：尋根探源，立知識之真（原理學說篇），行動鋪軌，達育才之善（經營策略篇），著力焦點，臻教育之美（實踐要領篇），三者系統思考，統整圓融；全書六說、七略、八要共二十一章，系統精要，實踐有度；(2)實踐要領八要的統整：系統思考、本位經營、賦權增能、知識管理、優勢學習、順性揚才、績效責任與圓融有度等八大實踐要領，須彼此串聯，整合發展，才能圓融有度，臻教育之美；(3)教育人員與組織事務實踐的統整：教育事業是人與組織交互作用的成果，教育人員人人圓融有度，教育績效與作為才能有大家滿意的果實。圓融有度的教育實踐會在第四節中再加以分析說明。

「串聯」希望能以「圓融」及「有度」銜接串聯教育人際及事務的重要分際，例如：尊重專業堅持，但能以更深、更廣、更高的知識視野，串聯發展新的共識，展現圓融有度的組織領導；又如：教育績效的提升需要

教育人員的認同投入、承諾力行，如何能在經營帶動的歷程中「圓融」而「有度」，將個人的奉獻價值串聯到教育績效的提升。

　　「總結」期待本章的論述能為本書有圓融的收尾，有系統（有度）的收尾，也期待教育人員將「圓融有度」當作經營教育「要領的總結」，圓融地活化教育組織智慧資本，促進教育實務有度（系統進程）地發展成長。更期待經營教育的領導人，圓融地善用六說、七略、八要，展現有深度、有廣度、有高度、有角度、有限度的五度領導魅力，自我實現，己立立人；暢旺教育，己達達人。

第二節　圓融的人際關係

　　圓融有度要領的實踐，概可劃分為兩大脈絡：「圓融的教育人際關係」以及「有度的教育事務準則」。圓融的教育人際關係，要針對教育人員本身的人際特質予以分析，充分掌握，才得以產生有價值的圓融經營要領。教育人員的人際關係特質有五：(1)公務人員特質：教育行政單位為公務單位，公立各級學校為公務組織系統之一，私立學校均屬財團法人組織，也是準公務組織，是以教育行政人員及教師均具公務人員特質，公務組織系統的法定職權影響力通常大於專業角色影響力，有官大學問大的傾向；(2)專業知能特質：教育事業是一種人教人的專業知能取向事業，是以大多數教育人員（尤其是教師），均要修習教育專業學分，具備教育專業知能者，才得以扮演成功的人教人角色任務；(3)專門社群特質：教育人員的非正式組織，多與自己授課有關的專業社群為主，共同研發任教領域教材教案，共同進行行動研究，共同執行教育任務，近年來，教育領導、學校經營、教育經營學及校長學的專門專業社群也相繼成立；(4)師生關係特質：教育人員之間師生關係特別濃厚，教育活動的本身，大都是教與學的歷程設計，

也就是施教者與受教者的集合，充滿著各種師生關係；(5)自主績效特質：教育人員的兩大主要職能——教學與研究，都是專業自主、自主績效的性質，如教學教師自主決定，教師與學生的關係，多由教師主導帶動，而研究的主題與取向，則由教育人員自主決定，成果績效管控與他人的分享運用，都由研究者自主安排。

　　教育人員人際關係的圓融經營，宜以前述的五大特質為基石，在「人和」與「績效」雙重訴求之中經營教育事業。因此，教育人員的人際經營，要兼顧下列三大圓融指標：(1)專業示範：教育事業都是專業及專門行為的表現，領導者與同仁之間的人際關係，特別需要專業示範及帶動經營；(2)同理支持：教育專業的行為表現最需要同仁的同理支持行為，彼此之間有共鳴性的了解，共同創發教育價值，激勵自我實現；(3)關心互動：教育人員通常分為三類：基層職工、教師，以及行政領導幹部，此三者之間需要密集的關心互動、交流互動、關照內在感受之後，教師與職工也才能有機會了解行政幹部的經營作為與核心價值，進而彼此支持。至於具體操作事項，可以從下列幾項來加強。

一、專案報告校務發展

　　經營者若期待獲得圓融的人際關係，則要從同仁處了解「領導人在做什麼」開始，知道了、了解了，才有可能認同支持，才有可能和諧互助，進而承諾力行。因此，經營者要定期的在學校各種重要會議中，採用主題的方式，專案報告校務發展，例如：在校務會議中報告校務發展計畫及重要校務的實施績效。在每個月的行政會議中，由主管幹部輪流報告主題教育的設計與執行成果，並徵求幹部同仁意見。在各種課程領域委員會，報告校本課程的規劃及領域教學結合程度，爭取教師認同校本課程方向，並承諾配合實施。在家長委員會議報告學校重點校務的發展與需要社區資源

的支持事項。在參與教育局（處）的各種會議上，也要適時地表達校務發展的重要規劃，爭取行政長官及教育同儕的了解與支持，彼此關照激勵。

二、示範專業主題行為

在教育人員人際關係的五大特質中，其中三個特質均與專業自主行為有關，此說明了教育人員之間的人際和諧，要建立在「專業的認同」與「專門知識交流」，是以教育經營者的專業示範，是爭取人際和諧與認同的首要法門。學校經營者（校長及行政幹部）如能示範帶動擬定教育計畫，帶頭發展校本課程之領域主題教學教案，優先示範教學觀摩，帶動參與行動研究與專業學習社群，帶頭認輔學生，示範認輔紀錄冊的精要撰寫方法，展示任教領域學生的學習成果，出版專門著作等，最能增進專業的認同與人際的和諧。領導人示範專業主題行為可以在下列三個指標上，增進圓融的人際：(1)本業職分的共同性：領導人、教師與職工都在從事教育事業，大家的本業職分都是這些工作，都以人教人為主軸，行政、課程、教學、輔導都具有共同的使命——帶好每位學生，大家都在不同的角色立場提供相同的專業教育服務行為，領導人若能夠示範帶動，共同性更高，凝聚力更強；(2)核心技術的支持性：教育人員職涯生活的重心就是在提供教育專業服務行為，核心技術表現在教學、輔導、課程、研究，領導經營者適度的專業示範，可以支持同仁專業服務行為的擴能與瓶頸突破，職涯核心技術獲得關照支持，得以永續經營，則人際自然和諧互惠、交互激勵、同心爭輝；(3)成果訴求的合理化：領導人交付任務，沒有示範帶動，時間到只看成果、產出、考評績效，回饋責任歸屬，適合用在一般工廠企業，不太適合用在教育領域；教育人員的人際領導，因教育人員的專業素養仍有差異，學校組織運作模式，又是鬆散結構型態，因此，宜先提供優質樣本，先教導實施要領，先協助突破技術瓶頸，再要求成果績效，同仁才會認同

跟進，才會心甘情願，完成精進的教育績效成果。

三、參與人際導向團隊

教育人員的非正式組織，較早之前多用「專案研究」以及「行動研究」，最近則常用「行動團隊」、「學習社群」或者「策略聯盟」。研究者將「行動研究」界定為任務導向的專業團隊，而將「行動團隊」界定為人際導向的專業團隊，並且與日常休閒生活結合。2003年SARS危機期間，研究者曾發表「行動團隊活化校園」，主張學校可以成立四種行動團隊：應變小組團隊、工作激勵團隊、成長學習團隊，以及休閒健身團隊（鄭崇趁，2006a：223-224）。學校領導人及經營幹部，不但要參與同仁的任務導向行動團隊，展現專業示範，帶動團隊成長，更要普遍參與同仁規劃的休閒健身團隊，以及生活化的成長學習團隊；藉由人際導向的生活化團隊，了解同仁、支持同仁，耕耘自主喜好的興趣性向，運作非正式組織穩固正式組織的和諧關係，增益同仁支持領導幹部的氣氛，減少反對意見與對立行為的滋長。

四、多元徵詢重要政策

有時候學校同仁（教師）會反對政策或學校的重要措施，來自於本身對來源的不清楚或感覺不被尊重，「這麼重要的事，我為什麼不知道？」、「這麼重要的事，為什麼沒問我一下？」、「這麼重要的事，到底是誰決定的？」，這一連串的問號，事實上不難解決，校長或幹部在重要會議的提案或規劃重大校務時，多設幾道民主徵詢程序，有尊重核心教師的意見，有徵詢非正式組織領導人的意見，有徵詢家長會委員及社區人士的意見，有在行政會議上、校務會議上公開討論後的決議；部分關係到師生的權利和義務事件（如國立臺北教育大學是否要與國立臺灣大學合併），尚可提

供師生意見調查資料分析。多元徵詢重要決策，讓組織成員感覺受到尊重，有表達意見的機會，雖然決策未必符合自己的主張，也就不便再予對抗杯葛，使學校運作耗能。

🎵 五、定期關照學校職工

圓融的基礎需要平時即投資，校長及核心幹部平時應定期關照教師及職工的生活情況，了解教師及職工的需求與問題，提供資源協助解決問題，增益其個人生活品質，提高個人對教育事業的經營能量。教師及職工平時獲致領導幹部之關照，感恩依附情感較為濃烈，重大校務的表決與平時對校務的支持度相對增加，圓融的人際產生更大共識值的校務決策，也減少了後續專業堅持的困境。定期關照教師及職工，尚有另一重要意涵，領導人及幹部才能真正了解教師及職工真正的專長分布、專業程度，以及任事意願，政策規劃標準也才能恰如其分，可以獲得同仁支持，有能力實踐；圓融的人際也讓教育的產值最適化，價值最大化。

🎵 六、定期互訪家長社區

家長及社區代表參與學校事務，已成為當前民主教育時代的必然趨勢之一，法令上已規定，校長遴選要有家長代表。學生家長參與學校事務，由原本的服務性、支援性工作，逐漸加入了「決策性」事務，其背後的學理依據在於「民主教育」、「本位經營」、「在地課程」，以及「價值開放」。其最崇高的旨趣，在經營符合在地社區最大價值的學校教育。是以校長及核心幹部應定期互訪家長及社區人士，對於學校經營的理念、措施、課程、教學重點等，均要讓家長委員及關心孩子教育的家長們普遍了解，讓家長或家長會代表圓融有度地參與校務，共同經營學校的發展成長。

第三節　有度的處事要領

「圓融的教育人際關係」以及「有度的教育事務準則」，兩者需交互為用、統合發展，才能真正實踐圓融有度的要領，創發教育的最大價值。有度的處世要領，亦須針對教育事務的特質，進行分析，充分掌握。教育事務須符合教育的三大規準：認知性、價值性以及自願性，並具有下列五大特質：(1)教人學習的特質：教師在教，學生在學，行政人員在行政服務，都在教人學習；(2)知識傳承的特質：教育歷程都在傳承核心知識及藝能學習；(3)楷模示範的特質：教師用身教、言教楷模示範，帶領學生模仿學習；(4)知行合一的特質：知識、理解、應用、分析、綜合、評鑑需要知行合一，體驗實踐；(5)系統結構的特質：知識學習、藝能發展、課程設計、計畫執行都是知識基模系統重組的歷程，都在追求系統結構布建。

教育事務的五大特質，宜結合有度的指標意涵——有深度（深層結構）、有廣度（多元融通）、有高度（前瞻視野）、有角度（原則規範）、有限度（基本標準），綜合分析處事要領如次。

一、形成制度規範，共同遵守力行

從教育的發展歷史觀察，教育的體制是逐步發展而成的，是從無計畫到半計畫再到完全計畫的歷程。從依法行政（處事）的立場分析，教育工作的實務也是從沒有規範，到規範不十分明確，再到明確規範的歷程。是以進入民主法治時代之後，教育事務的推動，天天都在頒布教育政策，也天天都在從事法令修編，以形成新的制度規範，導引教育人員共同遵守力行。

有度的處理教育事務，第一個要領就是要讓尚未明確的教育事務作為形成具體的制度規範，用制度來解決不同意見的衝突對立，用制度來規範

發展方向，用制度來集結眾人力量，也用制度來導引同仁心理準備，用規範來粗估處事目標，從教師授課領域節次的安排、級任科任的聘派、校本課程的發展模式、兼任行政職務的選聘、同仁執行計畫的歷程、主題教育活動的辦理、重要慶典活動的舉行、各種學藝表演及競賽活動等，都以制度性規範執行，學校教師及職工均得以計畫性地積極參與、努力表現，學校校務運作既圓融又有度。

🎕 二、要求基本績效，獎勵優秀卓越

教育人員一向素質優異，其核心能力足以承擔教學及各種行政服務工作，然教育人員團體之間，仍有秉性喜好、能力專長多元之不同，是以在學校組織實務中，教學的品質與績效時有落差，行政效能與效率也會因為不同人員擔任，而呈現不同成果。研究者認為，教育核心行為事務應普遍訂定「標準作業流程」（S.O.P.），要求同仁依「標準作業流程」提供基本的行政服務品質。在教學方面，仍應依據一至十二年級學生領域基本學力檢測結果，要求班級學生的檢測成績要達國級、縣級、鄉級、校級的平均成績之一，或至少呈現穩定成長，善盡基本績效責任。

至於在教學、研究、輔導、服務上表現優秀卓越的同仁，應給予明確具體而及時的績效獎勵，校內及校際以上競賽及展演活動表現傑出者，除給予記功嘉獎、獎牌獎狀外，應伴隨獎金制度，發給績效獎金之榮譽；鄉級、縣級、國級、國際級參與者及表現優秀師生均依層級給予加倍榮典與獎金，其記功嘉獎與獎狀並得累積為彈性薪資的參照標準。

🎕 三、延伸深度廣度，回歸教育價值

就以澎湖縣「國民中小學併校」的議題為例，說明如次。目前澎湖縣有國中十四所，國小四十所，學生總數近八千位，除了馬公本島的部分國

中及七、八個國小的學生數超過百位外，多為五十位學生不到的小型學校，政府的教育投資龐鉅，然經營績效未如預期，有志之士及政府主管人員多主張「適度裁併」，擴大地區學校的經營規模，提升教育投資成本效益及提高相對的教育品質。此議題長期都在討論，但長期以來都沒有具體的解決方案。

研究者認為，面對此一議題，必須延伸議題本質的深度及廣度，回歸教育價值的討論，或可逐步漸進，解決此一經營難題。在深度上，必須宣導國民中小學「最適經營規模」，宣導學生「受教機會均等」的意涵，宣導「社區文化堡壘」的非學校組織。在廣度上，必須保證接受併校師生的權益更為優厚，保證併校後的教育品質，保證併校後的師生生活照顧。在溝通討論時，要論述「併」與「不併」對學生、教師、家長、社區所產生的價值意涵及流動趨勢；對個人、學校、社會、國家整體價值而言，「併」與「不併」，何者價值為大？回歸教育價值之論述，延伸議題的深度與廣度，或許得以圓融有度地解決此一問題。

四、探索高度視野，邁向精緻教育

茲以「延長十二年國民基本教育」的議題為例，說明如次。十二年國民基本教育的實施，代表了教育上的四大亮點：(1)學制發展亮點：十二年國民基本教育實施後，臺灣的學制發展變成了兩階段——「基本教育」及「高等教育」，基本教育屬於地方政府權責，高等教育為大學以上之教育，屬教育部主管；簡約統整，孕育優質發展新契機；(2)公平正義亮點：高級中學階段的學齡青少年接受基本教育機會實質平等，跳脫過去「弱勢族群學生繳交高額學費，卻接受相對較低品質的教育」之不公平現象；(3)精緻教育亮點：由於均質化高中計畫的效益，以及政府為延長十二年國民基本教育而增加的教育投資（每年約二百億元），為十二年國民基本教育的師

資及設施，提升至既定的標準程度，帶領臺灣進入精緻教育時代；(4)普遍卓越亮點：教育普及化之後，精英分子往往表現得更為卓越，學習成就會更為亮眼，證之於國小、國中階段皆然，大學亦然，延長十二年國民基本教育的高中階段勢必依然；且經由精緻教育的歷程，產出普遍卓越的責任公民，形成臺灣教育的新亮點。

提升議題的高度視野，論述精緻教育時代的亮點與價值，可以為國民解惑，可以用學理與價值破解迷失概念，可以導引國人正向看待政策的本質與優勢，可以帶動國人認同與支持政策，也可以提供大眾明確的著力焦點，圓融有度地實踐政策作為。

第四節　圓融有度的教育實踐

本書將圓融有度列為第二十一章（最後一章），具有統整、串聯及總結之意，研究者期望圓融有度是原理學說、經營策略、實踐要領三者統整串聯的催化劑與經營成果，以做為「教育經營學：六說、七略、八要」圓融而有度的總結，也象徵著最重要的實踐要領，是教育經營學最終的著力焦點。因此，本節對於「圓融有度」在「教育實踐」上的論述，嘗試擴大其要義與範圍，以做為教育經營學的總體結論，以及研究者對於國家教育經營成果的具體期待，說明如下。

🌸 一、教育人員充分自我實現

教育是可以經營的，教育是人教人的事業，教育的最大價值在經營人的自我實現，教育人員包括領導人（校長）、幹部、行政同仁、教師及學生，若人人均能充分自我實現，則人類的潛能可被徹底激發，人盡其才、才盡其用，人人過著適配生涯，充滿著幸福快樂。人之所以為人的意義、

價值與尊嚴，在人人自我實現中亮麗展現：自我實現的校長帶領幹部經營一所有競爭力的學校；自我實現的教師幫助其學生有效學習，成就了自我實現的學生；自我實現的學生成為責任公民，促成百業興隆，促成整個國家的自我實現。

二、教育政策彰顯核心價值

教育是可以經營的，教育要有好的、優質的教育政策才能帶動發展，也才能邁向精緻、邁向卓越。圓融有度的教育政策就是好的、優質的、大家可以接受的，能夠引起共鳴的教育政策，能夠引起共鳴的優質教育政策，也就是能夠彰顯核心價值的教育政策。教育的核心價值會隨著時代發展與社會變遷而有些許改變，但是教人之所以為人、促成人人自我實現的本質目的，並不會改變。二十一世紀臺灣教育的核心價值，可以依據教育部2011年頒布的「中華民國教育報告書」中的「目標」——精緻、創新、公義、永續，並結合「願景」——新世紀、新教育、新承諾，來參照規劃、妥適設定。研究者在第一章「價值說」中，以人體做為隱喻，揭示的八大核心價值：「人文」為頭，是總樞紐，踏著「均等」、「適性」的腳步前進，注重「民主」、「創新」、「永續」的歷程（軀幹），邁向「精緻」、「卓越」的教育成果（雙手），這也是政策規劃與實踐的具體參照指標。

三、教育組織承擔富民強國

圓融有度的組織運作，是一種和諧漸進、績效累增、永續發展、充滿效能效率的組織實體，教育行政機關及各級學校「圓融有度」經營之後，對組織成員個人來說能充分自我實現，對組織單位來說就是高效能、有系統品牌、有特色、有競爭力的學校或單位，學校興旺，教育品質達到國際標準，培育的人才增益百業興隆，教育組織（學校）承擔了富民強國的神

聖責任。

四、教育績效行銷國際舞台

　　教育是可以經營的，「六說、七略、八要」圓融有度的策動，可以把臺灣的教育經營得更好，臺灣的教育品質已經領先華人地區國家，再假以時日，教育績效日益彰顯之後，臺灣的教育是可以輸出的。臺灣教育的精緻化實踐，從目前的國民所得平均二萬美元起步，2014 年以後實施十二年國民基本教育，教育學制發展成「基本教育」與「高等教育」，教育部及地方教育局（處）於 2013 年組織再造，十二年基本教育屬地方教育權責，高等教育由中央負責，並推動大學自主與法人化。基本教育小班小校成果日益彰顯，「優質學校」、「卓越學校」、「學校特色認證」、「教育111」政策的帶動，「中小學教師全面碩士化」、「教師評鑑」的實施，基本教育先行進入「精緻教育」的標準，待國民所得平均二萬五千美元以上，再擴大高等教育投資，配合陸生三法的解禁，高等教育輸出的型態亦逐次定調，臺灣的教育品質達到國際標準，臺灣的教育績效看得見，臺灣教育績效行銷國際舞台，「教育經營學：六說、七略、八要」即扮演了著力焦點的角色功能。

❀ 參考文獻 ❀

中文部分

何福田（2010）。**三適連環教育**。中國浙江：浙江出版社。

吳清山（2009）。教育 111 的理念。載於**臺北市 98 學年度第 1 學期校長會議手冊**（頁 7-16）。臺北市：臺北市政府教育局。

吳清山、林天祐（2005）。**教育新辭書**。臺北市：高等教育。

林文達（1988）。**教育計畫**。臺北市：三民。

國立臺北教育大學教育政策與管理研究所（2006）。**國立臺北教育大學教育政策與管理研究所簡介**。臺北市：作者。

教育部（1999）。**建立學生輔導新體制：教學、訓導、輔導三合一整合實驗方案申請試辦手冊**。臺北市：教育部訓育委員會。

教育部（2000）。**課程統整**。臺北市：教育部國民教育司。

教育部（2002）。**創造力白皮書**。臺北市：作者。

教育部（2003）。**友善校園總體營造計畫**。臺北市：教育部訓育委員會。

教育部（2010）。**第八次全國教育會議實錄**。臺北市：作者。

教育部（2011）。**中華民國教育報告書：黃金十年、百年樹人**。臺北市：作者。

教育部（2012）。**中華民國教育統計（民國 101 年版）**。臺北市：作者。

陳木金（2003）。知識本位學校領導人才培養與訓練之模式探討。載於**中等學校行政革新學術研討會論文集**（頁 63-81）。臺北市：國立政治大學。

陳俐君（2008）。**核心能力關鍵因素之研究：以中部某大學企管系為例**。私立逢甲大學企業管理研究所碩士論文，未出版，臺中市。

黃一峰（2001）。高級文官核心能力架構之初探。**人事月刊，33**（2），42-50。

楊亮功（1972）。**中西教育思想之演進與交流**。臺北市：商務印書館。

鄭崇趁（1991）。**教育與輔導的發展取向**。臺北市：心理。

鄭崇趁（1995）。**教育計畫與評鑑**。臺北市：心理。

鄭崇趁（1998）。**教育計畫與評鑑**（增訂本）。臺北市：心理。

鄭崇趁（1999）。**整合導向評估模式之運用：以教育部輔導六年工作計畫為例**。國立政治大學教育學系博士論文，未出版，臺北市。

鄭崇趁（2000）。教訓輔三合一的主要精神與實施策略。**學生輔導雙月刊**，66，14-25。

鄭崇趁（2003）。行動團隊活化校園。**國語日報**，13 版。

鄭崇趁（2005）。**新臺灣之子的教育策略：論 21 世紀新臺灣教育的四大根基五大政策**。發表於 2005 臺灣教育學術研討會。臺東市：國立臺東大學。

鄭崇趁（2006a）。**教育的著力點**。臺北市：心理。

鄭崇趁（2006b）。**國民中小學校務評鑑指標與實施方式研究**。臺北市：心理。

鄭崇趁（2008）。教育若水　順性揚才。**清流月刊**，3 月號，80-82。

鄭崇趁（2009a）。有效的智慧資本。載於**教育禪語 20**。臺北市：作者。

鄭崇趁（2009b）。一個都不少的教育理念與實踐。載於**兩岸高等教育革新與發展教育哲學與歷史學術研討會論文集**（頁 132-151）。臺北市：國立臺北教育大學。

鄭崇趁（2010）。**教育經營學：六說、七略、八要講綱**（power point）。基隆市校長、主任培育班講義（未出版）。

鄭崇趁（2011a）。**教育經營學導論：理念、策略、實踐**。臺北市：心理。

鄭崇趁（2011b）。從智慧資本理論看教師評鑑的內涵。載於**兩岸三地校長學研討會論文集**（教師評鑑）。臺北市：國立臺北教育大學。

鄭崇趁（2012）。**教育禪語**。博士班導師時間講義（未出版）。

英文部分

Adler, M. J. (1982). *The paideia proposal: An educational manisfesto*. New York, NY: Macmillan.

Dewey, J. (1916). *Democracy and education*. New York, NY: Macmillan.

Friedman, T. L. (2005). *The world is flat: A brief history of the twenty-first century*. New York, NY: Macmillan.

Gardner, H. (1983). *Frames of mind: The theory of multiple intelligence*. New York, NY: Basic Books.

Kim, W. C., & Mauborgne, R. (2005). *Blue ocean strategy: How to create uncontested market space and make the competition irrelevant*. Boston, MA: Harvard Business Review Press

Lindblom, C. E. (1980). *The policy-making process* (2nd ed.). Englewood Cliff, NJ: Prentice-Hall.

Nonaka, I., & Takeuchi, H. (1995). *The knowledge creating company: How Japanese companies create the dynamics of innovation*. New York, NY: Oxford University Press.

Rawls, J. (1971). *A theory of justice*. Cambridge, MA: Harvard University Press.

Senge, P. (1990). *The fifth discipline: The art and practice of learning organization*. New York, NY: Dubleday.

U.S. Department of Education (2001). *No Child Left Behind Act of 2001*. Washington, DC: Author.

國家圖書館出版品預行編目（CIP）資料

教育經營學：六說、七略、八要 / 鄭崇趁著.
-- 初版. -- 臺北市：心理，2012.11
面；　公分. -- （教育行政系列；41429）

ISBN 978-986-191-523-4（平裝）

1. 教育行政　2. 學校管理　3. 校長學

526　　　　　　　　　　　　　101021245

教育行政系列 41429

教育經營學：六說、七略、八要

作　　　者：鄭崇趁
責任編輯：郭佳玲
總 編 輯：林敬堯
發 行 人：洪有義
出 版 者：心理出版社股份有限公司
地　　　址：231 新北市新店區光明街 288 號 7 樓
電　　　話：(02) 29150566
傳　　　真：(02) 29152928
郵撥帳號：19293172　心理出版社股份有限公司
網　　　址：http://www.psy.com.tw
電子信箱：psychoco@ms15.hinet.net
駐美代表：Lisa Wu（lisawu99@optonline.net）
排 版 者：辰皓國際出版製作有限公司
印 刷 者：辰皓國際出版製作有限公司
初版一刷：2012 年 11 月
初版三刷：2017 年 2 月
Ｉ Ｓ Ｂ Ｎ：978-986-191-523-4
定　　　價：新台幣 400 元